厚德博學
經濟匡時

匡时 法学文库

未成年人刑事诉讼中的权利保护

美国的宪法判例与启示

徐美君◎著

Protection of Juvenile's Rights

in Criminal Procedure

上海财经大学出版社

图书在版编目(CIP)数据

未成年人刑事诉讼中的权利保护:美国的宪法判例与启示/徐美君著. —上海:上海财经大学出版社,2022.6
(匡时·法学文库)
ISBN 978-7-5642-3965-7/F·3965

Ⅰ.①未… Ⅱ.①徐… Ⅲ.①青少年犯罪-刑事诉讼-研究-美国
Ⅳ.①D971.24

中国版本图书馆 CIP 数据核字(2022)第 036642 号

□ 责任编辑 胡 芸
□ 封面设计 张克瑶

未成年人刑事诉讼中的权利保护

——美国的宪法判例与启示

徐美君 著

上海财经大学出版社出版发行
(上海市中山北一路 369 号 邮编 200083)
网 址:http://www.sufep.com
电子邮箱:webmaster@sufep.com
全国新华书店经销
江苏凤凰数码印务有限公司印刷装订
2022 年 6 月第 1 版 2022 年 6 月第 1 次印刷

710mm×1000mm 1/16 14.25 印张(插页:2) 204 千字
定价:68.00 元

目　录

第一章　美国未成年人刑事诉讼程序概览

一、美国未成年人刑事诉讼程序与成年人刑事诉讼程序的不同

美国的司法理论认为，之所以设立单独的未成年人司法程序，是因为早在英国普通法上，未成年人和成年人罪犯就被不同对待。这些不同的核心在于在什么年龄、在什么情形下儿童能形成犯罪意图（又称为“mens rea”或“有罪的心思”）。根据美国法律，要认定一个人刑事有罪，必须具备两个要素：一是刑事行为本身；二是刑事意图。但是在大多数情况下，第一个要素被普遍重视，而第二个要素却经常被忽视。事实上，第二个要素具有同等的重要性。

虽然每年有越来越多的案件是由未成年人造成的，并且许多市民和政策制定者也认为，需要对未成年人暴力犯罪作出反应，需要像成年人的刑事犯罪那样处罚未成年人犯罪。但是，在衡量反对犯罪嫌疑人的证据时，法院必须决定是否有足够的证据证明刑事行为和刑事意图的存在。这一问题的关键是：在什么年龄，儿童有能力理解对与错之间的区别，并在实施刑事行为之前能理解刑事行为的后果？我们会认为，事实上每一个儿童都知道杀人是错误的，第一个问题的答案显然对大多数人来说都很清楚。但是对一个被指控暴力犯罪的儿童，是否能够掂量行为的后果，或者他们是否已经形成与成年人相当的犯罪意图，答案则不会那么清晰。

法律对青少年饮酒、驾驶、结婚以及与他人签订合同等行为都设置了界限和要求，并被要求未成年人在作出大多数其他重要的决定时，仅承担有限的法律责任。这实际上也表明，在证明犯罪意图是否存在时，法律承认青少年并没有如成年人那样具有相同的思维和对事件后果的知晓。因此，在对待未成年人犯罪这个问题上，青少年应当被区别对待。美国的司法理论一般认为，对刑事行为的法律制裁，应该与限制未成年人在其他领域中享有的法律权利的要求相一致，即确定未成年人承担的刑事责任，要充分考虑到未成年人的心智成熟度、对法律的有限认知和对后果的知晓以及有限的法律责任。于是，未成年人应当被适用与成年人不同的法律程序、建立独立的未成年人法律程序就成为必需。

归纳起来，虽然未成年人司法产生于刑事司法系统，与成年人司法有着共同的基础，但由于未成年人的特殊性，因此未成年人刑事法院诉讼程序与成年人刑事法院诉讼程序还是具有显著的区别：

1. 没有法律上的有罪

因为未成年人一般被认为较不成熟，并且经常对他们行为的后果不了解，所以，他们对自身的行为不必像成年人那样承担法律责任。法律上，未成年人不被认为刑事犯罪有罪，但被认为有罪错（delinquency）。未成年人的自身状态，一般是18周岁以下，是反对刑事责任的一个辩护理由。这类似于精神病辩护。但是有个例外，即一些更成熟的未成年人，如果犯了严重的罪行，那么未成年人法院会放弃管辖权而将该案件移交给刑事法院处理。

2. 目的是修复、处置而非惩罚

未成年人法院的目的是为未成年人提供修复和社区保护，这与刑事法院对成年人重罪犯罪予以惩罚的目的有着根本的区别。

3. 非正式的、私人的法院程序

未成年人法院的听审更加非正式。在许多州法院，听审不对公众开放，一般只有儿童、父母、律师和缓刑官出席。听审经常在法官办公室举行，适用非正式的、不对抗的、不激烈的程序。大多数情况下，整个程序不到 10 分钟就结束了。这种实践根源于保护儿童的宗旨,法院的目的是修复而非惩罚。但是,对较严重的罪错未成年人的程序,法院通常会向公众开放。

4. 与成年人罪犯分开

罪错未成年人与成年罪犯在未成年人诉讼程序的每一个环节,包括逮捕、羁押、审前、法院程序、缓刑监管和机构矫治都必须分开。所有未成年人的记录都与成年人刑事记录单独保管,包括电脑信息系统。

5. 注重未成年人的背景和社会历史

在处理每一个未成年人案件并作出决定的过程中,未成年人的背景以及对修复的需要和接受度被认为与所犯的罪行同等重要。这与未成年人诉讼程序的目的是修复而非惩罚相吻合。但是一直以来,法院的工作人员是否能够准确评估和解决未成年人的需求不断地遭到质疑;同时,基于儿童的需求和罪行来决定需要处置的时间长度也受到批评。因为犯了比较轻微的罪行但是觉得具有“修复的严重需求”的未成年人,通常会被决定监管较长的时间,而实施了更严重罪行的却被认为较少“需要修复”的未成年人,被监管的时间却短得多。

6. 更短期限的监管和监禁

未成年人若被判处缓刑监管、被羁押在羁押中心或者被移交到矫正机构,通常未成年人需要执行的期限相比成年人罪犯要短得多。一般来说,不会长于 1—2 年。但最近几年,许多州修改了有关未成年人法案,将暴力未成年人罪犯的监管和羁押的期限予以加长。

7. 不同的术语

因为未成年人的不成熟和有限的法律责任,未成年人诉讼程序的目的是治疗和处置,因而不同于对成年人的处罚。为了与这一目的相符合,未成年人刑事诉讼程序的每一个阶段都采用了不同的术语。触犯法律的未成年人不再被称为罪犯(criminal),而被称为罪错人(delinquent);未成年人触犯法律不被称为犯罪(crime),而被称为罪错(delinquency);对未成年人采用羁押(take into custody)而非逮捕(arrest);移送给羁押中心

(transported to a detention center),而非被关入囚房(book into jail);要求审理未成年人(petition for delinquency)是向法院提交文件(filed with the court),而不是提起刑事起诉书(criminal indictment);法庭程序不是庭审(trial),而是审判听审(adjudication hearing);法院不是量刑(sentencing),而是处置听审(disposition hearing);法院审理的结果是对罪错的裁决(an adjudication of delinquency),而非重罪或轻罪的有罪判决。

二、美国未成年人刑事诉讼的具体程序

在美国,未成年罪错嫌疑人首先打交道的是警察局。一方面,警察可以依据公民的电话报警,对有犯罪嫌疑的未成年人采取措施;另一方面,警察也可以依照其职权,主动将行踪可疑的未成年人带回警察局询问。应当说,警察在处理未成年人案件时享有较大的自由裁量权。但在处理过程中,警察通常会咨询检察官和未成年人保护机构。

警察对未成年人的处理方式主要有以下几种:

一是轻微处理。(1)轻微处理的理由。警察考虑的主要因素是未成年人违法的性质的严重程度。同时也要考虑其他许多因素,如被害人的态度、过失人的过错历史、年龄、性别、悔过态度以及父母的监管能力等。(2)轻微处理的具体方式。一种方式是,警察在了解清楚情况后,当场对未成年人加以教育,然后就直接将他们释放;另一种方式是,警察可以将未成年人带回警察局,填写一张"未成年人卡",简单记录所发生的事件,然后打电话给该未成年人的父母,要求他们对其子女加强管教,并将该未成年人领回家。

二是对于犯有比较严重的罪错嫌疑的未成年人,警察可以将有罪错嫌疑的未成年人拘留。拘留后的处理方式有多种选择:如果警察局有专门处理未成年人的机构,则警方可以将这些有罪错嫌疑的未成年人移送到该机构,由该机构集体讨论处理方式。一旦这些未成年人接受处理意见,就没有必要由正规的未成年人法庭来管辖。如果警察局没有这种机

构，而未成年人愿意到这些专门的处理机构接受咨询或者治疗，警方可以将他们移送到这些机构，也可以对他们免除法律诉讼。如果警察提起了正式的指控，那么未成年人法院就会举行听审，决定是否审前关押未成年人。也有一些未成年人会因缴纳保释金而被保释。

三是对于可能犯了十分严重的罪行的未成年人，特别是有暴力行为的，警方通常会采用最严厉的方式，将案件直接送往未成年人法院处理。

未成年罪错嫌疑人在刑事诉讼程序中的第二道程序是预备听审(preliminary hearing)，类似于成年人刑事诉讼程序中的大陪审团裁决。当警方或者其他机构向未成年人法院递交诉讼申请后，该法院就要举行预备听审来决定如何处理案件。应当指出的是，这类法官具有很大的自由裁量权。他们往往从保护未成年人的角度出发，撤销指控并将这些不良未成年人转移到其他非诉讼的渠道。据美国司法部的报告，估计有50%被送往法院的未成年人在预备听审阶段被转移到其他各种非正式的渠道。但是也会有另一个极端，即法官会决定未成年被告人需要像成年人那样被审判。

未成年罪错嫌疑人在刑事诉讼程序中的第三道程序是审判听审(adjudication hearing)，类似于成年人刑事诉讼程序中的庭审(trial)。但两者也有很大的差别。未成年人的审判听审相比较而言更非正式，也更非对抗。法官聆听双方的意见，然后根据案件的具体情形以及未成年人过去的记录来决定罪错未成年人有罪或无罪。

未成年罪错嫌疑人在刑事诉讼程序中的第四道程序是处置听审(disposition hearing)，类似于成年人刑事司法诉讼程序中的量刑(sentencing)。如果未成年罪错嫌疑人被认定有罪，那么法官就有很多的处置方式可供选择。从只是改进未成年人今后的行为，到把严重的未成年人移送至未成年人羁押中心服刑。法官在决定处置时，只从改造未成年人为出发点。70%左右的未成年人都是以非监禁方式处理，主要形式是缓刑。

将罪错未成年人移送至矫正中心进行监管，也就是罪错未成年人在刑事诉讼程序中的第五道程序——矫治监管，类似于成年人刑事诉讼程序中的执行程序。如果法官认为该未成年人还有可能对社会造成新的严重危害的，就有可能把他或她送到一个封闭的环境中，如未成年人改造中心等，这相当于成年人的监狱。应当指出的是，被监禁的未成年人大多是危害最大的，比如实施了杀人、强奸、抢劫以及贩毒等犯罪行为。

三、美国未成年人司法面临的挑战

未成年人法院最初的主要目的是预防和治疗，远多于惩罚。在最初发展的100年里，美国未成年人司法被认为是州和地方管辖的事务。由地方的市和县未成年人法院处理未成年人案件，并将未成年人移交给缓刑官监管或移交给公共的或私人的居住项目。因此在各州之间，对未成年人法院目的的描述存在一些差异，并且许多州的未成年人法律在20世纪中叶也陆续进行了修改。一些州关于未成年人法院的目的条款是基于《标准未成年人法院法案》(Standard Juvenile Court Act)。该法案最初颁布于1925年，后于1959年进行了修改。另有一些州基于修改后的条款规定，受到未成年人法院管辖的儿童应该得到与儿童福利相适应的照顾、指导和控制。当被去除父母的监护，法院应当提供相当于父母应该给予的同等照顾。还有一些州根据《制订家庭和未成年人法案的立法指南》(Legislative Guide for Drafting Family and Juvenile Court Acts)作出规定。这份指南在20世纪60年代出版发行，列明了未成年人法院的四个目的：(1)为涉入未成年人法院的儿童提供照顾和保护，以及健全的精神和身体的发展；(2)减除实施了罪错行为的未成年人相关的刑事法律后果，并提供监管、照顾和回归的项目；(3)在儿童的福利下或公共安全利益有必要的情况下，让儿童离开所居住的家；(4)确保他们的宪法和其他法律权利。如今各州最普遍的目的条款包含平衡和恢复性司法的内容，主要涉及三个方面：(1)公共安全；(2)个人对被害人和社区的责任；(3)帮助罪犯培养一些技能，以使他/她能有一个遵守法律并能有所创造的生活。①

未成年人法院的历史和发展以及专门的未成年人司法系统提供了一个慈爱的、照顾的、以促进“儿童最好的利益”的观念。儿童和青少年从同时有民事和刑事法律的成年人法律程序单独出来。未成年人法院的判决主要包括一年或更短时间的缓刑官监管或短期“难民所”或“感化学校”的修复。早期的未成年人法院清楚地将其目的与对成年罪犯的惩罚和威慑的目的区别开来。总之，未成年人法院程序被打造成进步的、人道的和对过去没有从年龄上区别罪犯的做法的一种改进。但是，未成年人法院是一个慈爱的、人道的、促进了“儿童最好的利益”的观念也遭到了一些质疑和批评。

有学者指出，儿童救助运动只是 19 世纪更大的社会运动中的一部分。根据他的观点，儿童救助者是一群中等和高级阶层美国人，他们关心低级阶层的人口增长问题和缺乏管教的儿童，这些儿童没有受到父母适当的监管和纪律监督。儿童救助者主要在意的是管教和培训这些年轻人，以使他们能作为劳工使用，支持知名的美国公司资本主义的增长。也有其他一些学者加入了对未成年人法院慈爱和人道的初衷的讨伐，指出在未成年人法院法官允诺向未成年人提供的照顾与在避难所、感化学校以及通过签约劳工系统提供的实际培训和照顾之间存在很大的距离。实际提供的照顾比父母提供的照顾要粗暴得多，签约劳工系统比培训更剥削人。从而总结道，国家并不是一个国家亲权责任下有效的父母。还有一些学者指出，儿童救助者将低收入都市家庭看作一个潜在的危险阶层，认为他们会威胁美国的秩序和进步；同时也对儿童救助实践的慈爱形象提出了质疑，指出低收入阶层的青少年被郊区家庭“送养出去”，被要求做长时间的苦力活。非洲裔青少年被送到铁路、采矿和制造公司，没有人在乎他们的年龄，与成年人监狱项目中的被宣告有罪后的劳务派遣相似。

---

① Richard A. Lawrence. *Juvenile Justice*. Sage Publication Inc. ,2008,p. 30.

对劳动力的剥削和非人道的生活条件，使得早期未成年人法院的慈爱和人道目的备受质疑。[①]

显然，在美国的司法体制下，各州的未成年人和成年人刑事司法之间存在一定的差别。但一个趋势是，虽然一些州修改了未成年人法的条款，但目前来看，未成年人刑事司法和成年人刑事司法的区别已经没有那么明显，未成年人刑事司法也更加强调公共安全和个人责任，越来越多的未成年人被适用成年人罪犯的刑事法典的内容。随着未成年人和成年人法律之间的传统上的不同越来越不明显，于是近些年来，出现了很多关于未成年人司法与刑事司法融合的讨论。实际上，有关对未成年人罪错的认识与假设、未成年人罪错的原因、罪错未成年人是否容易被修复，以及未成年人是否应当像成年人罪犯那样承担刑事责任或受到相似的惩罚等，一直有不同的观点和意见。

有意思的是，在未成年人刑事司法发展的最初 60 年中，美国联邦政府在其中的角色基本不存在。直到 20 世纪 60 年代，在美国最高法院要求未成年人在法院中享有正当程序权利的同时，一个专门的总统委员会和美国律师协会才涉入未成年人司法领域，分别严格审查了未成年人罪错和未成年人司法程序。1967 年，总统法律实施和司法执行委员会建议缩小提交给未成年人法院的罪行范围。1968 年，美国国会在《未成年人罪错预防和控制法案》(Juvenile Deliquency Prevention and Control Act)中建议，被指控非刑事或身份罪的未成年人应当免于正式的裁决以及被移交给羁押中心和未成年人机构。未成年人看管和培训学校管理了太多未成年人，他们的“罪行”只是不服从他们的父母、逃跑或学校旷课的年轻人。

1974 年，美国国会通过了第一部有关未成年人司法的综合立法——《未成年人司法和罪错预防法案》(Juvenile Justice and Delinquency Prevention Act)。该法案要求作为获得国家财政补贴的条件，各州应当将身

① Richard A. Lawrence. *Juvenile Justice*. Sage Publication Inc. ,2008,p. 32.

份犯(status offender,通常是指未成年人犯罪)和非罪犯者非机构化(deinstituonalization/deincarceration of status offerders)。非机构化的要求是指未成年人不能被指控某一行为有罪,虽然该行为对成年人来说则构成犯罪。罪错未成年人不应当被安置在羁押机构或安全矫正机构。该法案同时要求罪错未成年人与成年人罪犯必须“视线和声音的隔离(sight and sound separation)”。这种隔离的具体要求是被宣称的或被认定罪错的未成年人和身份犯及非罪犯不应该被羁押或限制在任何机构内。即使被关押在这些机构,他们也必须与被宣判有罪或因为刑事指控而等待审判继而被羁押的成年人隔离开。被关押的未成年人和成年人不能互相看到,也不可能有交流。

还有一些反对未成年人司法的团体,比如美国律师协会司法执行学院也于 1982 年提出终止对未成年人的裁判以及将身份犯羁押在未成年人机构中的建议。一些反对者认为,对轻微的越轨行为的青少年进行处罚是不公平的;并且指出,将身份犯与年长的、顽固不化的罪错未成年人一起关押,会对身份犯施加不良的影响。

《未成年人司法和罪错预防法案》是美国未成年人司法中的一部重要法律。该法至目前为止已经先后经过数次修改。在 1980 年第一部修正案中,国会增加规定,要求未成年人不能被关押在成年人监狱和其他成年人羁押场所。这项改革从 20 世纪 60 年代就已经开始,历经 20 多年,终于在立法中予以确认。改革强调以社区为基础,提倡将未成年人从未成年人刑事诉讼中转移出去并去机构化。这成为此后未成年人司法政策改革的重点。同时,改革强调未成年人不能被关押或限制在成年人监狱或看守所里,除非未成年人以刑事重罪被审判或被宣告刑事重罪有罪。修正案同时还对未成年人的最长羁押时间做了规定,要求在未被采取其他措施之前,未成年人最长只能被关押 6 小时;在郊区的看守所,未成年人最长可被关押 24 小时。但是,为了防止不能有效地处理严重的未成年人和身份犯,修正案增加了有效的法院命令(valid court order)这一例外。该例外允许如果认为这些罪犯违反了法院的直接令状,法院裁定将未成年人罪犯关押在一个安全的场所。

该法 1992 年的修正案增加了一些规定。比如，要求被羁押的未成年人不能与成年人羁押者有任何接触，包括视线、语言以及身体的任何接触。除了几项例外，未成年人不能被羁押在成年人看守所或监狱中超过 6 小时。而为了避免少数族裔的未成年人被涉入未成年人司法系统中的比例大于其占全部人口的比例，修正案增加了不适当的少数族裔接触的规定。比如，一个城市中，非洲裔美国人的未成年人占整个地区所有未成年人总数的 25%，但是却有 33%的非洲裔未成年人被涉入未成年人司法系统，那么就认为这个少数族裔的未成年人被不适当地对待了，法案要求这个州必须对这个问题作出解释。

《未成年人司法和罪错预防法案》于 1996 年进行了第三次修改。在这次修改中，该法案增加了一些规定。比如，在非居住区域的看守所空间里，未成年人与成年人之间短期的、偶然的联系并不认为是对该法案的违反；允许在看守所非居住区域一定时限内将未成年人和成年人同时关押在一个羁押机构内。修正案进一步明确了 6 小时的关押期限，规定在法院出庭前后羁押都必须在 6 小时之内。一旦未成年人的年龄达到完全刑事责任年龄，修正案允许被裁决的未成年人可以转移到成年人关押场所，并且这种转移可被州法律明示规定。

2018 年，《未成年人司法和罪错预防法案》进行了距今最近的一次修改。法案就法院的有效命令增加了规定：(1)如果法院认为羁押有必要，并且法院重新作出的命令载明了未成年人已违反有效的法院命令；(2)法院有合理的理由相信身份犯已经违反了先前的命令，并在命令中列明了事实基础；(3)根据现有事实，法院认为没有任何理由支持有任何其他适当的并非那么严厉的替代措施可以安置身份犯，并且也基于未成年人的最好利益做了适当的考虑；(4)法院的命令具体列明关押的时限，最长不得超过 7 天，同时也包括释放身份犯的计划，那么这个未成年人罪犯就可以被关押在一个安全的羁押或矫正机构。修正案同时规定法院的这个命令不可以更新。就未成年人视线和声音的隔离，法案延展了它的适用范围，将过去只适用于被未成年人法院指控的未成年人，延伸至等待审判的未成年人。除非法院认为基于司法的利益，在法院裁决之后或者后来申请人身保护令期间，可以作为例外。法案同时以种族差异替代了之前不适当的少数族裔接触。要求各州收集和分析在未成年人司法中有关种族差异的数据，以建立相关的计划避免这种差异。

回顾上述《未成年人司法和罪错预防法案》修改的历程，我们可以看出，美国的未成年人刑事司法其实一直面临挑战，也在不断调整。20 世纪 80 年代以来，现实中未成年人犯罪数量越来越多，为回应未成年人罪错的急剧增加是由于未成年人法院程序的宽恕所造成的普遍认知，未成年人司法开始效仿成年人刑事司法。基于实施了“与成年人相似”的犯罪的未成年人应当与成年人罪犯平等地受惩罚这样一种假设，美国对未成年人施行了更严厉的法律，促使立法“变得严厉”的立法者使用诸如“成年人犯罪，成年人时间”来赢得有关未成年人法律的立法改变。如果未成年人实施了若是成年人就会被处以重罪的罪行，那么他/她就应当被起诉以及像成年人罪犯那样被惩罚。更严厉的法律实际上也向严重的未成年人罪犯传达了他们将承担更多责任的信息。这表明，从回归社会和治疗转向惩罚和“该有的结果”的运动同时发生在刑事领域和未成年人司法系统。

显然，最近几十年的立法趋势是越来越强调对未成年人犯罪的严厉化。支持者认为，未成年人被牵涉身份罪，这是会涉及更严重的犯罪行为的第一步，而早期的干预则可以预防严重的犯罪行为。也有学者指出，国家几十年来政治和社会的变化是导致对未成年人和成年罪犯需要更正式的社会控制的原因。这些社会和政治的变化，比如对福利系统的挑战、对被害人担忧的增加、更多元化的人口，以及家庭和其他社会机构控制他们入歧途的成员的能力不足，才导致了犯罪率的上升。20 世纪 80 年代之后，犯罪学家提出的造成不合法行为的原因，包括社会中的不平等以及对罪犯的社会影响，极大地影响了刑事司法的实践。

但是，这种立法的严厉化也遭到了一些反对和批评。其中一个主要的反对理由是关于研究的方法论问题。有学者指出，之所以要对未成年罪犯实施严厉的惩罚，是因为认为通过严厉的惩罚，可以威慑未成年人，从而使越来越多的未成年人犯罪得到遏制。似乎每一代人都有这样的观点，即如果不是大多数的话，都认为现今的许多年轻人表现得很不好，甚至比上一代的表现要差得多。过去 200 年或者更多的时间里，每一代人都这么认为，现在的一群罪错未成年人都是历年来最差的，也比其他群体实施了更多的刑事犯罪。为了针对“未成年罪错高潮”“未成年人司法周期”而通过了更严厉的法律，并且认为未成年人因为法律太仁慈而实施了更多的犯罪，这在根本上是站不住脚的。宽恕的未成年人司法政策促使未成年人“嘲笑”这项制度，并实施了更多的罪行。这一假设使得公众和立法者决定对未成年人适用更具惩罚性的政策、较少怜悯和更严厉惩罚的法律，这不具有科学性。如果我们用 20 世纪 60 年代的数据来预测 90 年代的犯罪率，那么无疑就能得出未成年人罪错正变得越来越糟的结果。方法论和统计的错误会导致错误地出现“超级侵犯者”这一传说。同样地，适用累计的或群体的数据并不能用来预测个体的行为和趋势；并且从一个十年的犯罪率预测接下来几十年的犯罪率也将按同样的数字发展，也令人不能接受。事实上，未成年人罪错已从 1996 年的高峰逐年减少。虽然较长一段时间内，每年的未成年人罪错案都在减少，但是未成年人“犯罪波”和宽恕的法律导致了传统的未成年人司法中的回归哲学逐渐朝着更严重的惩罚的哲学偏移，已经做了太多的改变。①

按照美国未成年人司法和罪错预防办公室提供的数据，从 1985 年至 1996 年，全美未成年人罪错的案件数增加了 45%，但是从 1996 年高峰之后至 2017 年，未成年人罪错案件数下降了 60%。2007 年之前案件数下降比较平稳，直到 2017 年降至历史最低点。2017 年的未成年人罪错案件数甚至比 1985 年还要低 41%。② 想必，严厉的法律对减少未成年人犯罪功不可没。但是，也有人指出，这并不必然归因于某一项具体的行动或

① Richard A. Lawrence. *Juvenile Justice*. Sage Publication Inc. ,2008, pp. 33—34.

② https://www.ojjdp.gov/ojstatbb/court/JCSCR_Display.asp?ID=qa06230.

政策，而是多重因素的结果。其中一项因素就是对处于犯罪可能或惹麻烦的未成年人在实施犯罪之前就给予足够的关注。家庭和社区在未成年人成为罪犯的过程中，就有机会干预和将未成年人送至预防犯罪系统的相关服务项目。这些服务项目在全美有很多不同的类型，比如行为管理、纠纷解决、暴力预防课程、欺凌预防、放学后娱乐、导师辅导和学校组织服务等。这些项目在网上都可以搜索到，家长和未成年人本人都可以及时地找到这些信息。

另外，在未成年人因为实施犯罪被拘留之后，许多州也以回归为主要目的而取代了监禁。普通百姓愿意每年支付额外 20%的税来帮助未成年罪犯回归社会。相关的调查显示，民众对回归服务更加支持，因为大家普遍认识到，将一个人改造成对社会有用的成员，要比把他/她关押很多年更有价值。所以公众观念的改变以及支持，也是造成未成年人犯罪率下降的一个主要原因。在美国，对一个未成年人一年的回归项目花费，平均最多是 148 767 美元。而这部分支出全部由纳税人支持。2015 年，美国一个非政府组织——司法政策研究院做了一项研究，研究估计全美每年羁押未成年人的全部费用大约在 80 亿至 210 亿美元区间，而相应的未成年人回归项目的支出则只要耗费 21 000 美元。显然，未成年人回归项目的支出要比将罪犯关押在监狱里的费用低得多，这实际上也大大降低了政府的财政压力。未成年人接受回归社会的项目服务，同时又避免了让未成年人离开家庭的监管以及降低再犯的可能。① 所以，通过数据我们可以看到，虽然美国在控制和预防未成年人犯罪方面仍面临一些挑战，但是经过半个多世纪的努力，已经积累了不少经验，也获得了一些成果。

---

① *Youth Crime Rates Drop, But Progress is Still Needed*. 参见 http://info.mstservices.com/blog/juvenile-crime-rates。

第二章　美国未成年人刑事诉讼权利保护的演变

一、国家亲权责任

作为一项独立的诉讼程序，美国未成年人刑事诉讼已经有 100 多年的历史。18 世纪，由于受到英国普通法的影响，当时的未成年人如果侵犯了法律，他们会与成年人一样接受法律严厉的处罚。当时的法律并没有基于犯罪人的年龄而作出区分，同时法律也没有“罪错未成年人”这个词。19 世纪的美国，仍然效仿英国的做法，未成年人与成年罪犯一样接受同等严厉的处罚。当时的未成年人，如果犯了严重的罪行，除了会受到诸如监禁、鞭打等严厉的处罚之外，甚至还可能被判处死刑。

19 世纪的几个变化，为单独的未成年人刑事诉讼程序做了铺垫。19 世纪初，美国经历了大规模的移民和轰轰烈烈的工业革命。而这个时期的许多移民是从旧大陆来的淘金者，甚至是逃脱的罪犯。出生率的提高以及大量移民涌入美国，给美国城市带来了新一波的发展。这些发展导致美国出现大批需要照顾的儿童，移民的孩子也被认为更可能出现一些问题。

在这种情况下，犯罪应由社会负责而不是由罪犯个人负责的理论开始出现并流行。父母被认为应当监管这些孩子，但是如果父母不能有效监管他们的孩子，那么国家将被赋予这些职责。国家亲权责任就这样应时而生。国家亲权责任是对这些孩子进行官方监护的最主要理由。

1838 年，费城最高法院在 Ex parte Crouse 案中首次对国家亲权责任(parens patriae)这一概念予以讨论。[①] 在这个案件中，费城最高法院受理了费城难民所里一个名叫玛丽(Mary Ann Crouse)的女孩的父亲以人身保护令状提起的上诉。该父亲认为，他的女儿未经过审判而被监禁是非法的。法院则拒绝了他的主张，并作出了一个全体一致的决定，认为权利法案并不适用于未成年人。法院认为，如果父母被认为监护职责不力时，法院有权介入和为他们的孩子提供指示和监管。该案最终判决的作出是法院认为基于对孩子以及整个社区的最好利益，以及国家能够为孩子提供适当的教育和训练。法官们在判词中指出："难民所不是监狱，而是一所学校，在这里感化和重塑是终点，而非惩罚。""通过培训……这些居住者适应工业的需求；给他们灌输道德和宗教原则；通过培养他们生活的技能。总之，使他们摆脱不适当的随行者们不恰当的影响。"

虽然在 1838 年之前，美国已有 4 个难民所，但在该案之后，美国大范围地建立了基于回归原则的未成年人重塑和改造机构。纽约罪错未成年人改造协会提出要将未成年人和成年人罪犯分开，并在 1825 年建立了纽约难民房(house of refuge)，以收容需要照顾的、被遗弃的和犯罪的未成年人。波士顿和费城也很快建立了难民房。此后，各地纷纷建立针对流浪和犯罪的未成年人的感化学校(reform school)。马萨诸塞州于 1847 年、纽约州于 1853 年、俄亥俄州于 1857 年建立了各自的感化学校。1856 年，马萨诸塞州第一个设立了专门针对女孩的州工读学校(industrial school for girls)。

19 世纪中期，美国有些州按照基督教原则为有犯罪倾向的未成年人专门建立了感化学校。应当说，这些感化学校一度非常成功，甚至在整个美国流行。然而到了 19 世纪末，随着国家介入越来越多的未成年人案

---

① Ex parte Crouse，4 Wharton(Pa.)9(1838). 转引自 Alexander W. Pisciotta. Saving the Children. The Promise and Practice of Parens Patriae，1838－1898. *Crime & Delinqeuency*. Vol. 3，28，1982。

件，尤其是轻微犯罪的案件，国家亲权责任的概念此后也面临更多法律上的挑战。这些在感化院居住的未成年人是否被提供了如父母般的监管，以及有益的工作培训、宗教和教育培训？他们在机构里是否真的因与不适当的同行者不在一起而避免了不良的影响？国家是否一定能为未成年人提供更好的帮助？当时的一些有识人士对感化学校不断地提出各种质疑。

早期的未成年人感化学校旨在教育和治疗，而非惩罚，但是超时工作、严格管理和鞭打现象却经常发生。非洲裔美国人、墨西哥裔美国人、美国印第安人以及贫穷的美国白人通常会被歧视对待，被同伴（有时候是工作人员）性虐待和踢打也并不少见。到 18 世纪下半叶，对在押的未成年人惯例性的虐待日益受到关注和批评，将有问题的未成年人根据国家亲权责任而予以羁押引发了这种做法是否有益于未成年人的广泛讨论。人们逐渐意识到，国家实际上并非是一个有效的或仁慈的父母，在国家亲权责任的预想和实践之间存在一条显著的沟壑。19 世纪的法官在 Ex parte Crouse 案中以及随后的系列案中将非刑事犯罪行为的未成年人移交给感化学校，理由是认为未成年人的机构对这些未成年人会有所帮助。理论上，感化学校为这些被关押的未成年人提供了父母的监管、教育、宗教指导和其他有益的帮助。但是，在未成年人感化院的纪律要比父母的更粗暴，未成年犯人在与感化院签订的工作合同下广泛地被剥削。这些被标以感化、改造的学校对居住在此的未成年人相互之间也有负面影响，比如经常会发生殴打、性行为和经常性的逃跑等。

国家以未成年人的利益对犯了轻微罪行、非刑事行为的未成年人予以国家亲权干预，因为产生的相应副作用，渐渐地遭到了质疑和批判。批评者认为，这些感化机构和感化措施并没有提供如国家亲权责任原则下所允诺的如父母般的照顾、教育或训练。在 1838 年 Ex parte Crouse 案后 30 多年，即 1870 年，伊利诺伊州最高法院在 People v. Turner 案中裁定，国家只能在未成年人侵犯了刑事法律且只有遵循正当程序指南之后才能介入。虽然这项裁决并没有对其他州的通常做法作出改变，但是，它却使得之后的法院能在裁决中对未成年人和他们的父母在国家介入中的权利作出清楚的界定。

难民房和早期感化学校的失败引发了对被抛弃的、孤儿或被强迫在恶劣环境下工作的未成年人的福利的关注。19 世纪下半叶，在美国国内战争期间，人道主义的担忧直指这些未成年人和他们的处置待遇。此后发生了美国未成年人刑事司法体系中一个重要的发展——儿童保护运动(child-saving movement)。儿童保护者是一群关注儿童福利的改革者，包括人类学家以及对儿童福利关注的中产市民和专业人士。他们于 1850 年建立了五点任务(Five Points Mission)、1851 年建立了纽约未成年人收容所、1853 年建立了儿童帮助协会。他们与难民所创建者的理念有所不同，他们对改造年轻人抱有更大的乐观。他们在市区建立了分发食物和衣服的中心，为无家可归的年轻人提供暂时的居住所，并给贫穷的年轻人与衬衫制造商签订合同。他们督促国家干预，以避难所和教育项目来保护这些危险的儿童。

儿童保护运动的结果是使得国家对未成年人的行为予以适当的干预，而此前这些都是父母或家庭的责任。儿童保护运动的主要观点是认为这些儿童的问题，比如懒惰、喝酒、流浪以及犯罪行为威胁整个社会的道德，必须加以控制。如果父母不能或不愿控制以及不能对他们的孩子进行适当的监管，那么政府应当介入。他们促使赋予法院管辖权的立法，以使得法院能够对这些不可救药的、逃跑的和犯罪的未成年人享有管辖权。

二、未成年人法院的设立与兴起

19 世纪末 20 世纪初，美国未成年人罪错的司法制度经历了一场影响深远的重大改革。19 世纪下半叶美国国内战争之后，政府改革者和个人慈善家逐渐活跃，他们作为社会教育精英和特权阶层，试图减轻贫穷和减少工业剥削。这些进步分子认为，未成年人不是生来邪恶或反社会，而是环境的产物。贫穷、功能失调的家庭和不正常的文化价值观，要对未成年人的不当行为承担责任。由于这些原因，未成年人应当接受对他们的行为进行治疗，而这些因为环境而导致犯罪的未成年人，应当被认为功能失调，而不能作为刑事罪犯。

在 19 世纪的最后十年，将未成年人和刑事法院程序分开的改革已经开始了。1874 年，马萨诸塞州颁布了一项立法，要求对未成年人有一个独立的法院听审，称为儿童的审判(children's tribunals)。1877 年，纽约州通过了类似的一项法律，要求将成年人和未成年人罪犯分隔开。1898 年，罗得岛州通过了一项未成年人法院法。1899 年，科罗拉多州通过了全国第一部立法，建立审判旷课和不遵守秩序的未成年人的指南，称为《强制学校法案》(Compulsory School Act)。虽然这些努力都没有建成如今天我们所讲的真正的未成年人法院系统，但无疑这些法律是现代未成年人法院的先河。

1899 年 7 月 1 日，伊利诺伊州颁布《未成年人法院法》，成立了未成年人法院，从名称、形式到内容将未成年人从成年人的司法制度中分离出来。这部法案，官方的名字为《对待和控制受赡养者、被忽视者和罪错儿童规制法》(Act to Regulate the Treatment and Control of Dependent, Neglected and Delinquent Children)，是美国也是全世界第一部全面的和现代的未成年人司法法案。法案规定了几项重要的原则：(1)16 周岁以下的未成年人如果卷入特定的不当行为，应被界定为“罪错未成年人”；(2)在未成年人法院接受听审裁判的案件，应被适用专门的程序规则；(3)罪错未成年人和成年人罪犯应当分开；(4)儿童是环境的受害者，应当被改造和回归社会。

1899 年，伊利诺伊州在芝加哥的库克县建立了第一个未成年人法院，以使得这些原则能够真正实施。因为违反法律的未成年人将不被视为罪犯被处置，所以国家亲权责任原则被认为是法院对未成年人案件享有管辖权的法律基础，也是未成年人法院的哲学基础。儿童被认为不够成熟，也对他们的行为后果缺乏明知，因此他们被认为不必如成年人那样对他们的行为承担法律后果。在未成年人司法哲学理念中，年轻罪犯是罪错未成年人，而非刑事罪犯。未成年人司法体系的主要目的不是惩罚，而是修复和回归。

未成年人法院通过治疗而非惩罚，帮助未成年犯转化成一个积极的公民。建立未成年人法院的法律清楚地区分了未成年人法院与成年人刑罚典目的的不同。1905 年费城最高法院在 Commonwealth v. Fisher 一案中，支持了未成年人法院的这个目的，并说明了法院在其中的角色是训练和改造有罪的未成年人，而不是关注儿童以及他们父母的权利。“（未成年人法院的）设计并非惩罚，也不是严格的监禁，而是像父母对他们的孩子那样要求与限制未成年人……每一个条款的设计意在保护、照顾和培训儿童，如同父母的义务，是对国家职责的一种确认。当其他的监护责任失败或缺失时，（国家）是合法的监护人和儿童的保护者。（其中）没有宪法权利被侵犯。”[①]费城最高法院认为，未成年人法院矫治的目的高于未成年人或父母的权利。

在接下来的 50 年里，未成年人法院延续了对一系列的未成年人罪错，从身份犯罪到违反刑法典的所有未成年人案件的法律介入这一实践。罪犯需要监管和改造比其所实施的罪行更重要，这一主张也对司法程序和决定产生了影响。在未成年人司法领域，哪些案件应去法院受审，由未成年人法院在立案时作出决定，而非如刑事法院那样由地区检察官作出决定。未成年人法院立案庭在考虑如何处理这些案件时需要同时考虑法律和非法律的因素，同时享有非正式处理这些案件、将这些案件从法院体系中转出去的自由裁量权。

由于未成年人法院的目的是保护和帮助，而非惩罚，所以未成年人诉讼程序更像是民事的，而非刑事程序。未成年人法律程序被认为“符合儿童的最好利益”，因此听审更非正式，并非刑事法院里的更正式的对抗式刑事法院诉讼程序，所以这些未成年人也被拒绝了许多成年人拥有的法

① Commonwealth v. Fisher，213 Pa. 48（1905）.

律权利，比如指控的正式通知和律师辩护的权利。未成年人罪错被认为是一个社会问题以及家庭的失败，而非刑事问题。所以，社会工作者、缓刑监督官和心理学家取代了律师与检察官。他们审查未成年人的背景和社会历史以及家庭环境以评估未成年人的需求，然后制订如何对待改变这些罪错未成年人的计划。未成年人法院的法官被认为更像是一个父亲角色，而非法律专业人士。工作的重点是罪犯而非罪行，目的是帮助未成年人回归而非惩罚，这些都是通过对待未成年人罪犯个人化的司法来得以实现。这些有关未成年人法律改革的努力，也是基于不断增长的乐观认识，即处理未成年人罪犯，适用社会科学要比适用法律更适当。

第一个芝加哥未成年人法院很快被丹佛效仿，在之后的半个世纪内，有关未成年人的司法改革席卷了整个美国。到 1945 年，所有的州都通过了类似的法律，各州都设立了未成年人法院。

随着各州普遍接受未成年人法院，联邦政府也积极寻求建立全国未成年人司法系统。1925 年，联邦儿童局和全国缓刑协会建议通过《标准未成年人法院法案》。在大萧条期间，罗斯福总统重新制定了一套全国政府政策，以减轻因为股市崩盘而导致的民生和经济的混乱。罗斯福新政(new deal)影响了战后整个时期的政策。在新政期间，法学家们和联邦政府一起努力，以解决有犯罪风险的未成年人的问题。比如，1936 年，儿童局经手监管了第一笔全国儿童福利资金，划拨给各州有犯罪风险的未成年人；1937 年，未成年人法院法官组建了全国未成年人和家庭法院法官委员会。1938 年，国会通过了《未成年人法院法案》，该法案实质性地推动了在全国范围内适用 1899 年《伊利诺伊州未成年人法院法案》最初规定的关于未成年人司法的许多概念。回归与治疗(rehabilitation and treatment)是关于未成年人政策的主要内容。

这部法案将具有风险的未成年人分为六种不同的类别，并且每种类别都需要不同的对待与处理。(1)罪错未成年人(juvenile delinquent)，是指年龄在成年人刑事司法系统中被认为是实施了犯罪的法定成年人的年龄之下。作为罪错未成年人，这些人通过未成年人司法系统被处理。

(2)身份犯(status offenders)。不到法定成年人年龄,违反了有关规制人的行为的法律,而这些法律并不适用于成年人。(3)被虐待的未成年人(abused children),是指受到情感的、性的或身体的不当对待的未成年人受害人,是一个虐待者主动攻击或剥削的被害人。(4)被忽视的未成年人(neglected children),是指没有从父母或其他监护人处得到足够关注的未成年人受害人。被忽视的未成年人包括那些没有被喂食、很差的居住条件、没人陪伴、没有洗护或甚至被不当处置。(5)需要抚养的未成年人(dependent children),是指被父母或监护人抛弃,或者没人关心的未成年人。(6)积习难改的未成年人(incorrigible children),是指行为不能控制,或者不能被一个监管人控制的未成年人。这些是与监管人有着严重冲突的未成年人。

经过大萧条、第二次世界大战以及战后几十年的时间,美国一直在为建立全国性的未成年人司法体系而努力。在建立首个未成年人法院的半个世纪内,以未成年人法院来处理未成年人案件几乎没有受到任何质疑。尽管在各州和各个管辖区之间存在一些差异,但是对未成年人司法的目的以及如何与成年人刑事司法体系的区分和它们之间的相同之处,都有着普遍的共识。20 世纪 50 年代期间的立法将未成年人治疗模式在联邦层面上加以固定并予以机构化。比如,1951 年的《联邦青少年矫正法案》规定在健康、教育和福利部门中设立未成年人罪犯局。

三、正当程序权利的确认

未成年人法院的政策和实践在其成立和发展的最初 60 年里,并没有受到任何挑战。未成年人法院的目的是治疗而非惩罚,它更多的是一项民事诉讼而非刑事审判,对未成年人判处的最严厉处罚也是少于一年的居住地监禁。尽管事实上,未成年人并没有得到如成年人罪犯在刑事法院那样的正当程序保护,但是为未成年人提供法律帮助的律师却很少有理由质疑未成年人法院的程序或处置。但这种情况在 20 世纪 60 年代开始发生变化,因为在一些法院,未成年人被处以到成年人监狱中服刑或被移送至刑事法院,但是却没有享受到刑事法院通常具有的正当程序保护,而且这种情况变得越来越明显。从 20 世纪 60 年代初的一些美国最高法院的案件中可以看到,当时就已经对未成年人法院长期以来的这种做法提出了反对意见。由此,美国未成年人司法进入了未成年人权利的新时代。① 20 世纪 60 年代被认为是美国一个伟大的社会和文化的转型。②

20 世纪 60 年代的美国,文化上,正式的种族隔离和歧视被终止,宪法提倡对公民权利的保护,妇女得到新的自由,冷战以及政治和社会的冲突,都使得 60 年代不同于以往;政治上,联邦政府规定了处理国内和国外议题的国家层面上的合作。1964 年 5 月,在美国密歇根大学的开学典礼上,时任美国总统林登·约翰逊(Lyndon B. Johnson)首次向外界披露了他建设"伟大的社会"(great society)的愿望。随后他推行了一项计划,计划的核心是"保障民权,并向贫困宣战",扩大公共福利的范围和对象。在就业、医疗、教育、生活和住房、城市发展等一系列民生领域,约翰逊都扩大了政府用于公共福利的财政支出。约翰逊总统在 1964 年 1 月 8 日致国会的年度咨文中提到,"本政府在此宣布要向美国的贫困无条件宣战"。"有史以来联邦在教育、卫生、重新培训失业工人以及对经济上和人力上扶持残疾人方面以最大的帮助。"咨文同时说:"我们集中进攻的主要武器手段是有更好的学校、更好的医疗、更丰裕的家庭、更多的培训手段和更多的就业机会,以帮助更多的美国人特别是年轻的美国人,以避免带给他们贫穷、肮脏和失业的波动。"在第二次当选总统的就职演说中,约翰逊总统说道:"在一块丰饶的土地上,家家都不容生活于绝望的贫困中。"

在 1963 年至 1968 年约翰逊总统执政期间,联邦政府为国内社会改革提供了大量的经费支持。其间,美国社会也发生了很大的变化。妇女们开始工作,离婚率上升,有大量的未成年人被单亲家庭抚养。之前普遍认为的未成年人罪犯是来自市区的低收入和工作阶层的年轻人的印象也

---

① Gus Martin. *Juvenile Justice: Process and System*. Sage Publishing Inc. ,2005,p. 45.

② Kent v. United States,383 U. S. 541,86 S. Ct. 1045(1966).

发生了改变，而是大量来自郊区的中等和高级阶层家庭的年轻人成为未成年人罪犯。当局为此专门成立了全国家庭和未成年人启动计划以及“反对贫穷战争”计划。联邦资金直接进入这些项目，尤其是在市区的项目，以试图剪断贫穷、犯罪与未成年人罪错之间的联系。随着城市里种族问题的加剧，尤其是1968年马丁·路德·金(Martin Luther King)被暗杀后，大约有125起种族暴乱，达到了一个高峰，联邦政府也针对市区非白人青少年的特别问题，通过一些项目来寻找解决的办法。

在这样的背景下，未成年人权利这一概念在20世纪60年代成为未成年人司法改革的一个中心议题，所以这一时期也被认为是史无前例的保护未成年人宪法权利的时代。通过几个重要的案件，法律重新定义了未成年人司法系统的目的，最核心的便是未成年人有权享有宪法正当程序的保护。在1966年的Kent v. United States案中，美国最高法院修改了长期以来未成年人不享有如成年人那般被正当程序保护的理念和做法，理由是未成年人法院的目的是治疗，而非处罚。[①] 1967年的In re Gault案，最高法院又确认，在将未成年人移送给服刑机构的听审中，未成年人有权被通知获得律师、有权质询证人，以及享有免受自证其罪的保护。[②]

除了最高法院在案件判决中确立了未成年人在诉讼中享有正当权利的保护之外，相关立法也进一步跟进，确立了这一主旨。1968年，国会颁布了《未成年人罪错预防和控制法案》，以一种持续的、全国范围的努力减少未成年人罪错的发生。1974年又颁布了《未成年人司法和罪错预防法案》，要求美国健康、教育和福利部门发展和协调一项广泛的策略计划，以减少未成年人罪错。根据这部法律，各州能够得到联邦的资金支持，用以开展州内未成年人罪错预防、未成年人回归、研究和培训等项目。

这些法律和最高法院对未成年人司法改革的支持，最终促成了美国未成年人司法程序对未成年人宪法权利保护的确认，使得美国未成年人

---

① 383 U. S. 541, 86 S. Ct. 1045(1966).

② 387 U. S. 1, S. Ct. 1428(1967).

司法程序得以重构。

20 世纪 70 年代的美国顺应这一趋势，进一步加强了对未成年人权利的保护。联邦政府和美国最高法院继续推进未成年人司法程序的全国标准和合作。同一时期，美国最高法院也通过一些案例，进一步确认了未成年人司法保护未成年人享有正当程序的权利。比如 1970 年的 In re Winship 案，美国最高法院裁决，要裁决一个未成年人有罪的证明标准应当是“排除合理怀疑”。[①] 1975 年的 Breed v. Jones 案，最高法院认为，只要有证据被提交，双重危险同样适用于裁决听审（adjudicate hearing）。所以，未成年人法院只能在裁决听审之前或正在进行时才能放弃听审。[②]

四、正当程序权利保护的调整与发展

20 世纪 70 年代末，因为犯罪率的上升、再犯的不断涌现，以及未成年人暴力犯罪在犯罪的频率和严重性上都出现增长，美国开始对与司法相关的文化和政治因素进行反思。公众普遍认为罪犯“赢了”，他们被赋予太多的权利。到了 80 年代，时任总统里根开始保守执政，严厉打击犯罪成了最主要任务，并且这项任务一直持续到 21 世纪。法律和秩序以及被害人和社会的福利，超越了民众对罪犯福利的关注。至此，现代的未成年人司法逐渐作出一些调整，以回应对刑事行为的文化和政治上的不容忍。根据联邦立法指南和美国最高法院在 20 世纪六七十年代作出的决定，未成年人司法的钟摆在 80 年代开始倾向法律和秩序。

许多州立法通过颁布更多的惩罚性法律作出回应。为回应严重未成年人罪错一直在增加的现实，以及这个系统对罪犯过于宽恕的公众认知，一些法律将被指控严重犯罪的未成年人罪犯从未成年人系统中移除出去；另一些州要求未成年人司法系统更多地追随刑事司法系统，要像成年罪犯那样对待较严重的未成年人罪犯，而不是像未成年人法院那般对待

① 387 U. S. 358，90 S. Ct. 1068(1970).

② 421 U. S. 519，95 S. Ct. 1779(1975).

和处置他们。结果是将指控特定罪行的未成年人罪犯排除在未成年人法院的管辖之外，或者让他们自动地或强制地放弃未成年人法院管辖，而转由刑事法院管辖。一些州，刑事法院和未成年人法院的共同管辖条款，使得检察官享有就特定的未成年人案件直接向刑事法院而非未成年人法院起诉的自由裁量权。

这种趋势在 20 世纪 90 年代一直持续至今，州立法通过更具惩罚性的法律，以更严厉的方式对待未成年人罪错，从而达到遏制未成年人罪错的目的。与此同时，未成年人法院诉讼程序变得更正式，也更具对抗性。跟随成年人刑事法院，未成年人法院采取了惩罚性的量刑哲学，强调罪有应得、报复和威慑，未成年人法院也对暴力的、顽固不化的和严重偏差行为予以严厉的惩罚。未成年人矫正机构变得更严格，仿效成年人服刑机构，将机构设施按照不同的安全级别，比如最严格、中等严格和严格，予以分类。一些提供未成年人培训的设施机构被搬到郊区，脱离基于社区的改造项目，这样在很多情况下又回到了让未成年人脱离社会的哲学上来。

将未成年人转到成年人刑事法院的案件数量也逐渐增加，因为这种案件的移送变得容易了。未成年人被认为是对社会的威胁，因此审前的预防性羁押也成为一个话题，就像成年人在审前被羁押那样。1984 年的 Schall v. Martin 案，最高法院支持了未成年人被预防性羁押的合宪性。[①]法院认为，如果未成年人显示出进一步犯罪的高风险，那么他/她可以被羁押，且不违反正当程序的权利。Schall 案同时规定了羁押听审的正当程序标准，要求在预防性羁押之前，必须通知罪犯，赋予听审的机会，以及在庭审中罪犯享有陈述的权利。

关于未成年人法院的管辖权，各州的规定不尽相同，可以分成以下几种情况：(1)专属管辖权。未成年人法院是能够听审未成年人罪错案件的唯一场所。(2)最初管辖权。未成年人案件必须首先在未成年人司法系统中出现，但是它们可以被放弃而转至刑事司法系统。(3)共同管辖权。

① 467 U. S. 253，104 S. Ct. 2403(1984).

一些法院有权听审特定的案件。(4)没有管辖权。州法律规定特定年龄的未成年人罪犯会因为特定的罪行而被自动地转至成年人刑事法院听审,比如第一等谋杀。

现代的未成年人司法系统由各州立法规定,并在各州施行。国家层面上,比如未成年人司法和犯罪预防办公室及相关工作人员也协调未成年人司法政策。参与、涉入未成年人司法中的相关机构和人员也越来越多,警察、法院、矫正机构人员,也包括私人的、非营利组织和公共未成年人服务机构,他们是不断扩大的未成年人司法这张网中的合作者。同时,现代未成年人司法系统已成为更大的司法系统的一个内在部分,它的运行和管理也成为包括政府、机构和相关项目的一个不断扩大的网中的一项职责。

第三章　未成年人法院必须通过听审才能放弃对未成年人案件的管辖权

——Kent v. United States 案[①]

美国最高法院在 20 世纪 60 年代开始的对未成年人案件的一系列判决，直接影响并塑造了美国未成年人刑事诉讼程序。通过这些案件，我们可以看到美国对未成年人刑事程序中的权利赋予及演变过程，从而也能够比较具体地理解未成年人罪犯在刑事诉讼中的地位发展。

1966 年的 Kent v. United States 案是美国最高法院在 1966 年到 1970 年间裁决的有关未成年人司法案例三部曲的第一部。尽管该案与未成年人法律的宪政发展密切相关，然而法院在 Kent 案中的决定实际上是法律解释的一次普通实践的结果。该案的中心议题是哥伦比亚特区未成年人法院行使法定权力，放弃对未成年人犯罪的"原始和专属"管辖权，从而将这个案件移交给普通刑事法院管辖的做法是否合宪。实际上，该地区的《未成年人法院法》允许未成年人法院的法官在个案中对普通刑事程序的必要性进行"全面调查"之后可以放弃管辖权。最高法院认为，按照该法案，没有任何放弃管辖权的调查可以被认为是全面的，除非该未成年人法院举行了"公平听审"。在听审中，未成年人应当由律师代理，律师有权查阅所有与放弃管辖权相关的证据，包括缓刑官准备的报告。最高法院因为该案而在审议《未成年人法院法》的过程中，发现有必要将正当

---

① 383 U. S. (1966).

程序的宪法标准适用于未成年人程序，由此该案具有了宪法意义上的重要性。该案是美国未成年人司法历史上一个里程碑式的案件。

一、哥伦比亚特区法院关于放弃管辖权的相关案例及讨论

因为 Kent 案最初是在 1959 年由哥伦比亚特区未成年人法院管辖受理的，因此在对 Kent 案进行详细讨论之前，有必要先了解哥伦比亚特区未成年人诉讼程序的总体发展和管辖权放弃的情况。

与美国大多数司法管辖区一样，国会于 1906 年在哥伦比亚特区建立了第一个未成年人法院，所以该地区早在 20 世纪初就采用了未成年人诉讼程序的一套特殊机制。但与其他司法管辖区的立法机构比较激进的做法不同，国会当初相当谦逊。1906 年的法律并没有明显要求对儿童行为加强司法控制，而仅仅是巩固了原有法院行使的既有权力。尽管法律声称赋予新成立的未成年人法院对于“17 周岁以下群体的所有犯罪和违法”的“原始和专属”管辖权，但这种管辖权并不包括死刑或很多其他严重犯罪。而且与早期其他各州未成年人法的广泛的社会福利取向形成鲜明对比的是，1906 年的哥伦比亚特区法律要求在未成年人法院行使管辖权之前必须要对未成年人提起刑事指控。这就意味着：(1)该法继续将未成年人罪错者视为犯罪分子；(2)该法未能提供任何司法机制来应对非犯罪行为。

由于担心 1906 年的立法构成了“美国最过时的……未成年人法庭程序”，国会根据 1925 年全国缓刑协会提出的示范立法，于 1938 年颁布了新的《未成年人法院法》。同时，未成年人司法中的首要原则——政府监护也被新的未成年人法院法加以确认，成为该地区未成年人诉讼程序的一部分。1938 年的新法律与 1906 年的法律最重要的区别是，早期法律根据传统刑事法律原则来理解未成年人法院的职能，但是 1938 年的法案则认为法院的使命是“为未成年人做的最好的事是纠正使未成年人违法

的事”。国会必须将“未成年人法院的程序从刑事程序改变为衡平程序”。[①]

与1899年伊利诺伊州的法律一样，哥伦比亚特区1938年的《未成年人法院法》的目标是“为每个未成年人法院辖区内的未成年人提供照顾和指导，最好是在他自己的家中，以服务于未成年人的福利和国家的最大利益”。[②] 国会将未成年人法院的管辖范围扩展到包含18周岁以下人员实施的所有犯罪和非犯罪的不当行为，但允许法院在重罪案件中放弃管辖权，并且在对放弃管辖权的案件进行“全面调查”之后，将未成年人转移到普通刑事法院接受审判。《未成年人法院法》就有关管辖权的放弃作出规定：“如果一个16周岁或以上的未成年人，被指控在成年人案件中构成重罪的罪行，或者一个未成年人被指控若是成年人实施的可被判处死刑或终身监禁的罪行，法官在经过完全调查之后，可以放弃管辖权并命令由对成年人实施同样的罪行具有管辖权的法院按照普通程序进行审判；或者由对成年人实施同样的案件具有管辖权的法院根据法律赋予未成年人法院的权力处理或处置案件。”新法律要求以非正式方式进行，最好是私下进行未成年人违法行为听证，使得未成年人诉讼程序的非犯罪性质显而易见。根据该部法律，对案件进行非正式的和隐秘的听证是一般要求，但唯一的例外是，法律规定的经未成年人、未成年人的父母请求或法庭自行决定进行陪审员审判的案件，可以不经听证。为了体现对未成年人的个别化对待，该法律还要求对未成年人的家庭和社会环境进行预先审查，以指导案件的最终处置决定。

显然，这部法律规定的未成年人诉讼程序具有较多的开放性质，这就需要法院通过案例来予以确定或加以解释。所以，尽管美国上诉法院在Pee v. United States(1959) 案中主张正当程序的宪法标准不能直接适用

---

① Christopher P. Manfredi. *The Supreme Court and Juvenile Justice*. The University Press of Kansas, 1998, p. 54.

② Christopher P. Manfredi. *The Supreme Court and Juvenile Justice*. The University Press of Kansas, 1998, p. 54.

于该地区的未成年人诉讼程序，但是正当程序的宪法标准仍然适用于在Pee案之前和之后作出的判决中有关法律并未明确的程序事项。[①] 比如，在Shioutakon v. District of Columbia(1956)案中，法院认为未成年人有权在未成年人诉讼程序中由指定的或聘请的律师代理。在该案中，大卫·巴扎伦(David Bazelon)法官主张"当人身自由受到威胁时，获得听审的权利在未成年人法庭与在普通刑事法庭一样，都需要律师的有效协助"。[②] 法院在次年McBride v. Jacobs案中进一步指出，只有未成年人法院法官在庭审中通知了未成年人和他们的父母，告知他们享有获得律师帮助的权利，那么在Shioutakon案中阐述的获得律师帮助的权利才能得到有效行使。[③]

尽管认为在一定程度上控制立法中开放的程序、明确程序的要求很有必要，但上诉法院从未质疑过未成年人诉讼和成年人普通刑事诉讼在保障未成年人的权益方面具有明显不同的基本原则。法院甚至通过一些案例表明，对程序的非正当性予以额外限制是合法的。举例来说，在1961年的Harling v. United States案中，法院审查了在未成年人法院管辖下的未成年人所作陈述是否可以在刑事诉讼程序中被采纳的问题。法院的结论是，基于"基本公平"原则，不允许"未成年人在非刑事和非惩罚性的未成年人诉讼程序中所做的供述被用来确保其刑事定罪和处罚"。巴扎伦法官认为，若允许未成年人在未成年人诉讼程序中的供述用来指控其刑事有罪和受处罚，这些实践"将破坏未成年人法院与未成年人之间的政府监护关系，并且违反《未成年人法院法》潜在的非刑事哲学"。[④]

1938年的《未成年人法院法》不仅对有关程序性要求采取了开放的态度，同时它对放弃管辖权方面也是充分开放的。为此，国会在1947年就此方面做了进一步的规范。国会修改了放弃管辖权的相关条文，授权

---

① Pee v. United States, 274, F. 2d 556. D. C. Cir. (1959).

② 236 F. 2d 666, 669. D. C . Cir. (1956).

③ 247 F. 2d 595. D. C. Cir. (1957).

④ Harling v. United States, 295 F. 2d 161, 163－164. D. C. Cir. (1961).

未成年人法院放弃对被指控处以死刑或终身监禁的未成年人的管辖权，以此回应未成年人严重暴力犯罪。1959年在放弃管辖权方面又前进了一步，未成年人法院的法官们建立了一项用以在个案中指导放弃管辖权裁定的统一规则。统一规则的主要内容包括：(1)被指控的社区违法行为的严重性以及出于对社区的保护是否需要放弃；(2)被指控的违法行为是否以侵略性、暴力、有预谋或故意的方式进行；(3)被指控的违法行为是针对人身还是针对财产，针对人身尤其是造成人身伤害的违法更应引起重视；(4)起诉书的控诉理由，比如是否有证据表明大陪审团可能会退回起诉状；(5)当被指控违法的未成年人的同伙是将在美国哥伦比亚特区被指控犯罪的成年人时，在一个法院审判和处理整个违法犯罪的可行性；(6)未成年人的复杂性和成熟度，这需要通过考察未成年人的家庭、环境情况、情感态度和生活模式来确定；(7)未成年人的记录和以往历史，包括先前与未成年人援助部门、其他法律实施机构、未成年人法院和其他司法管辖机构的联系，法院缓刑前期，或之前对未成年人机构的承诺；(8)通过利用未成年人法院现有的程序、服务和设施，充分保护公众和未成年人矫正的可能性。

显然，统一规则并没有提到放弃未成年人法院管辖权，需要举行听审来作为确定这些标准是否适用于个案。相反，它向未成年人法庭官员分配了收集“可能与上述标准和因素有关的所有可用信息”的任务，而这些信息由负责案件的官员选定。

1959年的United States v. Dickerson案，是首个案件涉及与放弃管辖权的程序有关的重要裁定。[①] 可是，在Dickerson案中，有争议的是未成年人法院是否有权在作出放弃管辖权的裁定之前举行听审。迪克森(Dickerson)在未成年人法院预备听审中承认他在一场预谋抢劫中持有玩具枪。他承认的结果是，未成年人法院放弃了管辖权，并将他的案子移送到地区法院以抢劫罪接受审判。然而，地区法院驳回了抢劫罪的起诉

---

① United States v. Dickerson，271 F. 2d 487. D. C. Cir. (1959).

书，理由是在未成年人法院听审之后进行刑事审判构成双重危险，即使未成年人法院在该案中尚未作出任何处罚。上诉法院驳回了这一论点，并且认为非正式听审是放弃管辖权所要求的"全面调查"的一个合法组成部分。法院裁定，未成年人法院在确定是否放弃管辖权之前进行听审并非不当。虽然 Dickerson 案确立了放弃管辖权听审的合法性，但是法院在之后的 Wilhite v. United States(1960)案中却认为这样的听审可以被放弃，并不是强制性的要求。①

但是，上诉法院在 20 世纪 60 年代早期对于放弃管辖权的程序的态度开始发生改变。在 1962 年的 Green v. United States 案中，法院认为放弃管辖的裁定实质上等同于对可能案由的裁决。② 两年后，在 1964 年的 Watkins v. United States 案中，法院认为放弃司法管辖构成一种"关于儿童超出了未成年人法的矫正理念的司法认定"。③ 在 Black v. United States(1965) 案中，法院将此种司法认定描述为对未成年人的利益"非常重要"。④ Watkins 案的主要程序性后果是，只有在出现令人信服的"需要保密"的情况下，未成年人的律师才可能在有争议的放弃管辖程序中被拒绝获得未成年人法庭记录。⑤ 在 Black 案中，法院认为放弃管辖的极端重要性意味着未成年人司法为了更好地体现目的，需要适用《权利法案》的特定条文，比如律师协助、放弃管辖权的程序。但是，在这两起案件中，法院都没有推翻 Wilhite 案的判决，即强制性的放弃管辖听审并不构成违反未成年人诉讼的正当程序要求。⑥

可见，在 Kent 案的发生地，即哥伦比亚特区的《未成年人法院法》最初并没有对有关未成年人司法中的程序问题作出具体细致的规定，而是采取了开放的态度，留给法院在具体的实践中通过个案来加以具体阐释

---

① Wilhite v. United States, 281 F. 2d 642 9D. C. Cir. (1960).

② 308 F. 2d 303, 304. D. C. Cir. (1962).

③ 343 F. 2d 278. D. C. Cir. (1964).

④ 355 F. 2d 104. D. C. Cir. (1965).

⑤ 343 F. 2d, 281－282.

⑥ 355 F. 2d, 105.

和说明。法院在具体实践中，就未成年人法院是否可以放弃对未成年人案件的管辖权，而将案件交由成年人刑事法院来审判，也是在不断地发展。上诉法院的态度事实上是有迹可循的，最先它认为在放弃管辖权之前，未成年人法院可以进行听审来决定，但是这种听审并不是强制的。但是之后，上诉法院的态度发生了改变，认为未成年人法院放弃对未成年人案件的管辖权，需要一些程序正当性的保障，但是当时也并未有强制听审的要求。

二、Kent 案在哥伦比亚特区法院的诉讼经过和相关背景

那么，为什么 Kent 案会因为未成年人法院放弃管辖权这一议题而成为最高法院的判例，继而成为影响美国未成年人司法的案例呢？实际上，该案起源于哥伦比亚特区法院用来确定刑事责任改革的一部分。1954 年，美国哥伦比亚特区上诉法院裁定了 Durham v. United States 案，该案阐明了一项刑事责任的新规则。在这个案例中，上诉法院采纳了早些时候一个新罕布什尔案件宣布的精神错乱定义。该规则规定，如果罪行是精神疾病或精神缺陷的产物，那么允许以精神错乱的理由宣告被告人无罪。[①] 之后在 1961 年 9 月 5 日，当时华盛顿警察在一名被强奸并抢劫的女性的公寓中发现了毛里斯·肯特的指纹后，将 16 周岁的肯特逮捕。在刑事责任改革的背景下，肯特的逮捕和随后入室抢劫的定罪，被用来支持和拓宽在 Durham 案中创建的刑事责任新规则。

在 1954 年之前，哥伦比亚特区是根据两部分的标准来确定刑事责任。第一部分包括普通法麦纳顿规则（M'Naghten rule）所体现的对/错规则。根据该规则，如果被告患有精神疾病或者有精神缺陷，以致他们不能知晓自己在做什么或不能理解他们行为的道德影响，被告就不能被认为应负刑事责任。第二部分是 1929 年采纳的一项不可抗拒的冲动检验。

① ［美］爱伦·豪切斯泰勒·斯黛丽、南希·弗兰克著，陈卫东、徐美君译：《美国刑事法院诉讼程序》，中国人民大学出版社 2002 年版，第 468—469 页。

被告通过证明自己在不可控制或不可抗拒的冲动下行为也可以免罪，即使他们当时知道自己在做什么并且理解他们的行为在道德上是错误的。

1954 年的 Durham 案对传统的确定刑事责任的标准进行了改革，在上述这两个标准之外确立了第三个标准，即如果罪行是精神疾病或精神缺陷的产物，那么被告人将以精神错乱为理由而被宣告无罪。这个标准又被称为产物规则。Kent 案最终成为美国未成年人的司法判例与 Durham 案有着密切的关系。

在 Durham 案中，由法院任命的阿贝·福塔斯(Abe Fortas)律师从程序和实体两个方面为推翻他的当事人的定罪进行了辩论。福塔斯律师提出的程序论点是审判法院在适用该地区关于精神障碍辩护案件举证责任的规则时出现错误。该地区先前的规则是一旦被告呈现某些精神障碍的证据，证明被告精神正常的排除合理怀疑的举证责任就转移到控方。根据福塔斯律师的观点，审判法院错误地拒绝采纳精神病学家证词作为杜汉姆(Durham)无行为能力的初步证据，该证词证明了杜汉姆在实施犯罪行为时心智不健全。虽然上诉法院最终同意了福塔斯律师的这一程序主张，但福塔斯论点的实质性部分最终被证明更加重要。福塔斯敦促上诉法院审视杜汉姆审判期间所犯的技术错误，并且要通过一项承认心理学和精神病学科学进步的刑事责任测试。

福塔斯律师的观点得到了华盛顿特区上诉法院法官大卫·巴扎伦的支持。作为一个民主党人，巴扎伦在 1946 年作为美国土地部门的首席检察官助理来到华盛顿，三年后杜鲁门总统任命他到华盛顿特区上诉法院。巴扎伦法官对精神健康问题抱有强烈的兴趣，在 20 世纪 60 年代和 70 年代参加了数个关于精神健康的联邦委员会和理事会，与此同时还在约翰斯·霍普金斯大学讲授精神病学。在其司法生涯中，巴扎伦在联邦法官席上成为最坚定自由的法官之一。

毫不意外，巴扎伦法官同意了福塔斯的主张，即行为科学的进步需要重新评估传统的刑事责任概念。巴扎伦法官发现该地区的对/错规则和不可抗拒的冲动测试都已经过时，并且具有不合理的狭隘，因为它们只认可两个条件作为精神障碍的证据，而对一个人的行为则完全地缺乏认识或者无法理解行为的道德性质。这项标准的弱点在于："精神病学现在认识到理性并不是行为的唯一决定因素。因此，只考虑认知和理性的对/错标准对于犯罪行为的精神责任是不充分的指引。"根据巴扎伦法官所说的，精神疾病存在很多种，每一种都可能影响人的行为而不一定妨碍认知功能。他认为这些疾病应当是决定刑事责任的考虑因素。巴扎伦法官建议用这个更广泛的规则替代该地区"如果被告人的非法行为是精神疾病或精神缺陷的产物，则其不负有刑事责任"这一过时的规则，而不论该疾病对认知功能的影响如何。

事件发展到这里似乎与 Kent 案没有太大关系。但非常有意思的是，巴扎伦法官在 Durham 案作出的裁决得到了该地区精神病学界和法学界的很多成员的支持，认为这是一种进步性的发展。其中，华盛顿天主教大学法学教授理查德・阿伦斯(Richard Arens)敏锐地抓住了 Durham 案提出的追求和实现法律改革的机遇。阿伦斯被公认为是华盛顿地区法律和精神病学界的主要自由派人物之一，他熟知这一领域的大部分主要人物，在华盛顿精神病学院参与了论坛，并且也在精神病学研究所授课。并且，阿伦斯与大卫・巴扎伦法官有着密切的学术思想关系，偶尔也与巴扎伦法官讨论精神病的法律定义。

阿伦斯相信 Durham 案中阐述的"产物规则"可能导致"在任何精神障碍导致犯罪的案件中，一套文明的精神病学惩罚系统会代替传统刑罚"。为了探索这种可能性，阿伦斯在 1959 年与华盛顿精神病学院合作开展一个项目，该项目用来研究 Durham 案对于该地区以精神病为由提出辩护主张免除刑事责任的频率以及成功与否的影响。此项研究主要目的是确定在巴扎伦法官作出裁决之后，对于精神病和刑事责任的专业态度是否发生了改变。特别是，该研究团队研究了心理疾病，而非清楚定义的、对认知功能有明显影响的精神病，是否已经成为减轻责任的法定可采纳因素。

研究的核心内容是访谈了 35 位精神病学家和 27 位刑事被告律师。

与阿伦斯的希望和预期相反，这些访谈产生了令人失望的发现。据阿伦斯所说，精神病学家对于采访者的问题作出逃避式回应，并且看起来并不知道 Durham 案阐述的条文。另一方面，律师更加从容，并且参与了刑事责任的前杜汉姆(pre-Durham)测试。研究发现，向阿伦斯暗示的巴扎伦法官所阐释的确定刑事责任的新标准本身，不足以改革该地区精神障碍理由的作用。很明显，实现 Durham 案的潜能需要在具体案件中实际使用产物规则辩护，但是阿伦斯的研究却表明这是很少发生的事。

阿伦斯对于他第一个项目结果的不满使得他进行了一个更有野心的研究。1961 年 4 月，他又一次与华盛顿精神病学院合作，阿伦斯获得了国家精神卫生研究所(NIMH)的授权以继续他的工作。第二项研究的目的是在现场审判过程中收集产物规则影响的数据，通过发起“涉及精神病辩护的实际诉讼，其中案例选择包含非精神病类型的精神病理学，并且辩护可以合法合理地基于对当地刑事责任规则进行自由解释”。阿伦斯利用 NIMH 提供的资金聘请了精神病学家和律师，以便将选定的案件进行审判，并进一步研究法官、陪审员和律师对产物规则的接受程度。除了满足阿伦斯的研究好奇心之外，通过支持旨在扩展 Durham 案对于刑事责任进行概念性重构的测试案例，这项研究也给了他实施法律改革议程的机会。

哥伦比亚特区的法律援助办公室在项目的初始阶段与阿伦斯合作，引导贫穷的客户成为他的项目人员。阿伦斯通常接受法律援助办公室推荐给他的所有客户，然后让他的工作人员决定在具体的案件中提出精神障碍辩护是否合适。1961 年 9 月 6 日，法律援助办公室向项目律师推荐了一个浅肤色的非洲裔美国人毛里斯·肯特，这个人被华盛顿警方称为“一人犯罪浪潮”。这就是 Kent v. United States 一案的男主角。项目组请了两位精神病学家和一位心理学家来确定肯特是否患有可以使用产物规则辩护的“非精神病类型的精神辩护”。诊断结果是积极的，并且他的辩护在项目框架内进行。然而作为未成年人，肯特受该地区未成年人法院管辖，自从 1959 年将他置于缓刑以来，未成年人法院一直在监督他的行为，因为他犯下了多次破门入户案和一次有预谋的抢劫案。

肯特作为未成年人的身份使得在杜汉姆项目框架内对他的案件进行诉讼的过程变得复杂化。尽管产物规则看起来与肯特的情况尤其相关，但1938年《未成年人法院法》明确规定针对未成年人的违法行为裁决既不是刑事定罪，也不能赋予未成年人罪犯身份。结果，在以政府监护原则为基础的未成年人诉讼程序中，刑事责任并不是该地区未成年人法院通常考虑的事项。传统未成年人诉讼的特点意味着精神障碍在确定罪行方面不起任何作用。肯特的律师因此面临着互相矛盾的要求，即在未成年人法庭提倡他当事人的利益，同时争取将该案作为精神障碍辩护实验案例。至此，我们可以得出结论，Kent案作为案例的出现，与学者意欲推动的相关改革密不可分。

1961年，在毛里斯·肯特被逮捕一周以及在查阅了他现有的未成年人法院文档和一份9月8日未成年人缓刑部门出具的报告后，未成年人法院作出了一项裁决，裁定经过"完全的调查，我放弃对申请人的管辖权并指令他应当被哥伦比亚特区的美国地区法院按照普通程序对被宣称的罪行进行审判"。尽管肯特的律师要求在放弃管辖权裁定作出前进行听审，并且要求查阅肯特在未成年人法庭的记录，但法院对这两项请求都未予批准，并作出了移送管辖的裁定。于是肯特的律师就放弃管辖权裁定向市上诉法院(Municipal Court of Appeals)提起上诉，并且向地区法院(the United States District Court)申请人身保护令。地区法院很快在9月19日就作出了否决人身保护申请的裁决。另一方面，市上诉法院花了7个月的时间才否决肯特的上诉并确认了放弃管辖权的裁决。

在对未成年人法院放弃管辖权裁定向市上诉法院上诉期间，肯特进行了两次重要的精神障碍测试。1961年10月6日，他的律师要求在哥伦比亚特区综合医院进行了60天的精神障碍测试。两个月后，医院报告称肯特患有严重的情感障碍，导致他"无法承受审判并且不能以成熟的方式参与他的个人辩护"。另外一家医院报告称肯特的病属于一种精神分裂症，"干扰他的判断力和理性能力"。尽管医院没有得出一个明确的结论,但医院的报告表明肯特在实施被控犯罪的时候可能是精神错乱的。报告也强调了肯特对于自己和他人的危险性,但建议他在审判前被关押在监狱以外的其他机构。

在收到综合医院的报告后,检方要求肯特承诺到该地区的主要精神病院——圣伊丽莎白医院进行进一步检查。圣伊丽莎白医院的医生也发现肯特患有一种"未分化型的精神分裂反应",并且他被控的犯罪行为可能就是由该疾病导致的。圣伊丽莎白医院发现没有证据表明肯特患有心智缺陷,也没有发现他不能承受审判或不能理解对他进行的诉讼的性质。与综合医院的医生相反,圣伊丽莎白医院的主管医生建议肯特应该被移送到哥伦比亚特区监狱,等待因指控所受的处罚。

1963 年 1 月 22 日,上诉法院最终对肯特针对未成年人法院放弃管辖权裁定提起的上诉做出裁决,维持市法院不推翻放弃管辖权裁定的决定,认为放弃管辖权决定并不构成可上诉的最终裁定或判决,地区法院"更有能力确定在放弃管辖权之前是否进行了全面调查"。同时,上诉法院也维持了地区法院 1961 年 9 月否决人身保护申请的决定,理由是"没必要因保护上诉人的权利而扰乱和不必要的拖延地区法院的有序程序,而且会与该法院和最高法院的判例不一致"。经过一年多的法律斗争和两次精神病检查,肯特被指控破门入户、强奸和抢劫的审判在 1963 年 3 月于地区法院开庭。

为与 Durham 案的目标相一致,地区法院审判的焦点是肯特应当在多大程度上为他被指控的违法行为承担刑事责任。辩护律师承认肯特实施了犯罪行为,但他请了 8 位精神病学家提供专家证言以说服陪审团相信肯特的行为是精神障碍的结果。控方则试图通过指控的强奸罪和其他犯罪存在区分予以反击。控方证人作证肯特闯进这位女性的公寓的首要动机是抢劫,强奸可能是对其他犯罪的周围环境不可抗拒的反应。因此,检方在肯特可以不对强奸罪承担责任方面作出了让步,但是强调了破门入室和抢劫是自由意志的产物,认为肯特应当对此承担责任。最终,陪审团给肯特定了破门入户罪和抢劫罪,同时以精神错乱为由免除他的强奸罪。地区法院因此判决肯特监禁30～90年。

三、上诉至美国巡回上诉法院

尽管肯特的律师在案件之前的诉讼过程中已经介入更广泛的庭前调查程序，意欲推翻未成年人法院的放弃管辖权决定，但是最初，推动未成年人司法程序改革的想法在肯特律师的辩护策略中最多只占边缘地位。律师认为，哥伦比亚特区地区法院的审判结果，是没有任何法律理由的不适当的司法妥协。于是案件上诉至哥伦比亚特区美国联邦巡回上诉法院。在案件的上诉程序中，辩护的观点也从精神病辩护转到未成年人司法程序的辩护。埃里克(Myron Ehrlich)作为Kent案的上诉律师之一，提出了推翻地区法院对Kent案判决的两点理由。第一，他主张地区法院没有采取合理的司法裁判，并且提供了如下三个理由来支撑其论点：(1)未成年人法院放弃司法管辖权的理由，在通过对未成年人法院的全面调查后，没有任何先例可以支撑；(2)在诉讼中忽视了对正当程序标准的要求，因此导致未成年人法院放弃了司法管辖权；(3)未成年人法院放弃司法管辖权的行为违背了未成年人司法系统的理念，无视法院放弃司法管辖权的一般标准。第二，埃里克还主张地区法院在审理过程中有不少错误，最突出的就是法庭没有正确使用在Durham案中确立的刑事责任，拒绝以精神病为由给予肯特所有的刑事指控一纸无罪判决。

上诉法院拒绝了埃里克提出的案件程序错误的观点，并驳回了他关于心理学证据应该产生无罪效果，并且无需将这个问题提交给陪审团的主张。上诉法院在驳回埃里克关于未成年人法院普遍剥夺了肯特的正当程序权利的主张同时，指出未成年人只拥有专门法院保护的法定权利，在被指控犯有严重罪行的情况下，移交地区法院审判的放弃管辖条款限制了未成年人的这一权利。上诉法院因此得出结论，适用于成年人刑事诉讼的正当程序的宪法标准并不适用于未成年人诉讼；宪法仅要求未成年人"被以合理和体面的方式对待，适当考虑他们对社会的要求以及社会对他们的要求”。上诉法院认定没有证据表明“对上诉人的任何处理方式如此不公平,以至于构成对正当程序法定权利的剥夺”。

上诉法院将大部分注意力都放在了埃里克的论点上,即由于放弃管辖权程序的缺陷,地区法院从未获得对 Kent 案的适当管辖权。上诉法院认为,这一程序并没有错。法院反对关于未成年人法院放弃管辖权的裁量权不符合《未成年人法院法》的政府监护理念这一主张,认为将一部分未成年人从未成年人法院的保护性氛围中排除的这种司法裁量,对于确保有效实现政府监护理想也是十分重要的。但同时,法院也宣称实现这一理想需要依靠“专门法官的技能和经验”,并认为“通过非专业法官在个案中修正那些经过训练的判决,是不能轻易尝试的风险”。不过,法院对辩护律师提出的未成年人法院在放弃管辖权决定之前并没有进行法律所规定的“全面调查”这一主张,则表示支持。法院认为这是 Kent 案诉讼程序中最严重的挑战,但同时,法院也认为,满足全面调查的标准“必须由管理机构首先完成”。由于 1959 年关于放弃管辖权的统一规则符合此目的,因此法院需要确定统一规则中缺少听证会的要求是否构成宪法或法定缺陷。上诉法院通过对未成年人法院经过两年的接触而获得的关于肯特的信息,与在听证会上从证言中获取的附加信息加以衡量和比较,最后得出结论,“未成年人法院有足够的证据作出知情、明智的决定”,并拒绝裁定 Kent 案中管辖权的放弃不适当。

很显然,在 Kent 案的上诉程序中,已经出现了关于放弃管辖权的程序问题,这提出了一个问题:为什么上诉法院认为放弃管辖权这一问题比案件最初依靠的精神病辩护问题更重要?有学者认为,至少有三个因素可能有助于理解法院对这个问题的看法。(1)Durham 案所确立的产物规则被认为是模棱两可的,因此,当 Kent 案上诉至法院时,Durham 案作为先例的价值在一定程度上已经被削减。(2)在 1962 年的 Green v. United States 案、1964 年的 Watkins v. United States 案和 1965 年的 Black v. United States 案中,法院已经开始密切审查类似于 Kent 案提出的那些程序问题,这为此案奠定了基础。(3)管辖权问题在逻辑上先于任何与审判有关的问题。因此，如果地区法院从未获得适当的审判管辖权，那么审判期间所发生的任何错误都将是无稽之谈。①

归纳来说，Kent 案出现的背景最先是因为案件的精神病因素是否导致刑事责任的免除，而最终所涉及的未成年人放弃管辖权问题最初也只是案件中一个微不足道的要素。虽然 Kent 案的律师质疑未成年人法院放弃对该案管辖权的决定，但他在很大程度上只是为了完成其专业义务，尽可能全面地帮助其客户维护其权益，未成年人司法改革问题在他的办事议程上并不算优先。如果肯特的律师要说有任何其他目的，如果不是简单地保证其当事人的无罪释放，那么就是为了促进针对刑事责任的特殊辩护。由于在上诉程序中很大程度上忽视了案件的刑事责任，最终，上诉法院削弱了这些问题在 Kent 案件中的重要性。

四、美国最高法院对 Kent 案的争论

案件最终上诉至美国最高法院。在最高法院，控辩双方进行了激烈的争论。作为申请人一方，辩护律师主要就精神障碍和未成年人法院诉讼程序提出了自己的主张。

肯特的辩护律师埃里克和阿伦斯认为，尽管上诉法院对刑事责任缺乏兴趣，但他们仍然认为精神障碍辩护是本案的重要问题之一。在向最高法院提交的辩护意见书中，律师抨击了法院对于 Durham 案阐明的产物规则的理解和适用。律师认为，审判法院在对陪审团指示时犯了明显错误，因为未能强调定罪需要对被告人无精神疾病或缺陷，或者被告被指控的犯罪行为不是精神疾病或缺陷的产物必须证明到排除合理怀疑的程度。辩护意见书宣称检方未能满足这些证据要求，因此他的当事人应当因缺乏刑事责任而被判无罪。律师在意见书中同时指出，由于法官对陪审团的指示没有准确地反映这项规则，从而导致在 Kent 案中，对强奸罪

① Christopher P. Manfredi. *The Supreme Court and Juvenile Justice*. The University Press of Kansas, 1998, p. 66.

和其他犯罪的刑事责任方面出现了不同的裁定。

很显然，精神障碍辩护问题在很大程度上处于上诉主要争论点的边缘。因此，通篇意见书长达85页，但其中只有7页是关于精神障碍辩护的，而这方面的大多数内容是总结了关于肯特精神状态的精神病学证言和精神状态对他犯罪行为可能的影响，并概要声称华盛顿地区综合医院已经发现肯特是“精神分裂症的受害者，他的犯罪可能是其疾病的结果”。但是综合医院的报告没有提及“产物规则”，也没有对肯特犯罪时的精神状态得出“确定的结论”。尽管如此，律师将报告理解为“理性思维必须对被指控人在实施被指控行为时的神智状态持有合理的怀疑，并且如果所述行为是由被指控人实施的，那么这些行为就是他的精神疾病的产物”。他们坚称，一份矛盾的裁决的唯一解释是对陪审团不恰当的指示。

无疑，律师意见书将上诉的主要内容集中在未成年人法院放弃管辖权在多大程度上受制于行政、民事和刑事正当程序的宪法性标准。意见书认为，无论适用于放弃管辖权的正当程序的标准如何，Kent案中“单独监禁审讯”、缺乏审查社会记录的权利、在豁免之前未获得律师的有效协助，这些都违反了正当程序。因此，该意见书进一步认为，如果未成年人法院违反正当程序而放弃管辖权，那么刑事法院就不应当以死罪来审判未成年人。此外，律师还认为，在未成年人法院管辖下从被告人处获取的指纹不能用于随后的刑事诉讼。

意见书同时罗列了反对放弃管辖权的一些案例。之所以反对将肯特转移到刑事法院，其核心论据是他患有未成年人法院法官所忽视的精神疾病，并且相比于刑事法院的惩罚气氛，在未成年人法院的改造气氛中可以得到更有效的治疗。律师指出，由于未成年人法院未能举行有关放弃管辖权的听证会，因此使得肯特没有机会在未成年人法院得到他应当享有的对待，这违反了肯特在放弃管辖权之前获得全面调查的法定权利。此外，该意见书还争辩道，未进行放弃管辖权的听证会违反了肯特根据宪法第五修正案享有的正当程序权利及第六修正案享有的获得律师有效帮助的宪法权利。

除了这些一般性指控之外，意见书的目录还列出了肯特所遭受的各种其他涉嫌违反正当程序的指控。该意见书指出，“令人震惊的官方权力滥用”导致他遭受到非法逮捕、非法拘留和强制审讯。律师还声称，对肯特的审讯在启动后不久就成为控告性的讯问，因此他有权根据 Escobedo v. Illinois 案中所确立的规则获得律师协助。最后，意见书重申其主张，即未成年人法院未能举行放弃管辖权的听证会，这阻止了法官收集开明和公平的放弃管辖权决定所需的“所有相关事实信息”。

律师意见书同时声称，总体意义上的未成年人诉讼和特别意义上的放弃管辖权程序都应当受制于至少最低限度的正当程序标准，这依赖于两个单独的论点。(1)之所以正当程序应适用于未成年人诉讼，是因为对未成年人的违法裁决与刑事法院的处罚难以区分的结果。意见书认为，虽然未成年人法院给予的惩罚在技术意义上是作为裁决而不是“犯罪”……但是将未成年人的诉讼设定为“民事性”而不是“刑事性”，决不会减少未成年人法院的诉讼后果。鉴于未成年人违法者的烙印，未成年人将丧失自由或受到成年人的惩罚而遭受痛苦。埃里克和阿伦斯两位律师敦促最高法院忽略肤浅的词汇差异，承认未成年人程序与刑事诉讼之间的重要相似之处，并结束未成年人法院免于宪法审查这一现状。(2)放弃管辖权决定和刑事诉讼之间具有相似之处。应当将放弃管辖权定性为未成年人法院可用的“最高刑罚”，因为它剥夺了未成年人从未成年人司法系统获得的保护和改造服务。根据意见书，在未成年人法院提出的所有制裁措施中，对未成年人来说，最“重要的”是未成年人法院放弃管辖权，并将该未成年人移交给成年人法院按照成年人的程序接受审判。两位律师断言，鉴于刑事判决相对于未成年人法院的处分的严重程度，放弃管辖权是至关重要的一个决定。简要的结论是，放弃管辖权的决定应该受到与情况的严重性相称的基本公平的宪法保障，并且包括一个确定的未成年人逮捕和拘留程序。在对抗性问题和有效律师帮助问题方面，一个满足最低正当程序要求的听证会是很有必要的。免于强制审讯的自由也应如此。

该意见书的功能相似性和重要性的论点毫无疑问地触及了未成年人法院传统的放弃管辖权程序的核心。不过，通过引用上诉法院在 Green v. United States(1962)案、Watkins v. United States(1964)案和 Black v. United States(1965)案中的判决，该意见书极力缓冲其论点的新颖性。在这三个案件的判决中，上诉法院通过对放弃管辖权与可能案由的裁判加以比较，限制了放弃管辖权的司法裁量权，创造了一种通过未成年人的律师获取社会记录的推定，并将放弃管辖权定义为一项重要的决定，虽然法院尚未要求放弃听证会。肯特律师的意见书要求最高法院朝更好的放弃管辖权程序再向前迈一小步。

如果未成年人法院诉讼和刑事诉讼在功能上相似，那么为什么未成年人法院放弃管辖权就变得至关重要，以至于必须通过额外的程序保障加以限制？意见书对这一悖论也加以解释，从而进一步加强了自身的论点。意见书认为，尽管这两种程序之间“质”的差异可能很小，但它们之间仍存在显著的“量”的差异。这些差异使得放弃管辖权本身就构成了惩罚性的处分，因此只有在仔细考虑之后才能施加。量刑法官对肯特课加的长期监禁正是强调了这一点，这为意见书的主要论点提供了有力的支持。

律师意见书所提出的未成年人法院诉讼程序应当受到正当程序保护的主张，同时得到了本案中唯一一份法庭之友的意见陈述的支持。任教于美国大学的奇特里(Nicholas Kittrie)教授代表 13 人撰写了这份意见书，认为有必要仔细审查未成年人法院的法律原则。奇特里教授在华盛顿特区有着良好的关系，1959 年曾担任 Sen. Estes Kefauver Wiley 案件的法律助理，并从 1959 年到 1962 年担任该案当事人森(Sen)的律师。这份意见书的发起者包括瑟曼·阿诺德(Thurman Arnold)，他曾是罗斯福政府的重要人物，也是华盛顿最有影响力的律师之一；还有未成年人法院改革的领导人之一索尔·鲁宾(Sol Rubin)等人。除了重申 Kent 案的主要观点，法庭之友律师们敦促最高法院考虑未成年人法理学和未成年人法院诉讼所提出的更广泛的宪法问题。在奇特里教授及其同事们看来，Kent 案为最高法院提供了机会来确定“传统宪法程序保障”适用于未成年人法院的程度,并建立统一的国家"未成年人法院公平标准"。

许多关于未成年人法院的当代学术评论家也都支持肯特律师方的意见,敦促法院认定在没有合理和可确定的标准的情况下,授予未成年人法院放弃管辖权的裁量权,这违反了第五修正案的正当程序和平等保护要求……第六修正案的律师帮助适用于未成年人法院,并且根据第五修正案和第六修正案在未成年人法院放弃管辖权时,未成年人有权获得听证和律师帮助。

采用平等保护的论点来挑战该地区传统的放弃管辖权程序,这引发了 Kent 案的宪法风险。认为未成年人法院的程序缺陷可能会违反平等保护和正当程序,含蓄地质疑了为未成年人和成年人提供单独诉讼程序的合宪性。因此,法庭之友的意见书提出了一个难题:一旦消除了程序上的差异,应如何维持未成年人刑事诉讼与刑事诉讼之间的实质性区别?

就其论点和总体目标而言,法庭之友的意见书显然比代表肯特的律师意见陈述更具改革意义。因为肯特的律师抨击未成年人法院的放弃管辖权程序和地区法院的审判,是为了当事人的利益,而不是启动广泛的未成年人司法改革,但法庭之友的意见书则有着更广泛的适用性,并且强调了该案件作为未成年人法院发展的一个潜在转折点的国家意义。它因此要求最高法院利用 Kent 案作为重新评估未成年人诉讼的宪法地位和实行未成年人正当程序国家标准的手段。与律师的辩护观点相比,虽然无疑会涉及具体案件的结果,但作为法庭之友的参与者,它的努力若取得成功,就其广泛的影响力而言,更具有重要性。

而作为案件的另一方,控方(被申请方)也是据理力争。反对肯特的上诉状和律师意见书从而维护地区法院放弃管辖权的诉讼程序的任务落到了塞奥多·吉林斯基(Theodore Gilinsky)的肩上。塞奥多·吉林斯基是美国司法部的律师,在此之前已经在最高法院打了 5 场官司,但并没有有关未成年人司法的专长。吉林斯基对于申请人方两份意见书作出的回复包含两部分。第一部分,用了不到 8 页的篇幅概述了政府 56 页的意见,就 Kent 案庭审中出现的所称的错误进行了回应。吉林斯基声称这些错误没有一个能够构成上诉的基础，因为肯特的律师在庭审中没有提出反对。根据吉林斯基的观点，尽管有必要对反对肯特定罪的部分作出回应，但是这个争论点明显不如围绕放弃管辖权问题的回应重要或者严重。

吉林斯基坚称，Kent 案提出的唯一重要的未成年人法院程序问题是管辖权的放弃是否符合法律要求，并且“对于申请人没有重大不公”。他将其主张分为三个部分来呈现。(1)他认为尽管 Kent 案对于未成年人依照地区《未成年人法院法》被赋予的法定权利提出了重要质疑，但并没有表明这是未成年人的宪法权利。(2)他坚称这些法定权利通过行政性的调查就可以得到保护，比如肯特被移送到刑事法院之前进行的一次调查。(3)他主张 Kent 案中进行的行政调查足以保护他的法定权利，并且满足1959 年放弃管辖权备忘录中建立的统一规则。吉林斯基这一主张的核心在于，地区未成年人法院的法规和宪法都没有条文明确要求放弃管辖权需要听审。根据他的观点，放弃管辖权听审的必要性应当留给未成年人法院的专家自行决定。

吉林斯基将地区未成年人法院的法律理解为创建了一种法定推定，即未成年人违法者如果受到社会服务机构的处理而不是刑事司法程序的处理，那么未成年人会得到更好的改造，社会也会变得更好。然而放弃管辖权的法律条文承认，对于这些基本规则存在例外。换句话说，放弃管辖权的决定没有直接剥夺宪法保障的未成年人的生命权、自由权或财产权。这种决定只是将他们转化为司法程序，一种公开的、允许更长的处理期间的，在适当的时候可能受到刑事制裁的司法程序。同时，吉林斯基也承认，尽管放弃管辖权并没有影响未成年人的任何宪法权利，但本案诉争的法定权利很重要，放弃管辖权的决定不能任意武断。与法律规定相一致，吉林斯基得出结论，认为该案的争论点是，在刑事审判中采用的程序是否可以用于确定被告人享有法定权利，而非宪法权利。

吉林斯基主张，在没有直接威胁宪法权利的情况下，放弃管辖权的决定不是“要求刑事审判的所有保障措施的那种决定”。首要的要求是允许以“最低的正式性和最少的延迟”作出“非正式而明智的决定”。吉林斯基力劝法院不要阐明关于此类诉讼程序的国家标准，尤其是鉴于未成年人法院作为机构，并没有太多的发展经验。他同时认为，“在这样一个知识前沿正在扩张的领域”，“立法机构委托那些每天遇到立法问题的人员列举具体的标准是，并且仍然是可取的”。他因此要求法院服从国会的判断，即放弃管辖权的可取性能够通过行政调查适当地决定。

吉林斯基用意见书的其余部分极力表明，未成年人法院在放弃对肯特的管辖权之前进行的“行政调查”已经适当地进行。他主张，法院合理地根据肯特的社会记录评估他对于处罚的顺从性，这是 1959 年放弃管辖权的重要规则设定的标准之一。吉林斯基也引用了 Kent 案审判前进行的不同程序演习来反驳辩护律师关于没有给予充足机会以反对放弃管辖权决定的主张。在结论部分，他认为，尽管法院作出缓刑监视决定，但肯特被指控的违法行为的严重性和频繁性表明矫正肯特的能力有限，从而维护了未成年人法院放弃管辖权的调查的基本结论。根据吉林斯基的观点，这份行政调查提供了充分的证据，证明肯特的“危险性”和“对于处罚的不顺从性”。

通过上述申请方和被申请方各自提出的论点和主张，我们可以发现，事实上，双方的争论都不完全站得住脚。从被申请人一方来看，他将放弃管辖权这一决定概念化为未成年人法院和刑事法院之间的桥梁。在未成年人法院，有关生命、自由和财产的宪法权利都不受威胁，因为未成年人法院诉讼程序并不受正当程序的约束；而在刑事法院，这些权利会受到侵犯。尽管放弃管辖权是未成年人诉讼程序的一个重要方面，但它并没有使其成为受宪法正当程序限制的那类决定。但是吉林斯基并没有提供真正的证据来支持这一观点，他只是重复了未成年人法院原本的理论，引用了在学术界中受到抨击的主流观点。

而代表肯特的申请人一方提出的观点的困境在于，它没有完全解决功能相似性和极度重要性论点之间的紧张局势。举例来说，它并没有考虑到未成年人诉讼程序和刑事诉讼程序之间某些定性上的不同，比如未成年人诉讼程序中排除的完全的正当程序保护和获得不同辩护的可能性,可能实际上使得刑事诉讼程序在肯特这样的案件中优先于未成年人诉讼程序。而且,它没有提供任何证据来证明肯特受到的处罚的严重性是未成年人法院放弃管辖权后,未成年人受到的刑事法院的典型处理。但是总的来说,代表肯特的观点的优势在于,与未成年人法学领域新兴的理论发展保持了一致;并且与上诉法院审理的案件三部曲保持了一致,该案件三部曲是在未成年人法院放弃 Kent 案的管辖权并在该案出现在最高法院期间审理的。

最高法院于 1966 年 3 月对毛里斯·肯特的上诉作出了裁决。当时,正逢美国国家的正当程序革命,在这个背景下,Kent 案充分体现了其参与其中,并很好地诠释了刑事正当程序的国家化。正当程序革命是 1961 年到 1972 年间美国法学理论的一个突出特征。1966 年恰恰是这个时间段的中点。最高法院在其“正当程序革命”中,于 1961 年到 1966 年间作出了 6 项裁决,1967 年到 1972 年间作出了 5 项裁决。因此,当 Kent 案被提交到最高法院面前,而后者正是对州法院否认公民自由的程序持怀疑态度。没有其他大法官比新成员福塔斯大法官更加怀疑法院的程序了。福塔斯在加入最高法院之前是一家华盛顿知名律师事务所的合伙人,曾以法院指定律师的身份在 Gideon v. Wainwright(1963)案中间接参与了“革命”。他也曾在 Durham 案中负责引导主审法官巴扎伦制定刑事责任的新条文。Kent 案是福塔斯大法官首次去促进法院发展正当程序法学理论的真正机会。

然而,讽刺的是,Kent 案对于放弃管辖权的听审所依靠的主要论据——上诉法院 1964 年和 1965 年在 Watkins 和 Black 案中作出的裁决,几乎使得最高法院回避整个争论点。四个法官,包括波特·斯图瓦特(Potter Stewart)、胡格·布莱克(Hugo Black)、约翰·哈兰(John Harlan)、拜伦·怀特(Byron White)在法学理论基础上认为,鉴于上诉法院在 Watkins 和 Black 案中作出的裁决,该案应当发回上诉法院重审。斯图瓦特大法官认为,上诉法院应当有优先机会决定其在这些裁决中承认或放弃管辖权构成十分重要的裁决,以决定下级法院是否应当改变其早期认为《未成年人法院法》放弃管辖权的条文不需要进行听审的观点。斯图瓦特大法官提出的观点，事实上是与最高法院的“通常实践”相符的。相关管理地区事务的立法已经将这种决定权独立留给了哥伦比亚特区巡回上诉法院。

但最高法院的多数观点仍然认为没有必要等上诉法院作出新决定，并且开始审议该案的实质性价值。福塔斯大法官提出的观点，大多集中在肯特对未成年人法院放弃管辖权并将他移送到普通刑事法院接受审判所采用的程序的质疑方面。尽管福塔斯大法官与肯特的律师最初都希望在本案中提出的刑事责任条款建立联系，但他仅仅提到在审判中的辩护完全是根据 Durham 案创建的产物规则来“证明他不负刑事责任”。确实，福塔斯大法官省略了精神障碍辩护的方面，其观点大部分是从三个独立的观察中得出的结论。第一，《未成年人法院法》的理论根源于社会福利哲学而不是《美国法大全》。因此，福塔斯大法官认为，未成年人法院“理论上参与了确定未成年人和社会的需求，而不是判决犯罪行为”。未成年人法院作出这项决定的目的是为了“为未成年人提供引导和改造，为社会提供保护，而不是确定刑事责任、罪责和惩罚”。为了实现这些目的，法官在未成年人法院中起到政府监护人的作用，而不是控诉者和法官的角色。但是福塔斯大法官得出的结论却认为，“法官在‘父母’关系中运作而提出的告诫并不意味着程序上的任意武断”。第二，尽管对于未成年人法院的目的值得赞赏并毫无疑问，但基于“未成年人法院的实际履行措施是否足以抵制该过程不受适用于成年人的宪法保障的理论目的”的疑问，就未成年人法院对程序的非正式性依赖却是可质疑的。福塔斯的这项观察的基础是 1965 年《华盛顿法律评论》的一篇文章和 1966 年哈佛对于未成年人法院实践的研究，该研究是他关于未成年人法院系统实际运作情况的首要信息来源。[①] 这些研究和评论使得福塔斯得出结论，“有理由担心未成年人受到了两个世界的最差待遇：既没有得到成年人世界的保护，

---

① Edwin Lemert, *Social Action and Legal Change: Revolution within the Juvenile Court*. Chicago: Aldine, 1970, pp. 153—155.

也没有未成年人所需要的热切的关心和改造”。然而，这种担忧并不足以引导福塔斯接受律师意见书的建议并宣布《权利法案》的刑事程序条文应当完全适用于未成年人诉讼程序。

福塔斯最后的观察是，“毫无争议，放弃管辖权是十分重要的，决定了未成年人非常重要的法定权利的行为”。同时他指出，在 Kent 案中，放弃管辖权的决定除了剥夺未成年人“接受未成年人法院专属管辖的法定权利”之外，“对于申请人来说，与 5 年监禁刑和死刑的区别一样重要”。福塔斯从这些观察中得出结论，如果不进行听审，没有任何关于放弃管辖权的适当性的调查是完整的；听证会必须至少符合正当程序的基本公平观念；鉴于放弃管辖权的听审涉及的权利的性质，基本公平观念要求律师代理和获得社会报告。为了得出这个结论，福塔斯依靠 Watkins 和 Black 案改变了上诉法院对于放弃管辖权条文中“全面调查”要求的解释。尽管这些裁定赋予未成年人在放弃管辖权程序中获得律师帮助的权利（Black 案）以及律师查阅社会报告的权利（Watkins 案），但是福塔斯认为这两项权利都是“无意义的——一种幻觉、一个笑柄，除非律师有机会真正发挥作用”。福塔斯指出，这种机会只有在律师可以挑战未成年人法院放弃管辖权裁定的听审中才完全存在。因此，如果一项“全面调查”需要律师帮助和获得社会报告，对于实现这些要求来说，听审就是有必要的。

福塔斯围绕放弃管辖权问题进行的评论隐含的是关于未成年人诉讼程序本质的更广泛的争论点。一个争论点是未成年人法院可以使用的“监护和治疗设施、政策的适当性”。更为基本的是，“为未成年人提供的保护少于成年犯罪嫌疑人的合理性”。福塔斯尤其怀疑非正式程序中“一物对一物”的合理性，即以未成年人的特殊对待抵消了宪法中正当程序权利的剥夺。放弃管辖权的潜在惩罚性后果使得这个争论点特别突出，因为可以通过非正式程序完全剥夺未成年人的特殊待遇。尽管福塔斯发现在裁决 Kent 案中不需要直接强调这些争论点，但学术界表达的类似的担忧通过福塔斯承认未成年人诉讼程序存在这些问题而获得了合法性。

福塔斯大法官对于未成年人司法更广泛的争论点的担忧，也使得他看待这个十分重要的争论点的视角与上诉法院在 Black 案中的视角不同。在 Black 案中，巴扎伦大法官似乎强调放弃管辖权剥夺了未成年人改造的益处，但是福塔斯大法官对于未成年人诉讼程序结构中两个严重缺陷的承认，即缺少正当程序和明显缺乏改造成功的可能性，暗示着放弃管辖权的重要性与未成年人诉讼程序产生的益处关系不大。福塔斯大法官的看法很大程度上是刑事诉讼程序潜在的负面作用的结果，包括对被告人采取的长时间控制或限制。尽管可能只是微小的区别，但这种观念上的转变意味着未成年人法学传统概念的运作氛围变得越来越紧张。

然而，正如肯特的律师意见书，福塔斯大法官对于刑事程序惩罚性后果的强调导致他忽视了这些程序的一些积极因素。尤其是，他的观点中未能提及刑事程序中程序保障和不同辩护的可获得性可能减少刑事定罪的可能性。而且，福塔斯大法官也没有考虑到 Kent 案的判决可能是不同寻常的；也就是说，刑事法院可能会对从未成年人法院移送过来的未成年人宽大处理。福塔斯大法官仅仅在肯特的长期处罚基础上假定，认为在刑事法院接受审判的未成年人要比在未成年人法院受到更加严重的处罚。但在实践中，这一假定并不一定会完全成立。一个未成年人，虽然被转到了普通刑事法院审判，但是并非所有的被告人都会受到比未成年人法院更严厉的惩罚。如果有一项研究发现，在刑事法院接受审判的严重违法的未成年人中，只有 4%受到了比未成年人法院可能判决的更长的处罚，那么面对这样的数据时，福塔斯可能就会得出根本不同的结论，即未成年人实际上在刑事法院受到了更好的待遇。在刑事法院他们不仅可以享受全面的正当程序的保护，而且还往往受到更轻的处罚。

最终，最高法院在 1966 年 3 月 21 日作出裁决。“我们同意，未成年人法院放弃管辖权而将申请人移送至哥伦比亚特区的美国地区法院审判的裁定是无效的。基于撤销地区法院起诉状的动议而对这个裁定进行审查是没有疑问的。”“我们同意上诉法院，法律规定未成年人法院具有很大的范围来决定它是否应当维持对这个未成年人的管辖权，还是应当放弃管辖权。但是这个范围并不完全确定。从一开始，它假设程序的规则性在一定的情形下足以满足正当程序和公平的基本要求，以及符合'完全调查'的制定法要求。制定法给予未成年人法院宽泛的自由裁量权，用以评价案件事实并得出结论。但是这并不是赋予未成年人法院适用武断程序的执照。制定法并没有允许未成年人法院在没有未成年人代表的参与下孤立地作出决定。最主要的问题是未成年人是否被剥夺了《未成年人法院法》的条款和一些特殊的保护。它也不是授权未成年人法院完全忽视律师提出的听审的要求。没有任何听审、陈述或理由来决定——就像这个案件——未成年人被要求离开接受他们的未成年人诉讼系统而被转移到与成年人关押在一起的囚房，他就有可能被判处死刑。否则在 Kent 案中，他最多被判 5 年监禁，直到他 21 周岁为止。"①

五、评价及对我国的启示

Kent 案可谓是美国未成年人司法程序中首例涉及宪法权利的案件。这与当时的美国国家背景有很大的关系。20 世纪 60 年代早期，美国国内对未成年人司法最初提出的改造理想和相应的制度框架失去信心，导致产生了对未成年人司法改革的重要需求。Kent 案情况则为这种需求提供了必要的法律争议，从而在未成年人法院历史上第一次将这些诉求推上了最高法院判决的舞台。然而，Kent 案并不是一个纯粹的、故意违反法律以检测合宪性的测试案件。该案也不是通过诉讼促进未成年被告人群体利益的系统策略的产物。Kent 案对于未成年人诉讼程序的影响是推动特定刑事责任理论的运动带来的意想不到的机遇和结果。理查德·阿伦斯在控制 Durham 案中法律改革和客户服务两方面的能力，允许他将该案重新定义为挑战未成年人诉讼程序，这证明有助于确保上诉成功。

肯特从审判法院受到的极为严厉的判决明显协助了阿伦斯的主张，

① Kent v. United States，383 U. S. 541，556，555（1966）. 而在此前的上诉法院，被告人肯特被判处 30～90 年的监禁。

它强调了放弃管辖权裁定的“极端重要性”。然而，用以确定放弃管辖权的这一立法事实，在美国从来没有真正在下级法院或者在最高法院呈现的争论中发展起来。举例来说，法院没有收到任何关于未成年人在哥伦比亚特区被移送到刑事法院的频率的汇总数据，或任何其他司法管辖区受到比未成年人法庭作出的更严厉的判决。大多数人在 Kent 案基础上假定未成年人在刑事法院一定处于不利地位。更重要的是，Kent 案最初作为精神障碍辩护改革案件，并不适用于本案提出的更广泛的未成年人司法问题，比如“监护和治疗设施、政策的适当性”。在这个方面，Kent 案预示着最高法院在之后面临的未成年人刑事案件中将不得不面对政策障碍。作为 Kent 案内部缺陷的结果，Kent 案并没有考虑到广泛的未成年人法院司法改革。尽管如此，鉴于案件的起源，即便是判决所包含的最初的改革也是令人印象深刻的。

尽管 Kent 案并没有实现沃伦大法官在 1964 年向全国未成年人法院法官委员会发表讲话时所暗示的未成年人司法改革的承诺，但这一裁决大大推动了法院在这方面的努力。法院内部没有任何反对，大多数人承认未成年人诉讼程序中的程序性和实体性缺陷，同意未成年人诉讼程序的某些方面应当遵循宪法正当程序的观点，并且建议创建适用于“正当程序和公平对待的要点”的标准。从 Kent 案开始，从宪政忽视向宪法审查的过渡变得容易，因为放弃管辖权呈现了未成年人诉讼和刑事诉讼的交叉点。通过增强放弃管辖权阶段的程序正式性，法院的裁决表现出对未成年人司法传统目标的支持。如果说在 Kent 案中引入放弃管辖权听证的目的是让案件从未成年人法院移送到刑事法院更加困难，那么从未成年人司法的改造系统中排除的未成年人就会更少。但是，也存在另一种看法，认为放弃管辖权是对传统的未成年人司法的重要保障。因为如果没有放弃管辖权，那么未成年人法院就会由于稀缺资源的过度需求以及对严重暴力违法者使用非刑事程序而引发合法性问题，从而导致未成年人法院面临崩溃的威胁。这些对于 Kent 案放弃管辖权的目的的不同观点，说明了对未成年人司法进行司法改革内在的困难，在之后美国最高法院案件中，这种困难甚至变得更加明显。

Kent 案的核心是未成年人案件应当由未成年人法院审判，如果未成年人法院放弃对未成年人案件的管辖权，那么未成年人法院必须要经过听审。在听审过程中，未成年人享有律师帮助的权利，并且有权获得社会调查报告。美国未成年人刑事诉讼程序中放弃管辖权这一概念，反映了美国未成年人刑事诉讼对未成年人追究刑事责任的决心，因为一般来说，在未成年人刑事程序调整下的未成年人，要比适用普通刑事诉讼程序获得更轻的刑罚。而把原本可以适用未成年人刑事程序审理的未成年人转至普通刑事诉讼程序审理，则会获得严重得多的刑罚。所以，为了强调对未成年人的保护，法律要求必须要经过听审，未成年人才可以被转至成年人普通程序审理。因此，在未成年人放弃管辖权这一制度下，我们很容易看出，在美国司法中，并不是所有未成年人都会必然获得未成年人刑事诉讼程序下较轻的刑罚。

我国的未成年人刑事诉讼程序并没有放弃管辖权这一概念；也就是说，在我国，只要符合未成年人刑事诉讼程序的适用条件，那么当事人从立案直至审判，都是适用未成年人刑事诉讼程序，而不会被转至成年人普通刑事诉讼程序。我国未成年人刑事诉讼程序的启动主要是基于两方面原因：一是未成年被告人的年龄；二是未成年人实施的行为是《刑法》规定下的刑事犯罪行为，未成年人需要承担刑事责任。所以，在我国，未成年被告人的年龄是关乎被告人是不是适用未成年人刑事诉讼程序的关键。按照我国现行《刑法》，最低刑事责任年龄为 14 周岁，然而近年来，由于诸如大连 13 岁少年强奸杀人等恶性事件，让人们震惊于个别未成年人所怀恶意，并质疑我国刑事责任年龄定得太高。现在的孩子“早熟”，甚至还有未成年人故意钻年龄的空子实施犯罪。2020 年 10 月，全国人大通过《刑法修正案（十一）》，将最低刑事责任年龄予以下调，规定“已满 12 周岁未满 14 周岁的人，犯故意杀人、故意伤害罪，致人死亡，情节恶劣的，经最高人民检察院核准，应当负刑事责任”。据此，我国最低刑事责任年龄降为 12 周岁。

2021 年 1 月，最高人民法院发布《关于加强新时代未成年人审判工作的意见》(以下简称《意见》)，规定被告人实施被指控的犯罪时不满 18 周岁且人民法院立案时不满 20 周岁的刑事案件，应当由少年法庭审理。另外五类刑事案件，包括：(1)人民法院立案时不满 22 周岁的在校学生犯罪案件；(2)强奸、猥亵等性侵未成年人犯罪案件；(3)杀害、伤害、绑架、拐卖、虐待、遗弃等严重侵犯未成年人人身权利的犯罪案件；(4)上述刑事案件罪犯的减刑、假释、暂予监外执行、撤销缓刑等刑罚执行变更类案件；(5)涉及未成年人，由少年法庭审理更为适宜的其他刑事案件，可以由人民法庭审理。可以看出，最高人民法院《关于加强新时代未成年人审判工作的意见》将未成年人刑事诉讼程序的适用范围予以扩大。根据《刑事诉讼法》的规定，未成年人刑事案件诉讼程序适用对象是"未成年人刑事案件"，一般理解是指未成年人犯罪的案件。但是根据《意见》，我国的未成年人刑事诉讼程序，不仅适用应当承担刑事责任的未成年人，同时年龄跨度延至不到 22 周岁的在校学生；不仅适用实施犯罪的未成年人，同时也适用强奸、猥亵等性侵案件的未成年被害人；并且适用于这些由少年法庭审判的案件的刑罚执行变更。并且只要认为由少年法庭审理更为适宜的未成年人案件，都可以适用少年法庭审理。《意见》将适用少年法庭审判的案件称为"涉未成年人案件"。《意见》同时对少年法庭的具体设置做了规定，强调确定专门机构或者指定专门人员，办理涉及未成年人案件、负责预防未成年人犯罪工作的要求；同时配备专门的员额法官和司法辅助人员；选用政治素质高、业务能力强、熟悉未成年人身心特点的法官负责审理涉及未成年人案件，采取措施保持未成年人审判队伍的稳定性；建立新的未成年人案件司法统计指标体系，建立新的未成年人审判工作考核机制。这是未成年人司法的一次重要改革，也是我国为更有针对性地保护未成年人合法权益、发展未成年人刑事诉讼程序的一个里程碑。

但是，美国未成年人刑事诉讼程序放弃管辖权这一制度，似乎给我们提供了另外一种思路。未成年人刑事法院放弃管辖权的实质是将未成年人转至成年人刑事诉讼程序，从而可以对未成年人施加比在未成年人刑事诉讼程序下更严厉的惩罚。我国的未成年人刑事诉讼程序强调对未成年人的教育和挽救，希望这些犯罪的未成年人能够重新回归社会。未成年人犯罪的审判从来都不是为了惩罚，而是希望能挽救和帮助这些未成年人。但是，作为刑事案件的审判，只要符合定罪的标准，该处罚的还是要处罚，该判刑的还得判刑。法律之所以要对未成年人进行教育和挽救，主要原因是考虑到未成年人的心智不成熟，犯罪往往是一时冲动而致。为了使这些未成年人不因一次犯罪而丧失重新做人的机会，所以法律针对未成年人规定了一系列保护措施，比如减轻惩罚、提供帮教措施、封存犯罪记录等，使得未成年人有重新改过的机会。但是，显然未成年人的心智成熟度并不是单单以年龄来衡量。“许多人的所谓成熟，不过是被习俗磨去了棱角，变得世故而实际了，那不是成熟。真正的成熟，应当是独特个性的形成、真实自我的发现、精神上的结果和丰收。”[①]心理学上，成熟(maturity)是根据一个人所处的社会环境和文化，对环境作出反应的能力，能够了解行为的正确时间和位置并知道何时采取行动，并且能够判断这种行动是符合法律和社会习俗的要求。一个身体上成熟的人，并不一定心理上也是成熟的。所以，以年龄作为唯一的标准来确定是否适用未成年人刑事诉讼程序，有以偏概全之嫌。

再者，刑事诉讼打击犯罪的目的是刑事诉讼的基本追求，不能因为某一特殊群体而改变刑事诉讼的根本目的。更何况，有了未成年人这一群体，在审判过程中给予特殊保护，那么老年人、残疾人等这些特殊的群体，是不是也应该获得特殊的保护呢?

未成年人犯罪案件的审判本质上是追究刑事责任的诉讼活动。所以，对严重的未成年人犯罪案件，仍然要强调惩罚和威慑。虽然未成年人刑事诉讼程序为教育和保护未成年人提供了一个平台，但是也必须兼顾教育、挽救未成年人以及对严重犯罪案件的打击。在现有的法律框架内，应当要努力实现未成年人刑事诉讼教育挽救的目的以及刑事诉讼惩罚犯

---

① 周国平著：《尼采：在世纪的转折点上》，上海人民出版社 2005 年版，第 10 页。

罪目的之间的平衡。

首先，要做好未成年人犯罪案件的审前分流，即对那些犯罪不严重、可能会判缓刑的案件，尽量避免启动审判程序。

按照我国现行《刑事诉讼法》规定，对符合立案标准的未成年人犯罪案件，有两种方式可以在审前予以分流：一是《刑事诉讼法》第十六条规定的“情节显著轻微、危害不大，不认为是犯罪的”，对已经追究的案件，“应当撤销案件，或者不起诉”，即所谓的法定不起诉。这个条款在实践中适用很少，基本束之高阁。但是对被指控的未成年人（当然也适用成年人案件），与其经过审判后被定为缓刑或宣告无罪，笔者觉得应当尽量运用这个条款让被告人尽早脱离刑事诉讼。二是专门适用于未成年人的附条件不起诉。2012 年《刑事诉讼法》修改时，为了让未成年人能够及早地摆脱讼累，从保护未成年人的角度，专门对被指控的未成年人规定了附条件不起诉。但是在实践中，具体适用的比例并不高。2019 年 4 月，在由最高人民检察院理论研究所主办的“不起诉权的合理适用”专题研讨会上，最高人民检察院副检察长童建明指出：“从这些年不起诉的数据看，虽然不起诉的适用在逐年上升，但总体来讲相对偏低。而这些年起诉到法院后判缓刑、轻型、免刑、单处罚金刑的量不少，据统计在 5%～10%，实际上这些案件适用不起诉是可能的。”北京师范大学何挺教授基于一项实证研究，指出从 2013 年至 2017 年，全国附条件不起诉的适用比例在 2017 年达到最高的 9.53%，但是五年的平均适用比例是 6%，相对较低，没有达到制度设计的初衷。他总结道：“附条件不起诉适用的状况，是评价未成年人司法发育程度的一个参照物。一般附条件不起诉制度用得好，未成年人司法制度发育得就比较好。”[①]

我国现在各地为保护未成年人，积极探索对未成年人罪犯适用非监禁型措施。比如，广东部分法院结合本地实际，积极探索对定罪的未成年人提高非监禁刑适用率。广州市中级人民法院创设判前司法联席会议制

---

① 《检察机关“不起诉权的合理适用”观点集锦》，《法制日报》2019 年 5 月 15 日。

度。对于审查具备非监禁刑适用条件的案件,在合议前召集法定代理人、合适成年人、辩护人、公诉人、被告人所在社区矫正机构、庭前社会调查机构、心理咨询专家、相关司法社工等人员,就未成年被告人是否适用非监禁刑听取意见,在案件合议前了解并预先落实社区矫正的执行机构,为适用非监禁刑奠定了良好的基础。深圳市宝安区人民法院针对外地籍未成年罪犯较多、异地矫正困难的问题,成立了专门的社工帮教工作站,聘请专业社工为非深圳户籍的缓刑罪犯进行判后帮教。工作站自成立以来,先后为1 000多名缓刑未成年罪犯进行全程跟踪帮教,有效缓解了因矫正困难带来的本地户籍和外地户籍未成年罪犯非监禁刑适用不均衡问题。① 笔者非常钦佩实务部门为保护未成年人所付出的努力,但是如果能够尽量对可能判处缓刑的未成年人在审前适用不起诉,那么对减少司法成本(缓刑之后还会涉及犯罪记录封存)、促进未成年人回归社会都是非常有利的。

所以笔者的总体观点是,在审前,对有可能判处缓刑的未成年人尽量适用不起诉。这不仅是保护未成年人,有助于被指控的未成年人能够顺利重返社会,同时也是现行《刑事诉讼法》规定的不起诉的实际运用,尊重和体现检察官的自由裁量权。但是如果案件正式进入审判程序,笔者认为,还是要充分尊重法院查明的案件事实,尊重实体法的规定,不能因为被告人是未成年人而极力寻求对被告人有利的判决,以达到保护未成年人和打击犯罪之间的平衡。

其次,对进入未成年人刑事诉讼程序的被告人而言,不能一概地以未成年人为由,强调惩罚为辅。笔者认为,要重新考虑"惩罚为辅"作为未成年人刑事诉讼程序的一般原则的合理性。虽然"教育为主、惩罚为辅"这一原则对保护未成年人重新回归社会具有显著的正面影响,但是它实际上也提供了一部分未成年人赶在成年之前从事恶性犯罪的侥幸。要增加对未成年人的心理成熟度的评估,在对未成年人进行审判时,一定要评估

---

① 《广东未成年人刑事审判(2013—2018)白皮书》,参见 http://www.gdcourts.gov.cn/index.php?v=show&cid=226&id=53719。

未成年人的心理成熟度，而不能仅仅以未成年人的年龄作为依据。在网络信息化时代，各种信息随手可得，并且心理成熟度在一定程度上也脱钩于年龄。对于那些恶性程度高、心理年龄比生理年龄成熟的未成年人，还是应该强调犯罪惩罚，未成年被告人需要对其犯罪行为承担严格的刑事责任。

第四章　未成年人刑事诉讼同样适用正当程序保护

——Gault v. United States 案[1]

一、案件背景及亚利桑那州未成年人司法框架

该案件发生在亚利桑那州的格罗泊镇(Globe),这是一个被先前工业的丑陋遗留物围绕的古老的矿业城镇,坐落在菲尼克斯以东75英里的圣卡洛斯印第安保护区的西部边缘。20世纪50年代末期,格罗泊不再是繁华的西部采矿城,而是吉拉县(Gila)一个安静的行政区。

在当地经济不景气的情况下,高尔特(Gault)经常离开家乡格罗泊出去找工作。1964年的夏天,他在大峡谷附近工作。他的妻子玛乔丽(Marjorie)则在格罗泊当保姆,以帮忙维持家用。尽管离经济无忧还很远,但高尔特一家并不贫困。他们生活在一个相对较新的移动家庭公园里,并且是白种人,这使得他们相对于格罗泊的墨西哥邻近社区的居民或者居住在附近保护区的阿帕奇印第安人而言具有明显的优势。

高尔特有两个儿子,路易斯(Louis)和他的弟弟格拉德(Gerald)。格拉德出生于1949年1月23日。1962年,13岁的格拉德第一次引起了吉拉县未成年人法院的注意,因为另一个男孩指控格拉德拿走了他的棒球

---

① 387 U. S. 1(1967).

手套。两年后，1964 年 2 月，在警察发现格拉德与另一个被指控偷了女士钱包的男孩是同伴之后，法院坚持其对格拉德的管辖权。就在那时，法院命令格拉德"别惹麻烦"，并对他处以 6 个月的缓刑。在 6 月份，离缓刑期结束还有 2 个月，格拉德发现自己又惹上了麻烦，格拉德的一个邻居起诉格拉德给她打淫秽电话。

1964 年夏天，与格拉德案件有关的人，当时并不会想到自己会成为美国宪法历史上一个重要片段的参与者。1964 年 6 月，毛里斯・肯特的律师仍在等待华盛顿特区上诉巡回法院的裁决，并且直到 1965 年 5 月 3 日，他们的案子才被最高法院受理。沃伦大法官直到格拉德被捕两个星期后才表达了他对未成年人法院程序的关心。对于吉拉县的执法机关和未成年人法院官员来说，他们的行动完全符合亚利桑那州的运作程序标准，而且据他们所知也符合国内其他大多数州的标准。而案件中当事人格拉德・高尔特的父母则认为，他们的父母监护权未经正当程序被剥夺了。

亚利桑那州坚定地认为他们坚持了未成年人法院的理想状态。与此同时，他们认为，像加利福尼亚州、纽约州等正在进行重要的未成年人法院制度改革，也并非非同寻常。作为美国大陆最后一块获得州的地位的领土，亚利桑那州在作为准州或州的历史上从来没有将政策创新纳入其特征之一。尽管如此，亚利桑那州在 1900 年至 1929 年之间确实放弃了通常的谨慎态度，那时民粹主义、进步主义和国家的推动力主导了政治生活。毫不奇怪，正是在这段时间里，亚利桑那州的准州政府加入了初期的未成年人法庭运动，而高尔特的案件正是在这一背景下发生的。

亚利桑那州于 1907 年制定了处罚未成年人违法者的特殊程序，当时准州委员会通过了亚利桑那州首部《未成年人法院法》。该法案是第二十四届立法会通过的较长系列的社会改革立法的一部分，包括监狱改革和对赌博、酗酒更严格的控制。尽管社会改革家的鼓动是这些立法的其中一部分原因，但是委员会更想证明，本准州已经足够文明，获得州的地位的希望甚至是更加重要的。为此，有关未成年人法院的法律紧随 20 世纪初共识，即对于“缺乏适当照顾或监护权的儿童来说”，合适的办法是让他们分开居住，并与罪犯区别对待。结果，它规定对这些儿童负有责任的法院行使的权力应当与“在刑法管理中行使的权力”有明显区别。获得州的地位后，亚利桑那州采取了重要的一步，即授予高级法院明确的宪法权威，以行使 1907 年法规中包含的对未成年人违法者的特殊国家监护权。

1907 年法规在 1955 年之前一直有效，直到 1955 年亚利桑那州制定了《未成年人法典》(Juvenile Code)，其合宪性在 Gault 案中受到挑战。按照这部法规，未成年人法院并不构成独立的法院，而是每个县的高级法院的分支。《未成年人法典》并没有创建一个独一无二的未成年人法院系统，而是为高级法院行使他们对未独立的、被遗弃的、违法的未成年人的管辖权创建了一套特殊的程序机制。在一些较小的县，高级法院的法官同时审理未成年人案件和成年人案件，根据各自的程序判决。法典要求较大的县的高级法院每年指定一位法官专门担任未成年人法院的法官。

与 1907 年法规和其他州的未成年人法规一样，1955 年法典免除了刑事程序的正式性要求，以便创造一种非对抗式的背景，法官可以为了出庭的未成年人的最大利益行事。法典为了实现这个目标，规定了在法官会议厅私下进行的、无陪审团的、不记录在案的非正式听证。法典同时规定，缓刑官员而不是律师负责代表和阐明作为违法行为上诉主体的未成年人的利益。法官负责确认事实、确定违法犯罪并予以处罚。法典没有将处罚与具体的方案联系起来，仅列举了 10 项法官可以从中自由选择的处罚，法官可以根据他们对于“儿童福利和国家利益”的理解进行选择。最终，法典规定违法行为的裁决并不构成刑事定罪，也不能用于之后对抗未成年人的刑事程序。

与其他州的系统相反，亚利桑那州的未成年人诉讼在 20 世纪 50 年代和 60 年代早期相对来说并没有受到重大批判。在 Gault 案之前，该州的主要法律评论只出版了 2 篇关于未成年人审判程序的文章，一篇是关于一份亚利桑那州高级法院判决的案例分析；另一篇，也是唯一一篇实质性的文章，出现在 1962 年，与当时其他法律评论作者形成鲜明的对比，该作者认为律师出现在未成年人听证会是没有必要的。该作者本人是处理未成年人案件的法官，但他也承认不受律师监督的司法裁量权可能在一些案件中被滥用，他坚称非对抗式的听证会提供了在具体案件中决定对违法行为的合适处罚的最好机会。他认为，未成年人法院的成功需要在未成年人、他们的父母和法院之间创建积极的关系，并指出，“国家针对儿童的概念是法院想要避免的一个缩影”。未成年人法院是起帮助作用，而不是对抗的。

《未成年人法典》和 1907 年法规中的非刑事性的诉讼构成了关于亚利桑那州未成年司法方式的判例法发展中的一个重要主题。根据州上诉法院的理解，这两部法律规定都没有使未成年人的自由利益陷于危险之中。案例法承认这些法律是为了保护和促进儿童的福利，这是通过保留家庭单位而实现的最好目标。比如 1931 年，亚利桑那州最高法院将 1907 年法规描述为用来为未成年人提供特别的恢复程序和方案的措施；1942 年维持了未成年人记录的保密性的要求，理由是不公开未成年人记录，是州政府关于“从公众的目光中隐藏年轻人的错误，并将他们埋在遗忘过去的坟墓中”政策的必要组成部分。在这些案件中，法院通过强调未成年人法院 1907 年为了“社会福利”的创立初衷而作出裁决。

这种司法模式一直延续到 20 世纪 60 年代。1963 年，因为警察在讯问未成年罪错嫌疑人之前没有联系缓刑官，州最高法院推翻了这项未成年人在高级法院被作为成年人的定罪。警方利用在未成年人司法系统的非正式氛围下缺乏律师协助来证明讯问合法，但法院认为该程序与未成年司法系统的基本原理相悖。法院判定，程序的非正式性和对未成年人某些权利的剥夺是为了促进对未成年人的改造和保护其利益，而不是便于警察讯问。程序的非正式性和对其使用的限制都来源于国家对儿童福利的关心。认为与普通刑事法院一样限制权利，这种观念根本不存在，未成年人的权利来源于其自身的宪法权利。在这一原则下，1965 年最高法院否认了未成年人对未成年人法院的命令享有上诉的权利，因为法院认为，这项权利对于他们的“福利保护”并不重要。

对于亚利桑那州最高法院的法官来说，该州《未成年人法院法》的最终目标是保护儿童福利，这不需要将刑事正当程序规则适用于未成年人程序就可以实现。通过保护父母的监护权也可以提高儿童福利，但是讽刺的是，监护权必须有赖于保证父母进入通常的对抗性诉讼。1955 年之前的两个案例，即 1919 年 Harper v. Tipple 案和 1936 年 Ex parte Winn 案很好地说明了亚利桑那州未成年人法学的这一特征。在 Harper 案中，州最高法院审议了一份对高级法院的裁决提出的上诉，高级法院将一个小女孩的监护权判给了她的外公而不是她的父亲。理由是，一方面法院认可了在监护权事项中司法裁量的必要性，因为法官在此类案件中首要考虑的一定是儿童的福利而不是父母的法律权利；另一方面，上诉法院警告这种裁量权必须谨慎行使，因为“法院不得侵犯父母天然的监护和照顾未成年儿童的权利，除非明确表明父母一方有犯罪行为”。州最高法院在 17 年后的 Ex parte Winn 案中维持了这一规则，认为在监护事项中“不涉及儿童的个人自由，只涉及儿童福利，因为显而易见，儿童在其未成年期间要受别人监护”。州法院深切地关注着保障父母的监护权，因为他们关系到家庭单位的完整性，而家庭单位被《未成年人法典》认为是推动儿童福利的关键。

对于父母监护权的关注，Arizona State Department of Public Welfare v. Barlow 案对此做了最为明确的表达。该案于 1956 年作出裁决，涉及由 17 名未成年人的父母提交的人身保护令状申请，这些未成年人在不同的未成年人法院经过依靠和忽视（dependency and neglect）程序之后被安置在公共福利部门的监管之下。马里考帕县（Maricopa）的最高法院签署了人身保护令状，并最终命令公共福利部门将这些儿童归还到其父母的监护之下。公共福利部门对此命令向亚利桑那州最高法院上诉，州最高法院维持了下级法院的裁决，并且撤销了最初将这些儿童置于州福利部门监护之下的命令。

根据州最高法院的观点，依靠和忽视听证中的缺陷已经违反了未成年人父母的基本权利。法院认为，鉴于家庭单位的重要性，任何一方想要使儿童脱离其父母监管都需要证明“让父母保留监护权不符合儿童的最大利益和福利”。因此，法院的结论是，未成年人法院并不能完全免于正当程序的要求。尽管确认了未成年人法院明显的、非刑事性的特征，但州最高法院认为《未成年人法典》对于程序非正式性的依赖仅仅是“立法机关授权法院忽视程序中的技术性事项，并不影响诉讼参与人根据法律的正当程序原则享有的基本权利”。法院主张，父母在监护儿童方面的利益非常重要，禁止未成年人法院剥夺父母在依靠与忽视程序中获得律师协助的基本正当程序权利。法院强调其判决是“仅限于考虑因监护决定受影响的其他人的权利”“并未包括未成年人听证中的未成年人的权利”。

正如亚利桑那州法院在 Barlow 案和其他判决中所阐释的，该州的《未成年人法典》授予未成年人获得特殊处理的权利，保护他们免于刑事诉讼，并限制州政府可以对他们采取的行动的类型。法院也确认未成年人享有的首要权利是保护性的监护而不是自由。法院认为未成年人法院听证的目的是，在不干扰未成年人享有的其他权利的情况下作出何种形式的监护决定，即是父母监护还是政府监护(都是直接监护并且通过缓刑官监督)，将更有利于儿童的最大利益。而且，因为法律允许州政府作出未成年人脱离父母监护的决定，所以法院判决认为未成年人诉讼程序确实影响到了父母的基本自然权利，这些权利必须通过诸如律师代理之类的措施得到保护。这一点是吉拉县未成年人法院在 1964 年把格拉德·高尔特托付给州工业学校时存在问题的地方。

二、Gault 案在州法院的争论

当玛乔丽·高尔特于 1964 年 6 月 8 日下午 6 点结束工作回家时，她从邻居那里得知格拉德和他的朋友罗尼·拉维斯(Ronnie Lewis)已经被县保安队带走了。高尔特夫人直接去了未成年人拘留所，她被告知第二天下午 3 点有一场关于格拉德案件的听证会。高尔特艰难的法律旅程由此开始于 1964 年 6 月 9 日，吉拉县未成年人法院听取了该县缓刑官查尔斯·弗拉格(Charles D. Flagg)提交的起诉状。起诉状认为格拉德实施了违法行为,应当对他的照顾和监护情况作出裁决。听证会在州最高法院法官罗伯特·麦吉(Robert McGhee)的会议室进行,麦吉法官当时担任未成年人法院法官。格拉德,他的母亲和哥哥保罗·高尔特,以及缓刑官弗拉格与另一名缓刑官出席了听证会。麦吉法官在这次初始听证中没有按照起诉状作出判决,但格拉德仍被监护 3 天。

格拉德最终在周五,即 6 月 12 日被释放回到父母身边。当天下午稍后时间,高尔特夫人收到了缓刑官弗拉格的一份很短的、手写的通知,告知麦吉法官将在下周一,即 6 月 15 日针对格拉德的违法行为举行第二次听证。格拉德的父母(当时高尔特先生已经于周末回到了家中)、缓刑官弗拉格以及罗尼·拉维斯和他的父亲都出席了这次听证会。在听证会的结论部分,麦吉法官确认了起诉状中控诉的事实,并下令将格拉德押至位于格兰特堡的亚利桑那工业学校,期限未定。位于格罗泊东南 90 英里的格兰特堡,是联邦政府为保护该区域的居民所建立的军事基地,1905 年被废弃,1912 年成为工业学校的选址,那时该地区的现存设施被宣布因过于危险而不能居住。而格兰德将在这个拥有百年历史的军营中度过 6 个月。他按照被判定犯有相似罪行的成年人那样被对待,即后来被法官确认在妇女或儿童面前发表淫秽言论,面临最多 2 个月的监禁或 50 美元罚款的处罚。

正如《未成年人法典》的要求,6 月 9 日和 6 月 15 日的听证都是非正式进行的,在法官的会议室里,并且没有代表格兰德或其父母的律师参与。而且,法院没有要求原告库克夫人出席或者提交她的证言,法院也没有保留听证的书面记录。唯一关于听证会内容的信息只能在之后的人身保护令申请程序的证言中找到。

即使按照亚利桑那州法律现行的标准,使用证言说明违法行为的听证会至少存在三个缺陷:(1)格兰德参与打电话的性质从来没有被确定。尽管麦吉法官在人身保护申请程序中作证说格兰德在 6 月 9 日的听证会上承认至少问了 1 个问题,格兰德只承认自己打过这位女性的电话,但不承认问了任何问题。但是，事实上的模糊不清是相对不重要的，因为格兰德正处在缓刑考验期，而且已经被告知“别惹麻烦”。按照亚利桑那州的法律，只要参与打电话，不管多不重要的参与，都足以使他违法。(2)听证会的第二个缺陷更严重，原告缺席听证会，意味着法院没有听取对于奠定诉状事实基础、决定违法行为的严重性或引导法官处理案件而言必要的证言。(3)也是最重要的缺陷，是格兰德的父母在听证会上没有获得律师的协助，潜在的后果是他们丧失了父母监护权。这一事实提出了听证会与 Barlow 案创建的要求不一致的可能性。

第三个缺陷成为格兰德的父母为重获对儿子的监护权付出努力的核心。在未成年人法院签署命令后的第 6 周，他们来到了凤凰城，并联系了亚利桑那州总检察长办公室的首席刑事律师菲利浦·哈格提(Philip Haggerty)，以获得如何保证格兰德从工业学校被释放出来的建议。有 5 年执业经验的 32 岁的哈格提律师打电话给阿麦利亚·雷维斯(Amelia Lewis)，雷维斯是一位迁居到亚利桑那州的经验丰富的律师，从纽约的法律实务部门退休后，1958 年获准进入律师行业。作为美国公民自由联盟(American Civil Liberties Union)的活跃成员，先是在纽约，其后在亚利桑那州北部，雷维斯 8 月 1 日在她的办公室见了高尔特一家，并同意协助他们，尽管她在未成年人法方面的背景有限。高尔特家人见到了雷维斯并说服她参与此案对高尔特一家来说十分幸运。她不仅是一位有经验的、专注的民权律师，而且她的儿子是诺曼·道森在哥伦比亚大学的同学。诺曼·道森在纽约大学教授宪法课程，并且服务于美国公民自由联盟的国家执行机关。这种非正式性的人际关系对于美国公民自由联盟之后在最高法院层面参与本案十分重要。

雷维斯对高尔特的情况作出的最初回复是她应当通过亚利桑那州通常的上诉途径进行上诉。当她发现《未成年人法典》排除了这种上诉方式的可能性后，她与亚利桑那州最高法院法官劳娜·洛克伍德(Lorna Lockwood)商讨了申请人身保护令状的可能性。作为亚利桑那法学院的毕业生，洛克伍德法官截至 1964 年已经积累了令人印象深刻的公共服务记录。其中包括当了5年亚利桑那州众议员、第二次世界大战期间在价格管理办公室作为法律工作者、担任亚利桑那州总检察长助理律师、在马里考帕县担任高级法院法官。1961年洛克伍德被选举到亚利桑那州最高法院,1964年她的同事一致推举她为首席法官,使她成为美国第一位担任此职位的女性。她在1969年获得连任。

雷维斯8月3日见了洛克伍德,在法官的帮助下,当天提交了人身保护令的申请。人身保护令是普通法最重要的组成部分之一,联邦和州宪法明确保证了人身保护令的申请权。通常情况下,人身保护令要求拘留者向被拘留者说明理由,以检测拘留或监禁的合法性。尽管人身保护令被限于决定一个人是否按照正当程序被拘留,而不是用来决定一个人是否有罪,但人身保护令被认为是"英国法中最有名的令状"。根据亚利桑那州未成年人法院的规定,不能提起通常的上诉程序,那么对格兰德被监禁到格兰特堡进行复议的唯一途径就是申请人身保护令。

当雷维斯见到洛克伍德法官时,她还没有准备好正式的人身保护令申请。雷维斯只有高尔特一家的宣誓书,写明了他们所记得的案件事实。洛克伍德建议雷维斯仅在宣誓书上增加一个标题,她会将其当作"宣誓书形式的申请书"而接受。洛克伍德随后打电话给县高级法院主审法官,请求他协助根据申请书安排一场听证会。听证会最终在8月17日由高级法院法官弗雷德·海德(Fred Hyder)主持举行。申请书以两大理由挑战了格兰德的监禁令:第一,雷维斯认为未成年人法院没有遵从《未成年人法典》的最低程序要求。但是同时她也谨慎地避免了对这些要求的合宪性提出质疑。她的申请书赞扬了《未成年人法典》能够促进对未成年人的关爱和保护,她也承认程序非正式性应当是未成年人法院的常态,律师可以在大多数案件中被排除出去。她的第一个控告是Gault案中的法官已经将非正式性转化为任意武断,因为他忽略了法典的法律要求,否决了格兰德父母的正当程序权利。

申请书的第二个控告是格兰德父母没有律师代理,这是一项基于Barlow案中确立的父母获得律师协助的权利。这是一个困难的论点,因为 Barlow 案对于格兰德的监禁情况的可适用性是模棱两可的。比如，没有证据表明未成年人法院像在 Barlow 案中那样明确拒绝了高尔特一家由律师代理。雷维斯试图通过主张未成年人法院未能特别询问高尔特一家是否已知并且自愿放弃律师代理等同于直接拒绝来反驳这项异议。雷维斯主张因为父母对未成年子女天然的法定监护权受到了威胁，所以未成年人法院应该更加注意保护这些权利。然而这个论点并没有完全地解决模糊性的问题，由于 Barlow 案与依靠和忽视程序的联系，在依靠和忽视程序中，父母的健康状况有问题，丧失监护权就像一种保护性干预一样，是对不健康父母的制裁，因此在这种情况下，授予父母程序性保护就很合理。然而，Barlow 案就是否在父母健康不成问题的违法程序中被授予类似保护，是不明确的。

遗憾的是，雷维斯的法律论点和她在人身保护令听证中的证言都没有给海德法官留下深刻印象，法官在听证会后立刻驳回了申请书，用 3 行的令状将格兰德还押到工业学校的监护之下。尽管该令状意味着格兰德必须返回格兰特堡，但结果不全是负面的，因为按照亚利桑那州的法律，该令状的申请为案件提供了向州最高法院直接上诉的机会。场地的转变是 Gault 案重要性增长的第一个重要迹象。在州高级法院的人身保护令的申请，使得父母为重获儿子监护权的尝试多了一种上诉的可能。

本案重要性的增长，首先体现在美国公民自由联盟表现出了对本案的兴趣。美国公民自由联盟对阿麦利亚·雷维斯请求对上诉进行法律和经济援助作出了积极回应。美国公民自由联盟对该案的兴趣超出了格兰德自身的困境。该机构的参与不仅是为了协助上诉者，而且因为本案为法院进一步界定该州未成年人法院正当程序标准提供了明确的机会。美国公民自由联盟催促亚利桑那州法院“再次审议亚利桑那州《未成年人法典》以及这个州的未成年人案件是如何在法典下进展的，最后建立公正一致的程序”。为了支持这项请求，美国公民自由联盟甚至引用了庞德曾经说过的话，“与未成年人法院和家事法院相比，星室法庭（Star Chamber）的权力只是小事”。

本案重要性增长的第二个象征是向亚利桑那州法院提出的论争的性质本身。雷维斯对格兰德被拘留的异议，从程序不规范扩展到了容忍这些不规范程序的法律框架的宪法地位。雷维斯质问法院《未成年人法典》未能“及时且充分地通知未成年人和家长所面临的指控，提供诉讼的记录和发现的事实，提供上诉的机会”是否违反宪法。当然，本案的首要争论点仍然是对违法行为举行的听证会是否通过不当程序剥夺了父母的监护权，而并非是否违反了联邦宪法正当程序的要求剥夺了未成年人的自由。

阿麦利亚·雷维斯于 1964 年 11 月 17 日向亚利桑那州最高法院提交了她的意见书，总结了人身保护令听证会所披露的事件顺序后，意见书列举了州法院将格兰德监禁到工业学校这一程序中的 6 个错误。最突出的第一个错误是《未成年人法典》本身的违宪性，未能充分通知指控本质和听证时间违反了正当程序。第二个错误包括未成年人法院的 12 个独立的程序性错误，包括未能建议格兰德的父母行使获得律师帮助的权利；在未能证明格兰德的父母无能力的情况下暂停其监护权。第三个错误是下级法院举行人身保护令听证会的方式，下级法院的裁决大多数与限制了申请人对未成年人法院法官的审查范围有关。第四个错误是在未成年人法院诉讼程序中，法院未能要求提供达到排除合理怀疑的证据。第五个错误，意见书声称缓刑官在未获得未成年人法院事先批准的情况下羁押格兰德是错误的。第六个错误，意见书声称未成年人法院的最终裁决没有关于上诉的条文，违反了正当程序。

值得注意的是，雷维斯将违法行为监禁令与父母丧失监护权而不是未成年人丧失自由联系起来。这种方式当然与通常刑事诉讼中监禁和丧失个人自由的关系形成了鲜明对比。很大程度上，雷维斯满足于在未成年人司法的传统方式的一般框架中工作。

根据雷维斯的观点，为了暂停父母监护权，政府必须证明未成年人参与了违法行为，并且违法行为的发生是因为“父母或法定监护人无能力或者疏于管理，未能照顾未成年人或者不能控制未成年人”。雷维斯坚称，早期案件中依靠和忽视程序中发展出的父母无能力测试也应当适用于违法程序中。

雷维斯引起法院注意的第二个法律命题是法律所要求的最低程度的正当程序——公平听证会。根据雷维斯的观点，人身保护程序中的证言揭露了格兰德未成年人违法听证会的程序缺陷，这些程序缺陷清楚地表明吉拉县未成年人法院未能满足这项简单的要求。这些程序缺陷包括：(1)未成年人法院未能通知格兰德的父母其所面临的指控；(2)未能提供证人对抗和交叉询问；(3)未能建议格兰德或其父母行使他们传唤证人和获得律师协助的权利；(4)未能保证反对自证其罪的特权；(5)未能警告听证会可能的后果；(6)未能作出事实发现和记录诉讼程序。按照雷维斯的观点，这些缺陷导致法院不能公正或准确地对格兰德的违法或其父母的监护无能力作出裁决。缺乏对法院的裁决直接上诉的权利使这些程序错误更加严重。

雷维斯提出的第三至五个法律命题对她的论点虽然比较次要，但仍然很重要。第三个命题坚持认为执法机关在看押任何未成年人之前必须获得未成年人法院的事前授权，Gault 案中的情况很明显并非如此。第四个命题，雷维斯认为在人身保护程序中，一旦申请人初步证明了拘留的非法性，举证责任就转移到被告来证明拘留的合法性。在她看来，马里考帕县高级法院在对未成年人法院法官麦吉的诉讼程序中没有遵循这项规则。在第五个命题中，雷维斯提出法律规定与申请有关的任何事项中，证人都应被交叉询问，她控诉说她在人身保护令申请程序中对法官麦吉的询问被过度限制了。

除了劳娜·洛克伍德之外，审议这些争论点的五人法庭还包括另外两位法官，厄纳斯特·马克法兰德(Ernest W. McFarland)和莱维·乌达尔(Levi Udall)。出生于 1894 年的法官马克法兰德 1922 年毕业于斯坦福法学院。他在 1935 年到 1941 年间担任皮马县(Pima)高级法院法官，1941 年被选举到美国参议院，并在参议院工作了 12 年，其中包括 2 年(1951—1953 年)作为参议院多数党领袖。马克法兰德于 1955 年回到亚利桑那州成为州长，直到 1959 年他一直担任该职位。不满于完全离开公众生活，他在 1964 年被推选到亚利桑那州最高法院。对于他而言，法官乌达尔属于亚利桑那州居于主导地位的摩门家族的成员之一，该家族涌现了大量政治家。因共同的为公众服务的驱动力联结起来，法官洛克伍德、马克法兰德和乌达尔将联手支持传统的未成年人程序。

州最高法院一致拒绝了雷维斯关于其客户被剥夺正当程序权利的诉求，并维持高级法院拒绝人身保护令申请的决定。在作出裁决过程中，法院聚焦于诉讼过程中受威胁的具体利益和可考虑的听证会类型。因此尽管法院同意未成年人法院不能完全免于正当程序要求，但法院仍然裁决可适用的程序标准必须从未成年人诉讼程序的独特性质和功能中衍生出来，并与之保持一致。判决宣称，“我们的任务是确定未成年人和其父母在未成年人听证会中有权享有的正当程序要素，并且决定我们的法律是否可以被理解为包含这些要素”。法院拒绝设立新的程序标准并据此评判《未成年人法典》的请求，但确实澄清了与通知、宣誓证言和证据有关的标准。最终法院得出结论，认为格兰德的诉讼程序中这些标准都没有被违反。

法院的意见首先指出各州的《未成年人法院法》都是“规定的程序保证少于刑事诉讼程序中全套的正当程序保证”“并且绝大多数法院已经明示或暗示地认可了这些法律规定的合宪性”。它将这一法律状态归因于未成年人司法政策的基本理论，即“违法的是社会的未成年人，而不是社会的敌人，他们的利益不谋而合”。法院认为《未成年人法院法》认可未成年人和社会之间的一种特殊关系，并且授权政府“替代父母的地位”采取行动。法院主张，未成年人诉讼程序代表着一种“用保护和引导代替处罚的努力，使未成年人免于刑事管辖，利用与人类行为有关的社会科学，允许在诉讼程序中灵活处理”。然而，法院认为程序上的灵活不能成为不受限制的司法裁量的理由。依赖于 Barlow 案，法院确认“只有不影响正当程序的基本权利的技术性程序事项”，可以为了非正式性和灵活性而放弃。但是，法院也通过将 Barlow 案的原则适用于未成年人违法程序中的未成年人权利，往意想不到的方向拓展了 Barlow 案的原则。“好的意图不能证明剥夺儿童正当法律程序的合法性。公平对于合理对待未成年人并不是有害的。公平对他们而言如同对成年人一样有益。”因此，法院也承认未成年人在未成年人违法程序中拥有区别于他们父母和政府的受威胁的利益。

虽然法院承认这项原则对于格兰德一家和亚利桑那州公民自由联盟是意想不到的胜利，但这项原则的适用也带来了复杂的后果。法院对于未成年人违法程序所要求的“公平”程序的评估是由于法院希望维持未成年人诉讼程序的保密性和避免导致过于敌对的听证会。法院宣称，公平并不要求未成年人被授予上诉、对质、免于自证自罪，或者逐字记录听证会的权利。但是法院同时也承认，未成年人法院必须在进行听证会之前提供合理的事先通知，在听证中口头陈述支持申请的事实。法院也认为未成年人违法程序的申请必须有清楚和具有说服力的证据支持，所有“是未成年人法庭结构一部分或者与之相关的”的证人必须在作证前宣誓。不过，尽管法官确认了父母不能被剥夺律师帮助权的 Barlow 规则，但仍然拒绝将同样的保护扩展到未成年人。法院裁决认为，未成年人法院的法官最有能力逐案判定未成年人是否从律师协助中受益。

对于格兰德及其父母来说，该裁决的直接结果是失败。法院认定，事实上格兰德的父母早已知道他们的儿子面临的指控的性质，知道他们有请求律师协助、传唤证人、交叉询问缓刑官的权利，并且理解在未成年人法庭的表现可能导致被监禁到州工业学校。法院也认定格兰德一家自愿在没有律师的情况下出席两场 7 月份的听证会。它因此裁决即使按照新阐明的未成年人正当程序标准以及在格兰德监禁令之前，正当程序权利也没有被剥夺。

虽然这起案件在州最高法院的上诉中失败了，但是它却为向美国最高法院提起上诉提供了可能性，通常，在里程碑式的宪法案件中，我们会发现，下级法院的失败可能为最高法院的胜利指明了道路，因为提供了未来上诉的借口。这方面最有名的案例是 Brown v. Board of Education (1954)。[①]

正如 Brown 案,下级法院的负面裁决也为 Gault 案提供了未来救济的可能性,并向雷维斯和高尔特一家暗示了向美国最高法院上诉的策略。一种方法是接受亚利桑那州法院对公正条款的运用,然后对其在未成年人法院背景下的具体适用提出异议;另一种方法是要求法院按照一种完全不同的标准重新审议未成年人违法程序。而且,州法院对于 Barlow 案意想不到的拓展,暗示着如果上诉聚焦于未成年人的自由利益,可能比强调父母监护权有更好的结果。最终,格兰德的律师将后两个策略结合起来在最高法院反对《未成年人法典》。这种诉讼策略通过第十四修正案,选择性地将《权利法案》纳入国家未成年人诉讼程序,从寻求父母监护权的基本公平保护转移到要求保护未成年人的自由利益。

三、上诉至美国最高法院

(一)上诉方的观点

在亚利桑那州上诉失败之后,本案被告人高尔特的律师——阿麦利亚·雷维斯写信给美国公民自由联盟的国家法律总监麦尔文·乌尔夫(Melvin Wulf),向他寻求将案件上诉至最高法院,挑战亚利桑那州法院

---

① 347 U. S. 483(1954). 1951 年,美国堪萨斯州地区法院在 Brown 案中作出了不利于申请人的裁决,但却在裁决过程中作出了重要的事实发现:隔离教育通过对非洲裔美国儿童造成心理上的自卑感而对他们产生不利影响。尽管地区法院主动拒绝推翻 Plessy v. Ferguson(1896)案中创建的隔离但平等条款,法院对事实的发现指出了该条款最脆弱的要素。在作出 1896 年裁决过程中,最高法院的结论是与隔离有关的自卑感缺乏客观基础。换句话说,Plessy 条款的法律基础是心理学而不是宪法。地区法院在 Brown 案中的事实发现直接与 Plessy 案裁决中的心理维度相矛盾,因此破坏了法律结论。所以推翻 Plessy 条款的关键是说服最高法院接受新的心理学证据。Brown 案的法院接受了这样的论证,即分离导致了非洲裔美国人的自卑,这种自卑感降低了非洲裔美国人学习的动力,缺乏学习动力阻碍了非洲裔美国儿童的智力发展,因此不平等长期存在。

裁决的建议和帮助。雷维斯的信恰逢在一个幸运的时刻送达。美国公民自由联盟的创始人罗格·鲍德温(Roger Baldwin)参与执笔了早期未成年人司法的一份主要文件,但是有关未成年人司法这一问题,在 20 世纪 50 年代早期还没有成为美国公民自由联盟议程中的活跃部分内容。直到 1956 年,未成年人法院的程序瑕疵才首次出现在美国公民自由联盟的年度报告中。在报告中,该机构总结了费城分会进行的一项研究,这项研究是关于宾夕法尼亚地区未成年人程序的公民自由问题。这项研究承认了这些程序背后"有价值的动力",也批判了未成年人法院法规没有将事实发现程序(裁决,adjudication)和处罚决定程序(处置,disposition)分离开来。研究认为,明确区分裁决和处罚程序非常重要,因为它意味着法院介入的管辖权应由特定罪行触发,即使未成年人法院介入的目的是为了改善破坏性的行为模式。1959 年,美国公民自由联盟宾夕法尼亚分会建议同样的证据规则应当像适用于刑事法院那样适用于有争议的未成年人法院裁决程序。分会也建议未成年人在此程序中应当被授予对质和交叉询问证人的权利。在宾夕法尼亚报告后的 5 年内,美国公民自由联盟在 12 个州的分会和哥伦比亚地区都参与了代表未成年人法院改革的类似活动中。到 Gault 案为上诉至最高法院做准备时,美国公民自由联盟的国家正当程序委员会自身已经开始对未成年人权利感兴趣,并要求佛罗里达州附属机构准备一份关于未成年被告人的宪法权利的讨论稿。

在这样的背景下,乌尔夫同意为 Gault 案的上诉提供技术和财务上的支持。他先是就雷维斯向亚利桑那州法院提出的上诉通知书做了修改。他的第一个建议是将雷维斯提出的为父母监护权提供程序保护的"自然权利"论点重新阐释为"隐私权"事项,他认为后者更容易被最高法院接受。隐私权是在一篇于 1890 年由塞缪尔·沃伦(Samuel Warren)和路易斯·布兰代斯(Louis Brandeis)所著的文章中被首次阐述,到 1965 年在 Griswold v. Connecticut 案的判决中已经被有力地加以扩展。① 在

① Griswold v. Connecticut, 381 U. S. 479(1965).

Griswold 案中，最高法院推翻了一项康涅狄格州禁止使用避孕药的法律，原因是该法律侵犯了隐含的宪法隐私权。最高法院声称，在《权利法案》的几个条文中“界限不明处”发现了这一权利。这些修正案的每一条都保护个人隐私的特定方面，因此当整体审视这些修正案时，就表明了宪法所保护的一般的隐私权。威廉·道格拉斯(William Douglas)大法官在 Griswold 案中指出，(该部法律)侵犯了“婚姻隐私权”。乌尔夫认为，Griswold 案确认的权利的具体背景一定与雷维斯的案件相关，因为法官极大地强调了婚姻关系的神圣性。如果隐私权保护了婚姻关系免受国家的不正当干涉，那么更广泛的隐私权的确认和接受也应当同样地适用于家庭。这只有一步之遥。

雷维斯于 1966 年 2 月向最高法院提交了修改后的通知书，并将她的案件文档和一份管辖声明草稿发给了乌尔夫。她请求美国公民自由联盟能够对上诉承担初步的责任。到 1966 年夏天，乌尔夫的人员已经主控了这场诉讼。此后雷维斯就很少参与案件的准备工作，还向乌尔夫适度抱怨说她没有经常就她代表客户准备的意见书接受咨询。

乌尔夫将雷维斯的文档转发给了纽约大学社会福利法的格特鲁德·缅泽尔(Gertrude Mainzer)项目。此项目创建于 1966 年，其参与的研究和诉讼都旨在提高享有公众利益和保护人的权利。此项目是纽约大学阿瑟·格菲尔德·海兹(Arthur Garfield Hays)公民自由计划的一部分。该项目创建于 1958 年，目的是推动公民自由和公共利益的法律，为美国公民自由联盟提供高水平的研究技能和诉讼专长。该项目实际上是大多数美国公民自由联盟公共利益诉讼的核心。比如 1963 年，美国公民自由联盟通过操作海兹项目，在 Gideon v. Wainwright 案中提交了一份非当事人意见陈述，以支持被雇佣的律师的权利。两年后，该项目通过与经济机会办公室共同举办关于贫困和公民自由的研讨会，展示了其更广泛的关切，这最终导致美国公民自由联盟在一起反对对非婚生子女不利的法律的诉讼中获得成功。

乌尔夫让缅泽尔审查文档并检查雷维斯事实论述的充分性。缅泽尔的反应意外地消极。她不认为 Gault 案是成功地解决雷维斯提出的大多数问题的最佳案例。乌尔夫表示赞同缅泽尔的观点，即该案最大的长处是主张在未成年人违法程序中授予未成年人获得律师协助的宪法性权利。

尽管对案件整体的合适性表示担忧，但美国公民自由联盟还是于1966 年 5 月 2 日提交了一份范围广泛的管辖声明，请求最高法院受理对亚利桑那州判决的直接上诉。乌尔夫在 1965 年向雷维斯推荐的方法中，直接上诉是该案出现在最高法院的两种方式之一。理论上，最高法院的强制上诉管辖权包括：(1)联邦法院判决议会行为违宪并且联邦政府是争议的一方主体；(2)联邦法院认定州法和美国宪法或者联邦法律之间存在矛盾；(3)州最高法院认定议会行为违宪；(4)州最高法院维持了州法的有效性，驳回了认为州法律违反联邦宪法或联邦法律的诉求。在实践中，因为从州法院直接上诉必须阐明案件引起了“一个基本的联邦问题”，最高法院即使在被要求考虑上诉的情况下也要行使重大裁量权。这种裁量权在涉及调卷令时更为明显。通过调卷令，最高法院对联邦上诉法院裁决的其他案件和州最高法院裁决的关于联邦法律问题的案件行使裁量管辖权。因此，最高法院强制上诉管辖权和裁量上诉管辖权的区别很明显，直接上诉的请求通常被自动认为是调卷令的请求。实际上是最高法院几乎完全控制自己的待审案件表，95％的待审案件来源于调卷令。因此，说服最高法院受理格兰德的上诉是很关键的一步。

美国公民自由联盟的管辖声明将诺曼 · 多尔森列为格兰德 · 高尔特的首席律师，多尔森是缅泽尔在纽约大学的同事。作为一名哥伦比亚大学和哈佛大学的毕业生，他曾在 1957—1958 年间担任最高法院法官约翰 · 马歇尔 · 哈兰(John Marshall Harlan)的助理。在一段短暂的私人执业后，多尔森在 1961 年开始了他在纽约大学的教学生涯，同时在纽约大学担任海兹公民自由项目的主任。他之后成为美国公民自由联盟的总法律顾问(1969—1976 年)，此后又担任了 15 年美国公民自由联盟的主席(1976—1991 年)。

多尔森的管辖声明提出了一个供最高法院考虑的问题：亚利桑那州未成年人法典，在其表面上或按其理解适用，按照美国宪法第十四修正案的正当程序条款，是否无效？因为该法通过授予未成年人法院无限制裁量权的司法程序，批准未成年人脱离父母监护并被监禁到一个政府机构。

这份声明进一步主张，未成年人法院“无限制的自由裁量”导致了6个具体的程序滥用，包括：(1)剥夺充分通知未成年人及其家人所面临指控的权利，这些指控构成未成年人犯罪；(2)剥夺获得律师协助的权利；(3)剥夺对质和交叉询问证人的权利；(4)剥夺反对自证其罪的特权；(5)剥夺获得诉讼程序记录的权利；(6)剥夺对未成年人法院裁决进行上诉的权利。多尔森本打算省略第(5)、第(6)个问题，但雷维斯坚持其作为格兰德第一任律师的特权，第(5)、第(6)个问题应当被包含在内。

多尔森认为Gault案中提出的联邦宪法问题是非常实质的，因为它质问了“第十四修正案正当程序条款所保证的程序公正在何种程度上可适用于未成年人法院诉讼程序”。多尔森之所以认为决定这个问题非常重要，有两个原因：(1)它会澄清最高法院在Kent案中的裁决。福塔斯法官批判了州未成年人法院法官缺少程序严谨性，但没有裁决适用于刑事诉讼的正当程序是否也适用于未成年人诉讼程序。(2)通过违法行为听证会处于危险状态的未成年人数量在增长。因此，最高法院可以利用Gault案澄清“未经法定正当程序被剥夺自由的大量个人的基本权利”。循着亚利桑那州最高法院的指引，多尔森将基本公正作为未成年人法院背景下正当程序审议的适当标准。

这份管辖声明强迫最高法院直接面对它在Kent案中避开的宪法问题。通过接受美国公民自由联盟条款的管辖权，最高法院明显承诺作出具有重大宪法影响的裁决，是否维持或削减传统的未成年人法院程序。这份声明也显示出美国公民自由联盟重塑Gault案，以使该案与其自身目标和利益相符的方式。美国公民自由联盟淡化了一些雷维斯在亚利桑那州提出的强调父母监护权的问题，反而强调了违法行为监禁令对未成年人的自由利益施加的威胁。该机构也提醒了最高法院在Gault案中暴露出来的未成年人司法程序瑕疵在国家层面的重要性，为了突出这种重要性，声明中提到了像格兰德这样受到诉讼程序影响的“大量个人”。

最高法院在 1966 年 6 月 20 日将 In re Gault 增加到待判决的诉讼事件表中，这一天是 1965 年任期的最后一天，并且也是 Kent 案判决后 3 个月。涉及传统未成年人诉讼程序合宪性的案件最终被最高法院受理。的确，在仅十周前的 4 月 4 日，最高法院批准了一个来自华盛顿州的案件——Miller v. Rhay 的调卷令。米勒（Miller）被从未成年人法院移送到刑事法院接受管辖，被定罪并监禁。他正在寻求通过人身保护令获得释放，依据是未成年人法院不恰当地转移了其案件的管辖权。Miller 案为最高法院提供了一个机会，将 Kent 案中阐明的放弃管辖标准从州法律规则升级为宪法规则。然而在 4 月 28 日，华盛顿州最高法院对 Dillenburg v. Maxwell 案作出判决，以放弃管辖权决定作出前未举行听证为由废止了一份转移管辖权的命令。之后，最高法院针对 Miller 案，没有强调 Miller 案中的实质性问题；而只是废止了下级法院的判决，将案件发回华盛顿州法院，要求根据 Dillenburg 案中的判决重审。

最高法院对 Miller 案的处理似乎对参与 Gault 案的各方都不利。Miller 案件中的事态转变表明，最高法院似乎尚未做好准备首次进入以前尚未探索过的未成年人司法的宪法领域。但结果是，这种发展对未成年人法院改革者来说只是一个短暂的挫折。失去了 Miller 案，促使最高法院得以密切地审视 Gault 案，因为后者提出了更广泛的宪法问题，呈现了更加引人同情的事实背景。与 Kent 案不同，该案涉及特别残忍的犯罪，并且被告人至少有机会在相当严格的刑事审判程序中为自己辩护，而在 Gault 案中，听证会缺乏程序规范以及对被告人违法行为的不适当处罚都是非常明显的。Gault 案向法院呈现了一个“简单”的案例，从中可以得出结论，程序性权利将改善未成年人法院的绩效，同时不妨碍它们的儿童福利使命。因此，最高法院用 Gault 案代替了先前发回华盛顿州的 Miller 案。根据最高法院指明的管辖权，以及美国公民自由联盟的意见书，相关工作几乎立即开始。

Gault案一旦离开了亚利桑那州，就呈现出国家级的重要性，而不再仅仅是当地利益的问题。该案与20世纪60年代初的美国公民自由联盟的议程及其公共利益诉讼的方式完全吻合。从1932年开始，美国公民自由联盟在阐释刑事司法管理的新宪法标准方面发挥了主导作用，其论点在最高法院的Mapp v. Ohio(1961)①、Escobedo v. Illinois(1964)②和Miranda v. Arizona(1966)③等标志性裁判中居于核心地位。此外，与美国公民自由联盟有关的律师也参与了其他诉讼运动，例如全国有色人种协会的反死刑运动。美国公民自由联盟在Gault案中的地位体现出该组织对进步时代发展起来的社会福利计划持怀疑态度，其中包括未成年人法庭及其相关理念，这些都是通过美国公民自由联盟创始人的努力创造的。将这种普遍的怀疑主义与反对警察不当行为的运动以及司法程序中缺乏正当程序联系起来的线索是，美国公民自由联盟越来越担心执行这些方案的专业人员滥用自由裁量权的潜在可能性。尽管如此，该组织并没有参与推动未成年人法院改革的系统的诉讼运动，也没有积极寻找案例来引发对这个问题的关注。然而，当恰当的案件出现时，美国公民自由联盟还是热情地接受了它，并全力以赴。

6月，乌尔夫聘请了纽约律师詹姆斯·穆勒(James Murray)加入该案的律师团队，后者于7月和8月期间准备了美国公民自由联盟立场的初稿。穆勒在他的意见书草案中辩称，未成年人法院使用的程序手段对于它们实现个人正义和人性对待的理想目标，完全起到了相反的作用。穆勒在提到未成年人法院程序的非正式性时写道："为了保护儿童而作为

---

① 367 U. S. 643(1961). 美国最高法院的里程碑式案件。在该案中，美国最高法院确定了非法证据排除规则，禁止联邦和州政府使用违反美国宪法第四修正案而收集的证据指控被告人。

② 378 U. S. 478(1964). 美国最高法院在该案中裁定犯罪嫌疑人有权在警察讯问期间获得第六修正案规定的律师帮助权。

③ 384 U. S. 436(1966). 这个案件确立了美国刑事司法著名的"米兰达警告"。在这个美国最高法院的又一里程碑案件中，美国最高法院认定，美国第五修正案禁止检察官使用任何人在被警察羁押期间，针对警察讯问而作出的陈述作为针对他们的庭审的证据，除非控方能证明这个人在被警察询问或讯问之前被通知有权获得律师的帮助和享有反对自证其罪的权利，并且被告人不仅了解这些权利，而且是自愿放弃这些权利。

非刑事待遇处理”,“未成年人法庭的诉讼在很多案件中导致没有保护儿童的非刑事待遇”。穆勒认为,未成年人法庭采用的程序通常会产生与该机构创始人的预期相反的结果。他列举了几个权威观点作为这一主张的论据,即公正程序的标准可以促进未成年人立法机构、国家缓刑和假释协会以及美国卫生、教育和福利部等设立的初衷。穆勒认为这些机构倡导的程序标准没有贬低个人化司法,而只是“根据成年人刑事诉讼程序的普遍发展”使其振兴。事实上,他认为“在未成年人法庭适用最高正当程序要求”可以为未成年人公平和文明行为提供教训,以此服务于矫正。穆勒的辩护意见书草案的核心是首次在 Kent 案中运用的功能相似性概念。

8 月底,诺曼·多尔森与华盛顿特区的丹尼尔·瑞兹纳克进行了接触。丹尼尔是一位具有刑事司法和正当程序事务经验的律师,作为辩护律师和联邦检察官,邀请他协助重写意见书以便最后提交给最高法院。与缅泽尔和乌尔夫一样,瑞兹纳克最初对雷维斯列举的寻求扩张的程序性权利清单持怀疑态度。瑞兹纳克认为,在未成年人法庭律师的坚持下会有更多的保障措施,因此建议意见书专注于获得律师协助的权利。多尔森相信,通过提出更广泛的诉求,美国公民自由联盟没有任何损失,最终他和瑞兹纳克决定将在法庭上提出大量不同的宪法问题,他们认为,至少其中一些会在法庭上引起共鸣。

多尔森和瑞兹纳克的论点分两个阶段展开,每个阶段都有其自身的战略选择。第一个阶段,他们试图通过第十四修正案的正当程序条款说服法院使未成年人诉讼程序接受《权利法案》的审查。其主要障碍在于大多数上诉法院已经拒绝了类似的诉求,理由是未成年人法院是民事法院,因此不受制于刑事事项的宪法条款。为了克服此障碍,美国公民自由联盟必须阐明未成年人拥有受到未成年人诉讼程序危害的独立利益,并要求《权利法案》的保护。这个问题没有在亚利桑那州法院讨论过,在最高法院争论此问题要求美国公民自由联盟得重新定性未成年人诉讼。美国公民自由联盟通过比较未成年人法庭干预的实际结果与州法院关于未成年人法庭的政府监护管辖权和保护性干预的说辞做到了这一点,对未成年人诉讼进行了重新定性。

多尔森和瑞兹纳克的策略是强调未成年人法院和刑事法院的功能相似性，尽管州立法机构的说辞是相反的。他们的论证很直接：反对正式程序的专家和支持这些专家的司法机关忽略了未成年人法院听证会的真正结果。与传统观点相反，未成年人诉讼程序像刑事审判一样，影响到被指控违法者的至关重要的利益；程序上的非正式性阻碍了未成年人保护这些利益。州法院错误地认为像“尽职的父母对待孩子”那样行事，他们就可以避免对未成年人的个人利益产生消极影响。基于未成年人法院在某些方面享有的支持的敏感性，美国公民自由联盟没有责难采用了政府监护路径的州立法机关的动机。它反而暗示这些动机受到非正式性程序的不利影响；政府监护理念潜在的这些值得赞美的目标已经被“缺乏最基本的正当程序保护”的诉讼程序破坏了。州法院实现理想的这些方法意味着“用来保护年轻人的未成年人诉讼程序，导致在很多司法辖区发现了显然未能保护未成年人的程序违法行为”。多尔森和瑞兹纳克催促最高法院忽视基于政府监护理论的判例；相反，他们要求最高法院以一种与“涉及未成年人切身利益的诉讼程序的艰难事实”相符的方式裁决 Gault 案。

然而，多尔森和瑞兹纳克并不满足于单纯依赖这种功能相似性的直接论述。他们增加了一个转折点，旨在解决程序上的正式性可能会破坏改造工作的反对观点。根据未成年人司法的传统概念，未成年人听证会和刑事审判在程序上的不同反映了未成年人法院改造性的目标和刑法的惩罚本性之间的显著不同。而多尔森和瑞兹纳克提出的单一功能相似性论点，即未成年人法院程序的正式性同时也是改造未成年人所必需的，他们就未成年人诉讼程序和惩罚之间的相关性提出了异议。多尔森和瑞兹纳克提出的这种主张是为了说明刑事司法系统本身越来越与矫正改造相关，而且这种目的转变发生在不减少刑事被告享有的正当程序保障的情况下。他们辩称，这种发展清楚地表明，刑事正当程序并非与改造互不相容，多尔森在口头辩论中尤其强调了这一点。

辩方意见书的第二个阶段为其具体的程序主张提供了法律理由。这一阶段的主要策略是选择最可能支持这些主张的选择性合并理论。多尔森和瑞兹纳克认为，正如在 20 世纪 60 年代的很多刑事程序裁决那样，最高法院对于联邦审查州级刑事诉讼的原则问题在 Gault 案中可能会有分歧。一些因素导致多尔森和瑞兹纳克放弃了管辖声明对于基本公平的依赖，转而采纳了选择性合并路径。所谓选择性合并理论，是指承认未成年人诉讼和刑事诉讼具有某些相似，但却并非完全相同。基本公平理论在亚利桑那州最高法院适用时并没有产生预期的结果，主要是因为强调程序主张的背景导致过度遵从未成年人诉讼的传统特征，而多尔森和瑞兹纳克在意见书的第一部分已经拒绝了这些传统特征。另一方面，完全合并要求证明未成年人诉讼与刑事诉讼几乎相同，而且完全合并没有为获得诉讼记录和上诉重审等主张提供支持。而选择性合并则具有双重优势，既不要求否认未成年人诉讼和刑事诉讼的所有区别，也不自动排除《权利法案》没有明确支持的程序主张。也许最重要的是，多尔森相信至少有 4 位法官对选择性合并的论点有所共鸣。

美国公民自由联盟案件中的选择性合并策略在支持其具体程序要求的论据中显而易见。多尔森和瑞兹纳克写道："当个人自由处于危险之中，正当程序的第一要素是他应该被明确告知他所面临的指控的性质，以便他为辩护做准备。"意见书继续写到，在未成年人诉讼中，这样的告知应该说明起诉书中具体的不当行为、不当行为违反的法规或法律规则、起诉书获得支持的后果。为了有效实现其目的，告知还必须加上"为准备和提出指控"必要的"事实评估"所需要的"合理时间"。因为亚利桑那州《未成年人法典》没有要求这些步骤，格兰德的父母被剥夺了作出最有利于其儿子诉讼的明智决定的机会。

对质和交叉询问证人的机会以及反对自证其罪的特权，构成了在未成年人诉讼中至关重要的正当程序的另外两项要素。多尔森和瑞兹纳克将对质和交叉询问的权利描述为"英美法律对实现可靠的事实调查程序最重要和持久的贡献之一"。因为最高法院已经将这项要求施加于其他非刑事裁决程序中，格兰德违法行为听证会中这些权利的缺失严重违反了正当程序，即使这些听证会在性质上被定性为民事的。再一次与选择性合并的路径相符，多尔森和瑞兹纳克认为对质和交叉询问的必要性应当由个人受到政府行为的伤害来决定。

意见书在自证其罪方面运用了相似的推理：“决定特权的可适用性的相关考虑不是诉讼的性质，而是证人通过作证或陈述是否会使自己入罪”。因为格兰德对未成年人法院法官所做的陈述似乎对于他最终被监禁到亚利桑那工业学校具有决定性作用，美国公民自由联盟敦促最高法院认定，“如果一个州允许在未成年人诉讼中出现自证其罪的风险，则它必须为未成年人提供这种特权”。

自证其罪特权，显然是多尔森和瑞兹纳克在本案辩护意见中更为困难的策略性问题。在建议未成年人应当被警告不要作出自证其罪的陈述时，他们质疑了传统未成年人法学认定的一项核心原则，即承认所做的错事是改造过程中不可缺少的要素。多尔森和瑞兹纳克对于正当程序和改造之间存在潜在矛盾的回应，是他们案件能够取得成功的关键因素。他们认为，“在法院决定适当处罚违法的未成年人时，个别化对待的余地很大。然而，未成年人法院的裁决过程不能作为被告人强迫自证其罪的手段”。

反对自证其罪的这一论点的重要性是它将未成年人过程概念化为几个不同元素的组合，而不是19世纪理想所提倡的有机整体。这一观点显然并非完全是多尔森和瑞兹纳克原创，事实上它在1962年《纽约家事法院法》中就已经出现了，但是美国公民自由联盟却能够用它来将未成年人法院的裁决程序与未成年人诉讼的以改造为导向的处罚阶段区分开来，并且能够将最高法院的注意力集中于事实发现过程的整体性。一旦最高法院接受了裁决与改造无关的观点，那么它就能够将正当程序的宪法要求施加于未成年人诉讼的某个阶段，同时宣布继续遵循未成年人司法的传统改造条款。

未成年人诉讼中正当程序当然少不了获得律师帮助的权利这一要素。在未成年人诉讼中，坚持获得律师协助的权利是意见书中极其重要的一部分，因为可能如果没有它，“未成年人法院的所有其他程序和此类诉讼中给予的所有其他权利都是没有根据的，也不能有效执行”。多尔森和瑞兹纳克明确提出，未成年人诉讼受最高法院早先裁决约束，即“在刑事诉讼中获得律师协助的权利是第十四修正案中正当程序条款至关重要的一部分”，而且“聘请律师的权利和任命律师的权利没有宪法上的区别”。这一论点在将未成年人诉讼和刑事诉讼等同起来时是非常有用的，美国公民自由联盟通过主张“未成年人可能在裁决程序中被剥夺自由，在这一程序中律师的协助对他来说是不可缺少的，这一事实要求适用 Powell 和 Gideon 原则”[1]。

这一论点将未成年人诉讼的宪法性缺陷与最高法院在先前严重刑事犯罪案件中发现的缺陷联系起来。比如 1932 年 Powell 案的判决，通过将公平审判和获得律师协助的权利扩展到州级死刑犯的诉讼，最高法院开始了对《权利法案》的国家化。当然在 Gideon 案中，沃伦法庭通过将获得律师协助的权利扩展到所有州级重罪控诉，进一步推进了 Powell 条款。然而，为了避免使该条款过于极端，这两位律师建议，获得律师协助的权利应当与遵循政府监护理想的正当程序的基本公正性评估相一致。他们坚称未成年人法院的法官只是过于缺乏经验和缺少必要的法律训练，以至于不能像律师那样熟练地保护未成年人的利益。

与这四项程序性要素的主张相比，因为采用选择性合并理论路径，后者并没有为上诉和获取诉讼记录的主张提供较多的支持。多尔森和瑞兹纳克因此提出了更符合基本公正条款的正当程序特征的情境驱动方法的论点。他们承认第十四修正案没有明确要求州法院赋予对未成年人法院裁判进行上诉的权利。然而，他们坚称在允许广泛的司法裁量的情况下，上诉权是非常重要的。未成年人诉讼中缺少上诉权违反了美国法律的一个重要理想，即享有救济的权利。他们同时为获得诉讼记录的权利提供

① Powell v. Alabama，287 U. S. 45(1932). 该案确认了在州死刑案件中获得律师帮助的权利。Gideon v. Wainwright，372 U. S. 335(1963). 该案确立了州重罪程序中法院指定律师的权利。

了一个稍微强势的主张，认为对未成年人法院的裁决无论是通过上诉还是人身保护令寻求重新审查，记录都是不可或缺的。多尔森和瑞兹纳克建议："正当程序最基本的概念要求制作未成年人法院诉讼的记录，以便为合适的重审模式提供充分的基础。"

多尔森和瑞兹纳克在意见书中通过各种法律之外的材料支持他们的主张，大多数对于创建功能相似性观点是有必要的，包括法律评论文章、社会科学材料、历史研究，以及来自健康部门、教育部门、福利部门和美国民权委员会的报告。例如，获得律师协助的权利部分引用了一篇查尔斯·辛尼特斯基（Charles Schinitsky）关于《纽约家事法院法》下律师角色的文章。[①] 辛尼特斯基的文章对于反驳律师会导致未成年人听证会过于尊重法律而削弱改造成果的观点很有价值。他们还频繁地引用乔治城大学法学院宪法教授切斯特·安铁奥（Chester Antieau），时任哥伦比亚大学法学院未成年人法、刑法和刑事诉讼法教授姆兰德·保尔森（Monrad Paulsen）和时任华盛顿特区未成年人法院法官奥尔曼·凯切姆（Orman Ketcham）等人的文章，以及国家缓刑和假释协会的研究也频繁地被引用。

（二）上诉方法庭之友的观点

美国公民自由联盟的意见书提出了选择性合并的改进理论，平衡了其中最重要的正当程序主张与维持未成年人诉讼和刑事诉讼之间不同的必要性。美国公民自由联盟希望取得这种平衡的决心很明显，因为它决定不以平等保护为由挑战亚利桑那州法典。多尔森和瑞兹纳克本可以依靠这样的逻辑，即未成年人诉讼和刑事诉讼之间的功能相似性主张早已适用于国家刑事诉讼，而在未成年人听证会中却缺失正当程序标准，从而剥夺了法律对未成年人的平等保护这一主张，强调仅仅是因为年龄原因，

---

① 查尔斯·辛尼特斯基于 1961 年创立了法律援助协会儿童权利分会，并担任该分会主管律师长达 19 年。他被称为儿童法律权利的冠军。他帮助儿童获得权利，致力于纽约未成年人法院体系的改革，并使之成为全国未成年人法院的模板。

导致未成年人未能获得正当程序保护。但是这一主张有两个内在的问题：(1)它会挑战单独的未成年人诉讼程序的合宪性；(2)它将迫使最高法院考虑在平等保护条款下年龄是不是嫌疑的分类标准。因此，平等保护的主张会使问题复杂化，并且可能过于激进，使得最高法院不敢支持美国公民自由联盟的任何主张。

多尔森和瑞兹纳克在他们的观点深入程度方面可能也感受到了一些限制，但对一些作为法院之友代表自身参加诉讼的组织来说情况却并非如此。1966 年 6 月 30 日，多尔森和乌尔夫会见了格特鲁德·缅泽尔、查尔斯·阿勒斯(Charles Ares，当时是亚利桑那州大学法学院院长)以及国家法律援助和辩护协会(NLADA)的里昂·保尔斯基(Leon Polsky)，一起讨论法庭之友对本案的参与。国家法律援助和辩护协会最终是提交非当事人意见陈述以支持美国公民自由联盟的立场的三大组织之一。其他还有代表自身的纽约法律援助协会(NYLAS)和纽约市儿童公民委员会(CCNY)，以及现在已经不存在的美国家长委员会。这些机构之间几乎没有策略的协调，不论是美国公民自由联盟和法庭之友之间，还是法庭之友的参与者之间，都没有。比如，虽然关注点与国家法律援助和辩护协会很相似，但法律援助协会的南纳特·戴姆比兹(Nanette Dembitz)依然决定代表其组织提交一份单独的意见陈述。

除了这些私人组织之外，美国公民自由联盟还寻求联邦政府的支持。1966 年 7 月，多尔森写信给副总检察长瑟古德·马歇尔(Thurgood Marshall)和总检察长尼古拉斯·凯岑巴赫(Nicholas Katzenbach)，请求政府代表格兰德·高尔特以朋友的身份参与本案。副总检察长经常被称为最高法院的“第十个法官”，有责任在任何案件中在最高法院面前代表联邦政府的利益。因此，副总检察长相比于其他主体享有一定的优势。例如，在宪法案件中，只有副总检察长有权自动通过书面和口头意见方式作为法庭之友参与案件。无论是由于诉讼经验和专长，还是法官出于对官员的尊重，大约在 70%的案件中，最高法院都采纳了副总检察长的立场。因此，副总检察长的支持和参与有时候是起决定性作用的，就像有色人种协进会在其反对种族隔离的宪法斗争中一样。然而，马歇尔和凯岑巴赫都不认为联邦政府对未成年人司法的兴趣已经足够重要到接受参与Gault 案的邀请。

在 6 月 30 日潜在的法庭之友参与者会面之后，国家法律援助和辩护协会里昂·保尔斯基写信给该协会的辩护部门主任米歇尔·盖绨（Michael Getty），以表达他对于美国公民自由联盟的论点挖掘得不够深入的担忧。他建议国家法律援助和辩护协会提交一份非当事人意见陈述，主张“整套刑事诉讼应当附带未成年人诉讼，如果其他犯罪行为是未成年人法院诉讼程序的基础，则证据标准应为刑事诉讼的标准”。他告知盖绨，最高法院不会看好“我也是”这样附和的法庭之友意见陈述，并且建议国家法律援助和辩护协会的意见陈述应该涵盖属于自身专长的事项。然而，国家法律援助和辩护协会最终提交的意见陈述只有一个属于该协会专业领域的很小的关注点，即代理贫困未成年人的条文。该协会在意见陈述中提出，“当前问题的结果会直接影响到这种代理，即代理贫困未成年人的持续有效性及其增长和活力”。因此，国家法律援助和辩护协会敦促最高法院授予未成年人一般的获得律师协助的权利和获得国家付费的法院指定律师帮助的权利。为此，该协会建议最高法院接受 1966 年辩护标准委员会的建议，即自由权利受到威胁的贫困未成年人一旦被逮捕或被拘留，就应当被告知国家会为其提供有能力的律师来帮助他们。国家法律援助和辩护协会认为，“这一结论反映了未成年人诉讼中，法律界对保护儿童权利的关注日益增加”。

国家法律援助和辩护协会提出这一主张的依据是，“在任何个人自由受到威胁的诉讼中，获得律师帮助权是第六修正案和第十四修正案中正当程序条款的基本要求，不论法院判决如何”。该协会还主张 Gideon v. Wainwright 案的判决，即贫困未成年人“在所有重罪案件中有权获得法院指定的律师协助”，应当被扩展到自由受到威胁的所有诉讼程序中。它引用了对 18 个州、哥伦比亚特区和波多黎各的成员办公室的调查结果以及另一项研究，表明采用这些标准不会显著改变大多数州现有的实践情况。根据国家法律援助和辩护协会自身的调研，在其办事处处理未成年人案件的每一个司法辖区，未成年人的父母都被告知其子女所面临的指控。而且，这些辖区中 78%的地区，未成年人被建议行使获得律师协助的权利；这些辖区中 70%的地区，未成年人收到了免于自证其罪特权的提示。但讽刺的是，这项调查是一把“双刃剑”。一方面，它可以用来缓和最高法院被要求做的事的新颖性；另一方面，依靠这些数据主张最高法院仅仅是将现有的州内实践合宪化，会潜在地削弱美国公民自由联盟的宪法案件。因为美国公民自由联盟的宪法案件是基于这样一种假设，即亚利桑那州的《未成年人法院法》所允许的武断做法和令人震惊的结果经常发生在其他州的未成年人法院。

尽管国家法律援助和辩护协会强烈支持获得律师协助的权利，但它谨慎地避免指定律师在未成年人诉讼中发挥的确切作用。在该协会副主任的备忘录中，一位研究助理指出：“任何建议的变更都应该承认法院固有的价值和律师关心的程序正义。”备忘录继续写到，极端对立的诉讼对于未成年人法院矫正式目标的影响仍然是一个不确定的问题，需要通过社会心理学的经验来确定。该协会在这方面的谨慎可能反映其受到了全国未成年人法院法官委员会的影响。法官委员会与国家法律援助和辩护协会位于同一幢办公楼，可前者错过了提交一份非当事人意见陈述以支持美国公民自由联盟的机会。国家法律援助和辩护协会建议最高法院在制定律师参与未成年人听证会的准则之前，等待一份关于律师在未成年人法院中的角色的调研结果，这份调研当时正由法官委员会执行。

与国家法律援助和辩护协会一样，纽约法律援助协会集中关注了代理未成年人的必要性。该协会曾经是 1962 年《纽约家事法院法》通过后纽约州唯一一个为贫困未成年人及其父母提供律师协助的组织。在此前的 12 个月内，纽约法律援助协会的律师代理了家事法院处理的 80%的未成年人案件。然而，该协会对于未成年人根据《纽约家事法院法》享有的获得律师协助的法定权利和正当程序的其他部分并不满意。它参与 Gault 案的诉讼是为了创立“未成年人法院中作为宪法权利的公正程序的要求”。该协会主张与违法或其他不当行为有关的未成年人诉讼，因为有自由受到限制的风险，“在实质上与刑事起诉如此相似，以至于被指控犯罪的成年人享有的正义的根本保障，在未成年人诉讼中也应当得到遵守”。纽约法律援助协会敦促最高法院，应当抛弃对违法行为的裁决“只是创立法院对儿童的权威；未成年人的监禁只是基于儿童的需要而不是他们的违法行为；其目的是矫正未成年人”这样的一种观点，而应当承认对违法行为的裁决具有惩罚性的一面。

在某种意义上，纽约法律援助协会的意见陈述并没有给美国公民自由联盟的具体程序主张增加新的论点支持，除了有关反对自证其罪和获得律师帮助权的相关评论。纽约法律援助协会主张，律师有必要在未成年人违法诉讼中发挥其在对抗式听证会中的传统作用；也就是说，“通过询问和交叉询问证人，促进准确的事实发现和促进法律问题”。这种作用在未成年人违法听证会中尤其重要，因为这种案件中的事实通常是不明确的。纽约法律援助协会认为，律师在未成年人违法程序的处罚部分也很重要。对缓刑和精神病报告提出质疑，呈现未成年人的其他背景信息，建议可替代的其他处罚，在这些方面律师均有所作为。该协会最后指出，大多数未成年人的贫困状态使得获得指定律师协助的权利至关重要。

纽约法律援助协会的意见陈述中，最具创造性的部分是关于对违法行为的处罚和定义。尽管 Gault 案的其他参与者不愿意建议对未成年人诉讼的处罚阶段规范化，但纽约法律援助协会却支持处罚听证的宪法权利。它认为这样的听证会将使得格兰德及其父母有机会“反驳或解释任何法官考虑的不利的事实，力争抵消其监禁的事实和理由。正当程序保证听证会在决定是否使未成年人脱离父母监护并将其监禁在某个政府机构时避免任意和虚假的猜测。”纽约法律援助协会解释了处罚听证很有必要的三个理由：(1)法官拥有巨大的确立处罚的裁量权；(2)“对于未成年人，他的人际关系和他的环境的评估是未成年人诉讼的核心”，处罚听证会能够保证这些评估服务于矫正的目标；(3)不像刑事诉讼中只有被告的自由受影响，对未成年人的处罚还影响“父母享有的对于未成年人发展和监护的合法利益”。因此，虽然美国公民自由联盟试图通过区分裁决和处置来缓和其论点的隐含含义，但纽约法律援助协会仍然强调对未成年人处置的规范化。

纽约法律援助协会同时对违法行为的定义提出了自己的主张，要求最高法院在亚利桑那州对违法行为的定义中去掉“不道德或不健康的行为”。该协会认为这一规定的模糊性违反了宪法，它给予了未成年人法院的法官“广泛而不受拘束的权力强加其主观标准，有权根据个人价值和对法规的个人理解监禁未成年人”。尽管这个新的定义此前已经在纽约被推行，但还是打击了关于未成年人法院干预的传统观点。它还将最高法院的注意力集中到了有关格兰德听证会结果的可能的根本原因上，即不受限制的司法裁量权会强加大量的处罚。

第三个参与 Gault 案的法庭之友是美国家长委员会(APC)。它相信“重新审查标准和诉讼会帮助而不是削弱未成年人法院的公共角色”。按照该委员会的观点，Gault 案提出的问题是一个“与刑法平行但又有区别”的社会控制系统是否能够“脱离适用于刑法的传统形式和保障”而存在。不出所料，家长委员会对这个问题作出了否定回答，并得出结论认为，只有在未成年人法庭中引入一套对抗的司法系统才能维持社会和个人利益之间恰当的平衡，并提供保护以防止“裁量权的不公和滥用”。对抗式诉讼的缺乏已经将政府监护条款转化为压迫工具。家长委员会相信，更好的程序和更为训练有素的人员将会“使未成年人法院在保护未成年人和社会方面发挥更有效的作用”。

美国公民自由联盟及其盟友提出的反对政府监护的 Gault 案是基于对未成年人违法诉讼的性质更为真实的理解。根据这种理解，这些诉讼和刑事审判之间并没有操作上的差异，目标都是剥夺个人自由。未成年人司法系统未能改造其监护下的个人，这说明两套诉讼程序在功能上是相似的。对未成年人法院免于正当程序的宪法标准的最初理由不能再被维持。

(三)被上诉方亚利桑那州的意见陈述

亚利桑那州将为其未成年人法典辩护的任务分配给了弗兰克·帕克斯(Frank A. Parks),一位30岁的乔治华盛顿大学法学院的毕业生,在州检察长的办公室工作。帕克斯出生于新泽西州,1964年获得法学学位,1965年成为律师,这使得他成为办公室中经验最少的律师之一。帕克斯与俄亥俄州未成年人法院法官协会的律师麦莉特·格林(Merrit W. Green)一起参加口头辩论,格林是一位有着丰富的审判和上诉经验的律师。协助格林写意见陈述的是邓·杨(Don J. Young),一位曾就职于未成年人法院的联邦地区法院的法官。杨曾经是全国未成年人法院法官上诉法律委员会的主席,他打算保留19世纪未成年人司法的哲学基础。与美国公民自由联盟和它的盟友们提出的立场相反,亚利桑那州法院及其支持者提出的反对将第十四修正案中正当程序条款直接适用于未成年人诉讼的观点,完全依赖于邓·杨所追寻的原则。

亚利桑那州的意见陈述有两个目标:(1)它力图确定州《未成年人法典》的哲学基础,使得未成年人违法听证会被定性为非刑事诉讼是正当的,非刑事诉讼只适用正当程序的基本公正标准。亚利桑那州因此承认"未成年人法院诉讼中的儿童有权享有法律的正当程序",但也主张"必要的问题是在这样的诉讼中,什么构成了正当程序?"亚利桑那州主张确定这一问题的适当标准是基本公正,因为这一标准考虑到了"诉讼的本质",并且避免"以对抗的方式处理未成年人诉讼"。基本公正放在政府监护的独特背景下理解,是指未成年人法院应当保护年幼的儿童并为他们提供法律的正当程序。(2)说服最高法院相信格兰德的听证会已经符合基本公正的标准。

亚利桑那州的论点清楚地聚焦于在两种不同版本的未成年人司法之间选择的必要性上。州法院对它所倡导的版本毫无疑问,因此其答辩意见主要集中在将未成年人法院描述为保护未成年人,在其行为将使他们涉入刑事系统时免受刑罚的侮辱。未成年人法庭"在社会法律基础上运作，其目的是治疗和预防，而不是报复和惩罚”。这种作用与刑事诉讼的对抗性氛围不相容，因为后者要求未成年人诉讼以“健全和有目的的”政府监护为基础。在其答辩意见中，亚利桑那州力劝最高法院承认州立法机关一项广为认可的权力，即“指明儿童所做的行为不应是一项犯罪或可处罚的行为”，并创建专门的法院来应对这些行为。因为未成年人法院对儿童福利的关注相当显著，“第十四修正案所体现的基本公正概念在未成年人法院得到满足，即使对于刑事法学的宪法保障在未成年人法院并不适用”。换句话说，对于亚利桑那州而言，未成年人法院诉讼的背景和目标允许偏离刑事法院的程序规则。

亚利桑那州的意见书同时反驳了美国公民自由联盟提出的格兰德的听证会程序违反了六项正当程序的主张。州法院认为，美国公民自由联盟的主张体现了对于未成年人诉讼的重大误解。答辩意见对此指出，格兰德的第一场听证会处理了未成年人法院的管辖问题和起诉状主张的事实。管辖问题没有什么困难，由于格兰德仍然因之前的违法行为而处于缓刑期，因此早已处于该法院的管辖之下。同样，格兰德承认起诉状所主张的事实意味着没有必要询问证人或安排一场更加正式的裁决听证会。不过亚利桑那州承认，如果格兰德否认了指控的事实，那么他和他的父母都有权享有“合理的时间为随后全面的裁决听证会准备辩护”。

在亚利桑那州看来，格兰德听证会的这些方面已经充分回答了美国公民自由联盟的通知和对抗主张，尚余留律师帮助、反对自证其罪、上诉和诉讼记录问题。因为多尔森和瑞兹纳克没有真正强调后两个主张，所以在他们提交的辩论意见中以相当敷衍的方式处理了这两个问题。帕克斯驳回了要求上诉审查的诉求，因为辩方可以通过人身保护令申请重新审查以及基于上诉法院主张的事实，即“重新审查的权利并不是正当程序所必要的，只是一种恩惠”。亚利桑那州法院进一步主张，保持未成年人听证会的隐秘性意味着将记录问题留给未成年人法院法官在个案中裁量，既是良法，也是健全的政策。

显然，获得律师帮助权和反对自证其罪的主张要求一个更加复杂化的回应。亚利桑那州最好的办法就是依靠19世纪的未成年人法院版本，但最高法院早已对该版本的未成年人法院持怀疑态度。亚利桑那州方认为，裁决这些诉求首先要考虑的应当是创造一种非对抗性的氛围的重要性。在这种氛围之下，政府能够恰当地履行其政府监护职能。州政府认为，严格遵循对抗系统"将会削弱解决未成年人问题的非正式方法"。它坚称"保护儿童免于传统刑事法院程序、氛围及其伴随的哲理仍然是未成年人法学可采用的方法"。州法院拒绝承认美国公民自由联盟对于未成年人诉讼的定性或与最高法院关于刑事正当程序的裁决有关的诉讼的相关性。亚利桑那州方继而总结道，武断地将获得律师帮助权和反对自证其罪的特权适用于未成年人诉讼，可能会摧毁未成年人法院，从而将未成年人法院转变为初级刑事法院。

州一方在其辩论意见中得出结论，亚利桑那州法院对六项正当程序诉求的每一个裁决都符合非刑事、非对抗性的听证会对公正的要求。亚利桑那州同时强调，下级法院没有裁决认为未成年人法院能够完全免于程序标准或者未成年人法院法官可以行使无限制的裁量权。相反，裁决认为，这些标准的基本要求不能通过将权利法案直接适用于未成年人法院来决定，正如华盛顿特区巡回上诉法院在 Pee v. United States 案中裁决的那样。根据亚利桑那州一方的观点，这种途径才能最好地平衡对程序规范的渴望和对矫正的灵活性的需要。

(四)被上诉方法庭之友的意见陈述

俄亥俄州未成年人法院法官协会作为亚利桑那州方的法庭之友，不仅在技术层面，而且在字面意义上作为传统未成年人法院程序和实践的捍卫者，参与了该案件。该协会将亚利桑那州的论点主题推进了一步，并公然否认了对未成年人诉讼进行正当程序审查的任何基础。该协会认为，"未成年人法院并没有像关心儿童为什么这样做，以及如何帮助他们避免惹上更严重的麻烦那样关心儿童做了什么"。法官们认为吉拉县未成年人法院的行为应当被视为一种判断，即如果没有法院介入格兰德参与淫秽电话这件事，那么会有更严重的麻烦随之而来。提出这样的论点，实际上是法官们确信“未成年人的基本权利不是自由，而是监护权”。城市化对于社会中大量增长的儿童的压力和对公民自由的兴趣高涨，都没有改变童年的基本特征。法官们在他们的辩论意见中用了很多笔墨来反对他们认为美国公民自由联盟主张中更具破坏性的方面。他们认为，美国公民自由联盟“宁愿通过暗示也不愿用诚实的力量”来抨击未成年人诉讼处罚阶段的司法裁量。他们也认为，在具体的违法行为和未成年人法院处罚之间创立某种联系，将会剥夺为未成年人提供最佳矫正前景的处置待遇。剥夺未成年人的这些待遇将会使他们遭受“与未成年人案件中的处罚和儿童具体不法行为相关的立法所规定的可怕结果”。

该协会坚称，对于裁决和处罚程序的正式化将会摧毁未成年人法院“以儿童最大利益采取行动的灵活和自由”。法官们认为，“因为儿童不是成年人”，他们的问题要求不同于对待成年人的处理方式。程序的非正式性和处罚的灵活性对于个别化司法的概念是十分必要的。将刑事诉讼中用来保护成年被告人的宪法保障一揽子适用于未成年人诉讼，背离了未成年人法院行为的民事和公正性质，将使得未成年人法院的法律无效。

根据俄亥俄州法官的观点，传统未成年人司法原则已经被非常明确地表达，并且也不可能有更为准确的表达了。即使在最低的基本公正标准下，程序的非正式性和灵活的处罚标准也完全免于正当程序审查。法官们认为，适用这些程序和标准的偶然错误不应“消灭或修改”未成年人法院法规。

由于当时社会对传统未成年人法学的批评日益增长，以及案件正处于大法官沃伦法庭对正当程序条款扩张适用的过程中，所以亚利桑那州法院或俄亥俄州法官们期望仅仅重述前几个世纪发展起来的观点以取得本案的胜诉，显然不太现实。美国公民自由联盟的意见陈述已经极具说服力地说明，亚利桑那州法院的程序依赖于一个并不与现实相符的未成年人法院版本，而亚利桑那州法院和俄亥俄州法官都没有能够提供充分证据来反驳这一政府监护条款反对者的关键性主张。因此，当诺曼·多尔森和弗兰克·帕克斯于1966年12月6日在最高法院律师席上采取他们这样的立场时，实际的结果几乎大势已定。对他们两位而言，这都是第一次在美国最高法院辩论案件。随着为口头辩论做准备，多尔森和帕克斯已经毫无疑问地意识到，案件不再是真正关于格兰德·高尔特的"淫秽电话"或他是否应该被监禁，而是关于国内每一项未成年人法院法规的宪法地位的调查。福塔斯大法官快速打断帕克斯对于传统未成年人法院哲学的引用发言，已然使得这种趋势变得更加明显。

四、美国最高法院裁决

1967年5月15日，在口头辩论了5个多月后，最高法院作出裁决，同意将未成年人诉讼置于第十四修正案正当程序条款的保护伞下。最高法院认为，在这个程序（指未成年人程序）中，必须给未成年人及其父母或监护人提供充分的书面通知，告知他们会碰到的具体问题。必须在尽可能早的时间，以及在任何情况下，让他们在听审前有足够的时间准备。未成年人及其父母必须被告知他们享有律师帮助的权利，如果他们没有钱聘请律师，那么必须为他们指定律师。本案中，高尔特夫人说她在人身保护令程序中被告知可以聘请律师，但她并没有有意地放弃所有权利。未成年人对案件的承认并不能在没有清楚地证据表明他的供认是在他明知自己没有义务这么说的情况下而作出的，那么这些供认不能用来对他的保持沉默加以惩罚。未成年被告人应当享有对证人对质和交叉询问的权利。[①]

Gault案的多数意见来自最高法院7位大法官，福塔斯大法官撰写了多数人意见，而大法官波特·斯图瓦特（Potter Stewart）则对多数人意见持强烈反对态度，另一位大法官约翰·哈兰，对多数人意见部分同意、部分反对。如果说最高法院对本案提出的诉求持有天生的同情，似乎也不

---

① Gault v. United State，387 U. S. 31－57.

夸张。主审法官是沃伦大法官，他对 Gault 案产生了相当大的影响，合议庭成员在庭审中大约有 70％的时间都受到了他的影响。只有哈兰大法官，他是唯一的少于 60％的时间，即 52.2％的时间同意沃伦大法官的一位。最高法院的其他成员包括沃伦法庭所谓的核心成员，也包括裁决 Brown v. Board of Education 案的 4 位大法官，即沃伦、道格拉斯、克拉克和布莱克大法官。就刑事正当程序问题而言，这是一个支持被告人权利的法庭。如果说 1961 年的 Mapp v. Ohio 案标志着沃伦法庭正当程序改革的开始，那么其中 7 位大法官，即沃伦、道格拉斯、克拉克、布莱克、布伦南、哈兰和斯图瓦特大法官从一开始就是改革的一部分。所以说，沃伦大法官虽然主持的是一个相当有经验的法庭，大法官们平均任职时间大约为 15 年，任职时间最长的是布莱克大法官，长达 30 年，而福塔斯大法官则任职时间最短，当时任职只有 2 年；并且大法官们党派任命平均，民主党任命的有 5 位，而共和党任命的是 4 位，但仍然获得了绝大多数的同意。这说明，尽管存在一些差异，但大法官们在关键问题上还是达成了共识。

与 Kent 案一样，Gault 案的多数意见来自最高法院最年轻的成员——阿贝・福塔斯大法官。再一次地，福塔斯先前对于刑事程序问题的观点以及他作为最高法院的未成年人司法专家的身份对案件结果起到了决定性的作用。他本人也在自传中写道，该案判决“最能说明福塔斯的个人评判方法以及他对社会遗留者的认同”。他在 Gault 案中的决定获得了呼格・布莱克和拜伦・怀特(Byron White)大法官的支持。

福塔斯大法官认为，Gault 案的判决尽管将正当程序的权利扩展到了未成年人刑事诉讼，但是限于当时的情境以及判决的艺术，该案的判决还是留有一些余地。福塔斯大法官提出对未成年人诉讼需要进行重新审查，即第十四修正案和权利法案都与确定儿童在未成年人诉讼中可获得的程序权利相关，但他并不想留下志在转变儿童与国家之间“关系的整体性”的印象。这种谨慎的想法产生了一个相对狭隘的裁决，福塔斯大法官限制性地将他的决定适用于未成年人违法听证会，而将依靠与忽视程序排除在外。而且,这一决定不适用于未成年人违法听证会的预审或处罚阶段,或者未成年人的自由不受威胁的诉讼。因此福塔斯大法官将权利法案纳入未成年人诉讼程序是选择性的,无论是在具体条款还是在适用的程序方面。

像美国公民自由联盟那样,福塔斯大法官在他的观点中承担了两项主要任务。首先是通过质疑未成年人违法听证会与刑事审判之间的区别的历史基础,创建权利法案与本案所争议问题的关联性。福塔斯大法官认为政府监护是一项"模糊"的条文,因此其历史资质与确定未成年人法院应该满足的程序标准的相关性存在疑问。其次,他主张未成年人法院对非正式性程序的试验,并没有在未成年人的改造方面取得实质性改善。相反,有关非正式性试验仅仅"说明不受限制的自由裁量权,无论有多么仁慈的动机,都不能替代原则和程序"。福塔斯大法官指出,"缺乏严格的程序标准"并不必然意味着未成年人能够获得细心、富有同情心和个别化的待遇;缺乏以宪法原则为基础的程序规则并不总会产生公平、高效、有效的程序;偏离正当程序的既定原则经常不会导致开明的程序,反而容易导致肆意武断。

福塔斯大法官为程序的非正式性未能产生"细心、富有同情心和个别化的待遇"提供了两种解释:一是不能准确地发现事实,这导致确定适当的改造措施很困难;二是任意武断的诉讼助长了未成年人法院的"客户"对未成年人法院缺乏信任,这导致未成年人对法院的改造干预无动于衷。福塔斯大法官认为,与宪法正当程序原则相符的诉讼将会解决这两个问题。一方面,正当程序会将"生活和诉讼程序中的对抗性所呈现出来的重要事实和矛盾杂乱的数据分离开来",从而确认"真相会从相反版本和矛盾数据的对质中浮现出来"。福塔斯大法官暗示这个过程会提高诉讼程序对未成年人问题发现的准确性。另一方面,作为"个人自由的首要和不可或缺的基础"以及"社会契约中定义了个人权利并限制政府权力的关键因素",正当程序使得政府合法地介入个人生活。福塔斯大法官认为,正当程序的适用将会提升诉讼程序和整个司法系统的信任,并使未成年人更适合改造。

福塔斯大法官同时批判了未成年人违法听证会干预了未成年人的自由利益。他认为，违法裁决导致未成年人被机构监禁这一事实，是传统未成年人法院实践的关键弊端。对未成年人实施监禁的可能性要求"正当程序隐含的谨慎行事，不管监禁的目的如何，或者未成年人机构的名义如何"。而本案中，对被告人格兰德违法行为的法定处罚和他被监禁的时长之间的差异，充分说明正当程序在未成年人诉讼程序中的必要性。"国家对成年人和对未成年人的处理之间存在如此大的鸿沟，要求一座比单纯的言辞更坚固的桥梁，一个比陈词滥调更有说服力的理由"。福塔斯大法官宣称，未成年人违法听证会因此必须"符合正当程序和公正对待的要素"。

福塔斯大法官总结道，以宪法正当程序原则为基础的诉讼程序能够改善未成年人法院这些最薄弱的方面。更重要的是，他认为这种改变在不削弱未成年人法院的成功和有价值的创新的情况下就能完成。他认为，"遵守正当程序标准并不会强迫州法院放弃或重置未成年人程序的实质利益"。他表示相信，"其支持者声称具有独特利益的未成年人制度的特点不会因为宪法驯化而受到损害"。确实，福塔斯大法官发现了 1967 年总统执法和司法委员会报告中有关对其论点的支持。通过引用报告中司法通知的部分内容，他强调了正当程序对于未成年人系统独特特征的积极影响。同时，总结出在未成年人法院专家之间达成的令人惊讶的共识，即"就未成年人而言，正当程序的要素可能是更加令人印象深刻、更具有改造性的态度"。

在呈现未成年人程序正式化的法律理由和政策理由之后，福塔斯大法官进一步明确了未成年人诉讼正当程序的要素。他接受了亚利桑那州法院的观点，认为上诉审查和书面记录并不是宪法所要求的，主要是因为权利法案对此缄默。然而，他反对下级法院对获得通知权的主张，因为他认为这对未成年人诉讼的实质利益威胁并不大，并且长期以来已经被接受作为权利法案所保护的"有序自由方案"的组成部分。相反，福塔斯法官对获得律师协助的权利、对质和交叉询问、反对自证其罪的特权给予了更多的关注。

这些条款适用于未成年人法院，实际上是挑战了未成年人司法的核心前提，即未成年人违法听证会是非对抗的。而且，因为最高法院最近才裁决他们适用于州刑事诉讼，因此将他们适用于未成年人诉讼的意见当时还是不明确的。福塔斯大法官之所以确信这些权利应当至少被纳入未成年人诉讼的违法裁决阶段，是因为他认为未成年人拥有与国家不同的、单独的利益。他将违法裁决听证会概念化为国家和个人之间的对质，其中个人利益不能通过缓刑官或未成年人法院法官获得充分代表。他认为在很多情况下，未成年人违法听证会相当于重刑起诉。在这些情况下，未成年人获得律师帮助且法官通知未成年人有权获得指定和聘请的律师帮助是至关重要的。

福塔斯大法官在讨论免于自证其罪的特权时，将未成年人诉讼程序应当确立刑事正当程序原则推向了高潮，然而这一问题在最高法院的大法官们之间却引起了很大的争议。起初，主审大法官沃伦并不确定将这项权利延展到未成年人是否是一个好主意。最终，福塔斯大法官使沃伦大法官和其他大多数同事相信未成年人认罪具有天然的不可靠性，因此必须受免于自证其罪特权的限制。福塔斯大法官在他的意见中解释道，"这种特权的根源来源于宗教和政治原则的主流，因为它反映了个人认可国家的限制……坚持个人和国家的平等"。特权目的的观点直接来源于Miranda案的判决。在该案判决中，最高法院强调了这种特权使个人和国家之间关系平等的重要性。在将这种方法应用于未成年人诉讼中时，福塔斯模糊了未成年人和成年人之间的区别，至少在他们与国家的关系方面。反对自证其罪的特权对成年人和对未成年人起到同样的平等作用，不管未成年人诉讼的性质如何。根据福塔斯法官的观点，在涉及未成年人时，由于他们尚不成熟，因此这种特权的作用甚至更加重要。

因此，在将获得通知权、律师帮助权、对质和交叉询问、免于自证其罪的特权等扩展到未成年人诉讼的被告人时，福塔斯大法官也把最初将这些权利纳入州刑事诉讼的判决内含的原则导入未成年人诉讼中。在这些判决中，最高法院以这些权利与权利法案所确立的“对抗性”和“抗辩式”刑事司法系统之间的关系为基础，来决定每一项权利的重要性。与对抗式刑事诉讼紧密相关的这些原则的应用导致未成年人司法中的概念转变。权利法案之所以建立一种对抗性的、抗辩式的刑事司法系统，是为了运用法律规则限制政府惩罚个人的企图。最高法院通过对未成年人违法听证会设置对抗式诉讼中的一些程序困境，将这些程序制约适用于未成年人诉讼，从而将惩罚纳入未成年人法院的目标中。

该案的少数意见来自斯图瓦特和哈兰大法官。斯图瓦特明确反对以福塔斯为代表的多数意见，而哈兰则部分反对、部分赞同。这反映了他们对正当程序的基本公平标准是否遵循以及如何遵循的不同观点。斯图瓦特和哈兰大法官认为，Gault 案中至关重要的问题是亚利桑那州未成年人违法听证会是否充满了潜在的偏见，以至于违反了未成年人获得公平听证的基本权利。他们认为，基本公正标准允许他们无须质疑未成年人诉讼的非刑事性质，而“公平听证”的严格要求则来源于刑事诉讼。这两个标准对于未成年人诉讼的性质会产生完全不同的界定。

在斯图瓦特大法官看来，违法行为听证会仅仅是“非对抗式的诉讼”，根据民事或刑事程序的标准来分析它们都不恰当。他批评了多数人的裁决，即利用“一个模糊的亚利桑那州案件作为一种手段，对国内成千上万的未成年人法院施加限制，而这种限制是宪法适用于对抗式刑事审判的”。他认为这一做法“作为一个宪法问题完全不健全，作为一个司法政策问题并不明智”。尽管斯图瓦特大法官与大多数人一样对未成年人法庭的成就感到失望，但他认为弥补这种失败需要的不是依赖于第十四修正案下的正当程序审查。他也无奈地表示，“我既没有专门经验也没有专业知识来确定无疑地预测，在处理未成年人犯罪的严重问题方面取得进展的最大希望位于何方”。但是他与 19 世纪未成年人法院的创建者们一样，很确定答案不在于将儿童置于对抗式诉讼中。

哈兰大法官则同意多数人的意见，认为由于没有认真对待州法院关于未成年人诉讼的定性，从而错误地处理了未成年人正当程序的问题。然而与斯图瓦特大法官不同的是，哈兰大法官不认为违法行为诉讼完全超出了宪法审查范围。在他看来，多数人意见中的弱点，是基于刑事正当程序的基础来细化未成年人正当程序的标准。这样导致多数人意见给人留下了是在质疑“设立此类法院的智慧”的印象。在关于如何确立基本公正路径的总结中，哈兰大法官认为最高法院应该“决定哪种形式的程序保护对于保证未成年人诉讼的基本公正是必要的，而不是将目前刑事审判中运用的具体程序原封不动地移植到这些专门法院的程序中”。也就是说，哈兰大法官认同多数人意见提出的未成年人程序要满足基本公正的标准，但是对如何构建基本公正的程序，他提出了与多数人意见不同的观点。

哈兰大法官认为，基本公正原则提供了决定正当程序的四项标准：国家面临的问题、国家在程序系统中的实际角色、受诉讼影响的利益以及特定案件的情况。这些标准应当被谨慎地适用，尤其是在未成年人诉讼中，其中“程序框架是基本立法系统的首要元素”。最高法院应该以维护未成年人法院法律的基本目的和维持未来宪法发展的灵活性作为指导。哈兰大法官认为，这些标准将会允许最高法院建立程序要求，既能保护未成年人，又能允许州政府“不受不必要阻碍地追求该领域内他们认为必要的目的”。哈兰大法官用很长的篇幅在单独意见中指出，未成年人应当受到获得及时通知、获得律师协助和获得书面记录等权利的保护。

Gault 案的事实和法律问题也获得了拜伦·怀特和呼格·布莱克大法官的单独赞同。怀特大法官，一位选择性合并的支持者，签署了同意意见，但在自证其罪问题上他并不同意多数人的决定。他认为只有在国家强迫犯罪嫌疑人认罪的时候该特权才会被违反，并且他发现在记录中没有证据表明 Gault 案中出现过这种问题。怀特大法官因此认为，Gault 案并不是决定认罪是改造过程中必要部分的恰当案例。

布莱克大法官也撰写了一份单独的同意意见，他强调斯图瓦特大法官正确地指出了多数人意见对国家未成年人法庭的独特见解造成了极为致命的打击。但是他并没有与斯图瓦特大法官那样对多数人意见提出反对，而是指出，如果不将权利法案中每一刑事程序条款完全合并到未成年人诉讼中，未成年人将会被剥夺平等保护和正当程序。

五、评价及对我国的启示

Gault 案是美国有关未成年人刑事诉讼又一个具有里程碑式的案件，它使得美国未成年人刑事诉讼程序向正当程序保护又迈出了一大步。Gault 案能够胜诉而其他案件败诉有很多原因，一方面是，美国学术界在此前二十多年来一直有批判未成年人法院非正式性程序的研究和评论。对未成年人法院程序改革的要求最终引起了深切关注被告人权利的最高法院的关注。Gault 案是一起有吸引力的案件，它向最高法院呈现了一种令人同情的事实情况。格兰德遭受的不公如此明显和过分，为改革未成年人法院实践提供了有力的理由。另一方面，美国公民自由联盟在案件的诉讼过程中发挥了非常积极的作用。通过保持对诉讼的完全控制，美国公民自由联盟完整而不含糊地阐述了格兰德的监禁令所反映出的法律问题。美国公民自由联盟相信未成年人诉讼应当与普通刑事审判一样，严格受到同样的程序保障约束，这一点在 Gault 案之后的其他案件中我们也都可以看到，美国公民自由联盟一直在推动这样的改革。

Gault 案也引发了一系列的宪法思考和挑战。在 Gault 案中，最高法院预期该案裁决的首要影响是未成年人法庭。在福塔斯大法官和形成多数意见的其他同事看来，Gault 案所阐释的原则注定会对其他法院和周围的管理机构产生积极的影响。当然，该案的裁决也会影响到州立法机关和未成年人法院改革运动，尽管多数人没有期望这些领域的任何影响会是消极的。另外，像很多重要的裁决那样，Gault 案提出的法律问题也如同它回答的问题一样多。因此，它也是对未成年人法院提出其他宪法要求和挑战的“催化剂”。

通过将权利法案适用于未成年人诉讼，Gault 案回答了很多 20 世纪

60年代早期提出的关于程序的宪法问题。但是该案的判决也留下了很多关于未成年人正当程序的尚未回答的具体问题，比如在未成年人违法裁决听证中，未成年人是否享有由陪审团审判的宪法权利？州政府指控犯罪是否必须证明到排除合理怀疑的程度？最高法院在Gault案中就陪审团问题上保持沉默是可以理解的，因为这一问题从未在下级法院提出过。另一方面，证明标准问题已经被亚利桑那州最高法院明确考虑过了，其已经裁决该州内的违法控诉必须证明至中间证明标准，即“明确而有说服力的证据(clear and convincing evidence)”。[①] 最高法院之所以对证明标准这个问题未做回答，是因为选择了不在美国公民自由联盟的意见陈述所设定的范围和内容之外冒险考虑这个问题。

Gault案中，最高法院解决的核心争议涉及未成年人诉讼的性质和儿童性质的问题。根据亚利桑那州支持的传统观点，儿童的地位使得他们拥有的任何权利都不是宪法和权利法案明确保护的权利。结果，尽管亚利桑那州承认未成年人诉讼受第十四修正案的正当程序条款管辖，但州法院认为这意味着儿童有权享有与非刑事性、非对抗性的未成年人诉讼相符的基本公正标准，未成年人诉讼中的宪法性权利并不受威胁。而另一方面，美国公民自由联盟从监禁对儿童独立的自由权利的影响，而不是其对儿童福利的贡献角度来认识监禁，得出未成年人诉讼与刑事诉讼在功能上相似的观点，认为未成年人诉讼正当程序应当通过权利法案的选择性合并来决定。出于策略考虑，美国公民自由联盟缓和了这一主张，但它的论点则认为未成年人应当享有普通刑事诉讼中被告人可享有的几乎所有的正当程序权利。完美的法律现实主义者阿贝·福塔斯大法官接受了美国公民自由联盟的论点，既因为这个论点事实上引人注目，也因为似乎有证据表明，将刑事程序选择性合并到未成年人违法裁决听证会中，并不会削弱这两种诉讼最重要也是最实质的区别。显然，Gault案彻底改变了美国未成年人刑事诉讼的性质，也使得诉讼中的未成年人享有了普通

---

① Application of Gault, 407 P. 2d. 760, 768. Ariz. Sup. Ct. (1965).

刑事诉讼程序中成年被告人享有的绝大多数的权利。

我国未成年人刑事诉讼程序与美国未成年人法院程序的发展路径虽然不尽相同,但是对未成年人刑事诉讼中的权利保护也是十分重视的。与美国不同,我国的未成年人刑事诉讼程序并非从单独的未成年人法院而开始。相反,先是在刑事诉讼程序中注意到未成年人刑事诉讼的特殊性,经过几十年的发展,再确立了单独的未成年人刑事诉讼程序。

我国第一部刑事诉讼法,即1979年《刑事诉讼法》中对未成年人刑事诉讼只做了原则性的规定。该法第10条规定,对于不满18周岁的未成年人犯罪的案件,在讯问和审判时,可以通知其法定代理人到场;第27条规定,未成年人没有委托辩护人的,人民法院应当指定承担法律援助义务的律师为其提供法律帮助;第111条规定,14周岁以上不满16周岁未成年人犯罪的案件,一律不公开审理;16周岁以上不满18周岁未成年人犯罪的案件,一般也不公开审理。

1996年,我国对《刑事诉讼法》进行了第一次修改,其中对未成年人刑事诉讼的规定修改不大,除了确认1979年《刑事诉讼法》中关于未成年人规定外,增加规定了"对未成年犯应当在未成年犯管教所执行刑罚",强调对未成年人的分别关押、分别管理和分别教育。

直到2012年,我国对《刑事诉讼法》进行了第三次修改。2012年修改后的《刑事诉讼法》在第五编"特别程序"中专门增设一章规定"未成年人刑事案件诉讼程序",设立了单独的未成年人刑事诉讼程序。主要内容包括:明确对犯罪的未成年人实行"教育、感化、挽救"的方针和"教育为主、惩罚为辅"的原则;人民法院、人民检察院和公安机关办理未成年人刑事案件,应当保障未成年人行使诉讼权利,保障未成年人得到法律帮助,并由熟悉未成年人身心特点的审判人员、检察人员、侦查人员承办;公安机关、人民检察院、人民法院根据情况可以对未成年犯罪嫌疑人、被告人的成长经历、犯罪原因、监护教育等情况进行调查;对未成年犯罪嫌疑人、被告人严格限制适用逮捕措施,人民检察院审查批准逮捕和人民法院决定逮捕时,应当讯问未成年犯罪嫌疑人、被告人,听取辩护律师的意见;对被拘留、逮捕和执行刑罚的未成年人与成年人分别关押、分别管理、分别教育；在讯问和审判的时候，应当通知未成年犯罪嫌疑人、被告人的法定代理人到场。无法通知、法定代理人不能到场或者法定代理人是共犯的，也可以通知犯罪嫌疑人、被告人的其他成年亲属，所在学校、单位、居住地基层组织或者未成年人保护组织的代表到场。到场的法定代理人或者其他人员认为办案人员在讯问、审判中侵犯未成年人合法权益的，可以提出意见。讯问笔录、法庭笔录应当交给到场的法定代理人或者其他人员阅读或者向其宣读；讯问女性未成年犯罪嫌疑人，应当有女性工作人员在场；对于未成年涉嫌刑法分则第四章、第五章、第六章规定的犯罪，可能判处一年有期徒刑以下刑罚，符合起诉条件但有悔罪表现的，人民检察院可以做出附条件不起诉的决定；审判时被告人不满 18 周岁的，不公开审理；审判未成年人刑事案件，未成年被告人陈述完毕后，其法定代理人可以进行补充陈述；犯罪时不满 18 周岁，被判处 5 年有期徒刑以下刑罚的，将犯罪记录予以封存。

归纳起来，我国未成年人刑事案件特别程序规定了未成年犯罪嫌疑人、被告人在刑事诉讼中享有法律帮助权、严格限制被适用逮捕措施的权利、与成年人分别关押、管理和教育的权利、法定代理人或合适成年人参与讯问和审判的权利、女工作人员参与讯问女性未成年犯罪嫌疑人的权利、不公开审理的权利、有权享有附条件不起诉以及犯罪记录予以封存的权利。

由于我国未成年人刑事诉讼程序是作为刑事诉讼的一个特别程序被规定在刑事诉讼法典中，所以《刑事诉讼法》赋予犯罪嫌疑人、被告人的权利，未成年犯罪嫌疑人、被告人也都应当享有。在笔者看来，未成年犯罪嫌疑人、被告人在刑事诉讼中享有的权利，应当是一般犯罪嫌疑人、被告人享有的权利和未成年人刑事案件特别程序专门针对未成年犯罪嫌疑人、被告人享有的专门权利的综合。所以在路径上，我国未成年犯罪嫌疑人、被告人刑事诉讼中的权利享有和保护与美国不同。美国的未成年人在刑事诉讼中的权利保护是基于成年人刑事诉讼的正当程序条款，将未成年人的刑事诉讼程序性质先界定为刑事诉讼，继而将成年人的权利保护扩展至未成年人刑事诉讼程序。而我国，是在刑事诉讼保障人权的前提下，在成年犯罪嫌疑人、被告人权利保护的基础上，额外为未成年犯罪嫌疑人和被告人提供专门的保护。

这种路径的不同，首先是因为中美两国对未成年人刑事诉讼的定位不同。美国最早是将未成年人刑事诉讼程序定位为民事性质，所以直到改变这一属性，才将成年人刑事诉讼对犯罪嫌疑人、被告人的权利保护理念适用至未成年人。而我国，对未成年人犯罪的打击一直都是放在刑事诉讼程序这一范畴中讨论。随着对刑事诉讼人权保障意识的逐渐增强，不断地扩大对成年犯罪嫌疑人、被告人权利的保护，也同时扩大了对未成年犯罪嫌疑人、被告人的权利保护。又鉴于未成年人心智身体发育不完全，刑事诉讼为未成年犯罪嫌疑人、被告人提供了额外的保护。必须指出的是，美国未成年犯罪嫌疑人、被告人所享有的正当程序保护是不及成年人保护的。在 McKeiver v. Pennsylvania 案中，美国最高法院就强调，宪法所赋予的正当程序要求，在未成年人犯罪和成年人犯罪诉讼中并不需要完全相同。① 比如，美国未成年犯罪嫌疑人、被告人至今都不享有陪审团审判的权利②，也不享有保释的权利③。而未成年人刑事诉讼与成年人

---

① McKeiver v. Pennsylvania，403 U. S. 528(1971).

② 目前有一些州是赋予未成年人享有陪审团审判的权利，比如得克萨斯州和新墨西哥州等。但美国最高法院在 1971 年的 McKeiver v. Pennsylvania，403 U. S. 528(1971)案中指出，若在未成年人案件中适用陪审团审判，将会使得程序“完全对抗”，并且破坏未成年人诉讼程序“秘密、非正式保护性程序的理想化前景”。同时，将不能提高法院认定案件事实的能力以及损害私密性。之后，虽然有一些案例质疑了这一决定的正当性[比如 People v. Smith，110 Cal. App. 4th 1072(2003)]，但是目前各州政府并没有义务为未成年刑事诉讼程序提供陪审团审判。

③ 美国之所以不赋予未成年犯罪嫌疑人、被告人审前保释的权利，一般认为有三个理由：一是“预防性羁押”，即为了保证未成年人能按时出庭，保护未成年人和保护社区；二是未成年人没有父母、监护人或其他能够提供监管和保护的成年人；三是当审前释放并不是比监禁更好的选择时，法院具有审前羁押未成年人的自由裁量权。参见 Peter A. Shamburek. A Due Process Deliemma：Pretrial Detention in Juvenile Delinquincy Proceedings. *The John Marshall Law Review*，Vol. 11，1978：520—525。截至 2019 年 4 月，美国有 19 个州明确规定对未成年人法院中的未成年人允许适用保释，有 9 个州明确禁止未成年人法院适用保释，另有 28 个州既没有授权也没有禁止在未成年人法院适用保释(参见 https：//njdc. info/our-work/juvenile-bail-reform)。

刑事诉讼适用相同的证明标准也是后来的事。不过，中美两国都充分认识到对未成年犯罪嫌疑人、被告人进行正当程序的保护是必须和重要的。

我国并没有像美国宪法修正案所规定的如此完全的正当程序条款，同时，我国刑事诉讼追求的是打击犯罪和保障人权的双重目标，所以两国之间对未成年犯罪嫌疑人、被告人在具体的权利赋予上有一些不同，也是可以理解的。但是对于我国未成年人刑事诉讼程序，笔者觉得需要明确一点，那就是对涉入刑事诉讼的未成年人，并不是要赋予他们越多的权利，无节制地给予未成年人最大的保护。因为我国的未成年人刑事诉讼，在性质上属于刑事诉讼，而刑事诉讼的基本目标是打击犯罪和保障人权的统一。虽然未成年人犯罪有其特殊性，同时未成年人刑事诉讼也有与成年人刑事诉讼不同的特点，比如更加强调对未成年人的保护，帮助未成年人重新回归社会；但是如果一味地强调保护未成年犯罪嫌疑人和被告人，那么将对控制未成年人犯罪不利。而之所以建立未成年人刑事诉讼程序，其根本目标还在于打击未成年人犯罪。因此，在保护未成年人和控制未成年人犯罪之间如何寻求平衡，是一个更复杂也更棘手的问题。

第五章 未成年人案件同样适用排除合理怀疑的证明标准
——Winship v. United States 案[①]

一、Winship 案的法律背景及在下级法院的诉讼

与其他州不同，纽约州为未成年违法者提供了相当广泛的类似于普通刑事法院中成年被告人享有的程序保障。该州 1962 年的《纽约家事法院法》保证了未成年人获得律师帮助的法定权利，赋予他们上诉的权利，规定了分开独立的裁决和处罚程序，并将未成年人违法的定义只限为犯罪行为。而针对其他并未刑事犯罪但却实施了不当行为的未成年人群体，法律专门创造了一个新的管辖类型，称为需要监管的群体，以区别于刑事犯罪的未成年人。

《纽约家事法院法》理清了未成年人违法诉讼的一些程序模糊之处，同时在两个重要问题上提出了自己的主张：免于自证其罪的特权和适当的证据标准。但是，《纽约家事法院法》也出现了新的问题，比如被《纽约家事法院法》处理的案件，通常将未成年人违法案件描述为非刑事性的，但是家事法院的法官们并不确定这类非刑事案件的未成年人违法案件，

① 397 U. S. 358(1970).

应该在何种程度上享有刑事正当程序的保护。比如在 In re Doe(1964)案中,一位家事法院的法官认为,如果该行为不是刑事犯罪的话,那么法院应当遵循行政听证会的规则而不是刑事审判的规则。但是其他法官却更倾向于将此类案件理解为不管案件性质是否为刑事案件,只要求不同的刑事正当程序要素而已。① 在 In re Ronny(1963)案中,一位纽约法官禁止在未成年人违法诉讼中使用未经证实的供认书。他将未成年人违法诉讼定性为"准刑事"性质,并且宣称未成年人拥有与成年人相同的宪法权利,除了获得陪审团审判的权利。② In re Williams(1966)案中的家事法院法官遵循了类似的推理思路。他总结道,《纽约家事法院法》的条文明确说明"被指控违法的儿童不能仅仅因为称他为未成年人犯不是罪犯而剥夺他所有的宪法权利"。因此,正当程序和公正对待要求未成年人应当避免被不合理地搜查和扣押。③ 上诉法院在 1966 年一个类似的案件中运用了同样的推理。④

由于家事法院法官对家事法院法意义的不确定性,在 20 世纪 60 年代中期,《纽约家事法院法》规定的未成年人诉讼的正当程序要素与该法试图保留未成年人违法行为的非犯罪性质之间存在着紧张关系。这种紧张关系的后果之一就是为改革者挑战该法案保留的政府监护程序的组成部分提供了机会。的确,此后未成年人违法听证会的证明标准逐渐引起法律援助协会家事法院分部的上诉部门的特别关注。这一问题的重要性最终促使上诉部门的主管瑞纳·尤维尔向纽约市内的法律监管者提交了一份备忘录,要求他们对《纽约家事法院法》在未成年人违法诉讼中对优势证据标准的依赖提出反对。此备忘录是尤维尔对法案保留缺陷的程序建立审判记录的总体策略的一部分,她相信通过诉讼会比通过立法活动更有效率。

---

① 255 N. Y. S. 2d. 35.

② 242 N. Y. S. 2d. 860.

③ 267 N. Y. S. 2d. 99,107.

④ In re Williams,224 N. E. 2d 102,106. N. Y. Ct. App. (1966).

尽管法律监管者没有义务在证明标准问题上遵循尤维尔的指示，但是艾琳·罗森伯格却这样做了，并且她的行为反而产生了一个符合尤维尔更广阔目标的案件。1967年3月28日，一位家具店的女售货员发现，她在商店洗手间附近的一个无保险措施的柜子里寄存的钱包丢失了钱。在发现钱丢了之后不久，她看到一个男孩从洗手间出来并迅速跑出了商店。一天之后，警察以其他不相关的事由拘留了12岁的塞缪尔·温雪普(Samuel Winship)，并发现他和女售货员描述的跑出商店的男孩相似。警察联系了女售货员，她辨认出塞缪尔就是她之前看到的男孩。被指控盗窃三天后，3月30日，警方向家事法院提交了未成年人违法起诉状，声称塞缪尔犯了盗窃罪。

家事法院的法官米兰德·米道尼科在起诉状提交当天举行了裁决听证会。塞缪尔告诉法庭被指控的盗窃发生时，他正躺在家里的床上。塞缪尔的妈妈和舅舅都作证说他在盗窃案发生前一小时骑自行车回到家中，吃晚饭，看电视，然后直接上床睡觉了。他们还作证说塞缪尔不可能在晚饭后毫无察觉地离开家。不幸的是，塞缪尔的舅舅的证言证明力较弱。一方面，他对日期的描述很混乱，并对他何时在他姐姐家提供的证言颇有矛盾；另一方面，女售货员对这个男孩的认知使米道尼科法官印象深刻，并且法官认为她没有理由作伪证。相反，他可以为塞缪尔的妈妈和舅舅作伪证找到很多动机。结果，尽管塞缪尔的身上和家中没有不寻常的金额，但米道尼科法官认为女售货员的证言更可信，并宣布起诉的主张通过优势证据获得证明。

与尤维尔备忘录中的指示相一致，罗森伯格挑战了法官对优势证据标准的依赖，并且她向法院申请驳回不利于她当事人的裁决，因为未能满足排除合理怀疑的证明标准。她的申请产生了与法官的如下对话：

罗森伯格：我想再提出一项申请。

法院：什么申请？

罗森伯格：法官的裁决违反了这个男孩的受平等保护权，因为如果他是16岁，他被认定有罪必须排除合理怀疑。但是法官作出裁决依靠的是优势证据标准。

法院：它使我确信(所认定的事实)。

罗森伯格：但它没有排除合理怀疑，法官。

法院：是没有排除合理怀疑。但我相信指控的事实。我们的法律说是优势证据，那就是优势证据。这是我能看到的未成年人和成年人之间唯一的区别。我不认为这是不公平的区别。

罗森伯格坚持认为："尽管国家可以合法地划定成年人和未成年人之间的区别，举证责任和举证责任的量与国家对待成年人和未成年人的区别没有关系"。

米道尼科法官通过未成年人违法诉讼的非刑事性质作出回应。他认为不同的证明标准不是不公平的，因为未成年人不会遭受"成年人的监禁、成年人的犯罪记录和成年人的刑罚"。

这种回应产生了另一段重要的对话：

罗森伯格：成年人和未成年人之间的区分可能自身就是有效的，但这种特定的区分与国家区别对待未成年人和成年人无关。

法院：国家可以根据合理的差异制定有所区分和不平等的法律。

罗森伯格：存在有效的区分吗？

法院：是的，在这种意义上说是有的。优势证据规则的另一个因素是任何真正想要知道的人都知道，我在优势证据基础上比在合理怀疑基础上更容易犯错，我的裁决也不是那么确定的。

罗森伯格：没有裁决是完全确定的。

法院：不，不如成年人法院确定，因为规则不同。很多人不会把我的裁决作为成年人裁决的坚实基础，因为它不是在同样的基础上作出的。

米道尼科法官模糊地承认了他的裁决可能不会通过合理怀疑测试，这削弱了他之前关于纽约州未成年人违法诉讼依赖优势证据标准的合理性的陈述。根据优势证据标准裁决比合理怀疑标准可能更频繁地犯错，这严重削弱了国家在两种标准之间的选择无关紧要的观点，尤其鉴于事实发现的错误可能导致被告人被监禁到培训学校。不出所料，罗森伯格和米道尼科法官之间的对话成为对《纽约家事法院法》的优势证据标准提出上诉的重要依据。

的确，尽管裁决呈现的对塞缪尔·温雪普不利的证据比大多数未成年人违法听证会的证据强得多，瑞纳·尤维尔在读了罗森伯格和法官米道尼科之间的对话之后，决定对塞缪尔被监禁到培训学校提出上诉。下级法院的记录表明更高的证明标准可能产生不同的结果，尤维尔要求纽约最高法院的上诉部门推翻家事法院的监禁命令。1968 年 6 月 6 日，纽约最高法院否决了尤维尔的上诉，在没有写明书面理由的情况下维持了监禁令。尤维尔的下一步是向纽约上诉法院上诉，她以正当程序和平等保护为由抨击《纽约家事法院法》的优势证据标准。然而，她的论点没有一个能够说服上诉法庭的大多数人去推翻塞缪尔的监禁令。在一个 4∶3 的裁决中，法院维持了法案对民事证明标准的依赖。

法院拒绝尤维尔上诉的首要原因是传统政府监护在未成年人和刑事诉讼之间的区别。这种区别在纽约州法律中的首要渊源是 People v. Lewis(1932)①，使得未成年人和成年人之间的区别对待合法化，并使得未成年人诉讼免于刑事正当程序。多数人观点强调，“针对未成年人违法者的特殊法律系统的主要目标是保护未成年人远离刑法的通常方法和根深蒂固的影响”。这一目标使得未成年人法院更加关注“导致未成年人在生活中遇到困难的因素的整体性，而不是导致未成年人进入法庭的事件”。由于这一更广泛的关注的性质及其积极影响，多数人坚持刑事审判中正当程序的配置在未成年人诉讼中通常是不相关的。同样地，因为立法已经充分区分了未成年人违法与刑事诉讼，多数意见一方并没有发现任何违反平等保护的情况。

也许此观点最引人注意的部分是如何解读 Kent 案、Gault 案和 Winship 案上诉所涉及问题的关联性。尽管承认这些裁决已经削弱了“不受

---

① People v. Lewis，183 N. E. 353. N. Y. Ct. App. (1932).

刑事法律技术限制的未成年人法院的概念”，多数意见一方感慨，19 世纪未成年人司法的最初理想被困在一些困难的宪法案件的尖锐点上，而这些宪法案件并不能代表通常的未成年人诉讼。因此多数意见方认为，不能为 Gault 案的原则适用于本案中的程序问题找到有说服力的理由。

然而，少数意见一方的 3 位法官对 Gault 案与本案的相关性的狭隘观点持批判态度。在法庭主审法官的主导下，他们认为 Gault 案已经明确拒绝了相关的立法，这些立法宣称未成年人违法诉讼的非刑事性质是降低程序标准的正当理由。重要的是此类诉讼的实际结果，最高法院在 Gault 案中已经声明其类似于刑事诉讼的结果。尽管异议法官同意多数人关于未成年人从单独的司法程序中受益的观点，但他们认为这对于决定关键的程序问题是不相关的。Gault 案中对于未成年人诉讼的功能性质的强调导致异议法官们得出结论，“如果根据低于排除合理怀疑标准的证据认定一个未成年人犯罪并将其监禁相当长时间，就违反了法律的正当程序”。

瑞纳·尤维尔将塞缪尔·温雪普的案件上诉到纽约上诉法院，因为她认定就改变未成年人违法裁决的证据标准而言，诉讼将比立法改革更为成功。尽管她未能以最小的边际成本达成目标，但她选择此案是将问题呈现在最高法院面前极好的工具。第一，它涉及的一项程序条款与法案包含的精神不相符，也与最高法院关于未成年人法的主要判决不相符。第二，下级法院记录强调了该法律条文可能的缺陷。第三，州最高法院对于该条文的合宪性存在尖锐分歧。在最高法院经历了检验 Gault 案对于证明标准问题的可适用性的两次失败尝试之后，Winship 案成为最高法院不能拒绝的机会。

二、案件在美国最高法院的争论

尤维尔在 1969 年夏初提交了管辖权声明，该声明要求最高法院裁决《纽约家事法院法》允许对未成年人违法的裁决和机构监禁采用优势证据规则，是否违反了第十四修正案的正当程序和平等保护条款。Winship案因此成为在最高法院以平等保护为由明确挑战刑事诉讼和未成年人诉讼之间的程序差异的首个案例。尤维尔在管辖权声明中认为，Gault案应当被理解为将正当程序的每一项必要的程序权利纳入未成年人违法裁决听证会中。合理怀疑的证明标准就是这样一项权利，因为其与无罪推定的关系。尤维尔将合理怀疑的证明标准描述为"注入了法律正当程序的精华"。正如塞缪尔的听证会记录所阐释的那样，优势证据标准的运用意味着州法院可能凭借相当弱势的证据，使未成年人丧失正当程序和平等保护。

尤维尔在代表塞缪尔提交的意见陈述中对管辖声明的两个主题，即平等保护和正当程序进行了更加深入的探究。在平等保护部分中，尤维尔将Gault案隐含的对未成年人的重新定义与其逻辑结论联系起来。在她看来，Gault案确立的基本原则是未成年人和成年被告人之间的任何差异都没有重要到在决定是否有罪时剥夺未成年人正当程序基本要素保护的程度。尤维尔的论点的另一种说法是，未成年人和成年被告人享有共同的自由利益，这种利益在未成年人诉讼和刑事诉讼中同样受到威胁。未成年人和成年被告人属于在诉讼程序中自由受威胁的同一个群体。尤维尔总结道，仅仅因为他们年轻就拒绝给予群体中的部分成员严格程序保障，这剥夺了他们受法律平等保护的权利。

尤维尔通过承认未成年人和成年人之间的差异在诉讼程序的特定阶段确实存在，以企图缓和其论点的隐含含义。尽管她强烈主张这些差异"与决定是否有罪的证明标准完全不相关"，但她认为这些差异导致更灵活地把案件纳入刑事诉讼和处罚程序。她的论点意味着未成年人和成年人之间的差异，允许国家在一定程度上划分未成年人诉讼，这在刑事诉讼背景下是不甚合理的。尤维尔的平等保护论点隐含的结论是，并不真正存在未成年人和成年被告人之间重要的区别，而使得单独的未成年人司法程序具有正当性，除非可能是为了行政上的便利。

尤维尔将最高法院的注意力集中于她的当事人因家事法院依赖的证

明标准低于排除合理怀疑而被剥夺了自由这一事实上。“尽管涉及不如自由重要的利益时,相对低的证明标准可能符合正当程序;但当自由处于危险之中时,应当适用最高的证明标准。”尤维尔补充道,这种适用是正确的,尽管权利法案和最高法院关于刑事程序的法学理论都没有明确要求排除合理怀疑的证明标准。同时,尤维尔认为,排除合理怀疑的证明标准与无罪推定具有关联。根据尤维尔的观点,无罪推定只有与排除合理怀疑的证明标准结合起来才起作用,才能为刑事诉讼中受威胁的最重要的权利或利益,即自由提供最大限度的保护。她认为,只要最高法院认为同样的利益在未成年人诉讼中处于危险之中,那么最高法院就不得不为未成年人提供同样的正当程序保护。

尤维尔也认为排除合理怀疑的证明标准有利于行使 Gault 案法庭认为非常重要的免于自证其罪的特权。她认为,较低的证明标准会使得被告不愿意行使这种特权。因为依据优势证据的标准,一旦国家有初步证据,被告就有必要为自己作证,这样就相当于变相剥夺了被告人免于自证其罪的特权。另外,尤维尔还增加了一项主张,即未成年人诉讼的改造目标不会因为依靠更高的证明标准而被削弱。为了支持这项主张,她引用了儿童卫生局、教育局、福利部门、全国统一州法委员会全国会议和美国律师协会的研究。

尤维尔的结论获得了一份非当事人(法庭之友)意见陈述的支持,该意见陈述由社区法律服务项目(NLSP)和华盛顿法律援助机构(LAA)联名提交,这两个机构都是为未成年人提供法律服务的。社区法律服务项目是全国法律服务网络的一部分,受经济机会办公室的资助,为贫困未成年人提供律师协助。它参与 Winship 案的原因与全国法律服务网络的法律改革目标相一致,因为社区法律服务项目在美国上诉法院还有好几个关于证明标准问题的待审案件。华盛顿法律援助机构负有在未成年人违法诉讼中代表未成年人的法定责任,其参与上诉是因为像纽约法律援助协会一样,它也致力于通过诉讼来提高未成年人违法裁决的证明标准。

社区法律服务项目和华盛顿法律援助机构的意见陈述包含了尤维尔

意见陈述中的主要问题，包括合理怀疑标准对于刑事正当程序的重要性、刑事诉讼和未成年人违法听证会功能的相似性、高证明标准与有效行使免于自证其罪特权的关系、合理怀疑的证明标准与未成年人法院改造目标的兼容性。两个机构坚称："政策和宪法都要求采用更高的证明标准，以便保障被指控违法的未成年人的基本权利。"尽管这些支持论点并不新奇，但这份意见书确实为尤维尔的平等保护论点提供了很大的帮助。两个机构在意见陈述中主张，未成年人从未成年人法院被移送到刑事法院很容易，他们在刑事法院能够从完整的正当程序保障中受益。未成年人刑事诉讼适用较低的证明标准违反了平等保护，不是因为它以年龄为由区别对待未成年人和成年被告人，而是一旦未成年人法院放弃管辖权将案件移送到刑事法院，就会导致未成年被告人之间受到不同的对待。当然，这一论点有两个假设：一是未成年人诉讼和刑事诉讼基本类似；二是放弃管辖的决定相当任意武断。

社区法律服务项目和华盛顿法律援助机构的意见陈述同时提供了一些经验主义的证据来支持自身的主张，即合理怀疑标准能够增强未成年人诉讼系统的改造功能。通过引用哥伦比亚特区一项关于未成年人违法裁决对成年人影响的研究，两个机构发现这类未成年人违法裁决会带来与刑事定罪实质上一样的烙印。该机构认为这一发现表明，未成年人诉讼和刑事诉讼之间甚至存在长期的相似性。同一研究的再犯数据也使得社区法律服务项目和华盛顿法律援助机构质疑未成年人系统的改造效果。在他们看来，这些数据确认了福塔斯法官在 Kent 案中的想法，即未成年人从未成年人诉讼中少有获益。他们在意见书中总结道，较高的证明标准至少减少了未成年人违法裁决和监禁的数量，将稀缺的改造资源集中在真正需要的少数未成年人身上。

尤维尔的论点与社区法律服务项目和华盛顿法律援助机构联合支持在未成年人违法诉讼中采用排除合理怀疑标准，提供了对 Gault 案的一种激进诠释。不是仅仅将未成年人诉讼的某些方面正式化，而是将最高法院的标志性裁决诠释为对未成年人诉讼性质的重新定义。在尤维尔看来,Gault 案应当表明未成年人违法裁决程序与重罪审判是一样的,并且她得出结论,此类诉讼中唯一的问题是未成年人是否有罪。这一观点显然与 Gault 案中法庭不愿完全放弃的传统观点截然不同。传统观点认为,裁决程序只是强调儿童行为问题的复杂过程中不可缺少的一部分。而尤维尔则是通过强调是否有罪的问题,将未成年人诉讼的焦点从未成年人违法是一种宽泛的行为问题转移到未成年人违法作为犯罪活动上来。

与尤维尔相对立的另一方当事人代表是斯坦利·布赫斯鲍姆(Stanley Buchsbaum)。他是纽约市公司律师办公室上诉部门的主任,参与案件中为《纽约家事法院法》的优势证据标准辩护。布赫斯鲍姆反驳了尤维尔对于 Kent 案和 Gault 案有关的宽泛理解,认为最高法院对于未成年人违法诉讼和刑事审判的讨论仅仅是判决附带意见,并不能成为尤维尔对这些判决进行宽泛解释的理由。这种策略首次出现在布赫斯鲍姆请求驳回上诉的最初动议中,他认为 Gault 案应当作狭义理解,只有"那些宪法维度的、作为法定正当程序的一部分的刑事权利才有资格被强制纳入未成年人诉讼"。因为排除合理怀疑的证据标准并不具有这种身份,而且 Gault 案的判决字面上没有明确要求它应当被适用于未成年人诉讼,因此"基本公正"的概念和合理的政策考虑也不要求这项证据标准。

虽然布赫斯鲍姆请求驳回上诉的动议失败了,但是他在辩论意见中仍然根据案情采用了同样的策略。他将意见书的大部分用于反驳尤维尔论点中的正当程序部分。作为对尤维尔平等保护论点的回应,他强调如果存在合理的分类,并且儿童与成年人之间的区别代表了这种分类,那么平等保护权就没有被剥夺。但是这一回应却掩盖了一个事实,即《纽约家事法院法》虽然保留了未成年人和成年人之间的区别,但却消除了未成年人违法和犯罪活动之间的区别。这一点在尤维尔的平等保护论点中极为关键,但布赫斯鲍姆并没有对此真正作出充分的回应。

根据布赫斯鲍姆的观点,Gault 案法庭的目的只是为了确保各州在未成年人司法的法定目标与正当程序和基本公平的要求之间取得平衡。他强调从背景角度处理未成年人正当程序，这样可能会允许不太严格地适用权利法案。虽然他反驳尤维尔的主张，但同时他也指出这些不太严格的要求包括了排除合理怀疑标准。不过，他试图通过将最高法院的注意力集中在合理怀疑标准与刑事诉讼的紧密关系上，来提高案件的宪法意义。“合理怀疑规则与所谓的‘事实发现过程的完整性’相关，这一事实既没有奠定合理怀疑的宪法地位，也没有建立其对未成年人违法案件的可适用性。”然而，根据布赫斯鲍姆的观点，能够建立合理怀疑对于未成年人违法诉讼的可适用性的是未成年人诉讼与刑事审判的关系。他认为，排除合理怀疑标准与 Gault 案中赋予的其他权利不一样，合理怀疑标准专属于刑事正当程序。在布赫斯鲍姆看来，Winship 案中的问题，不仅仅是刑事正当程序的另一要素是否应被纳入未成年人违法听证会，而是这些听证会是否与刑事审判在每个方面都相同。“纽约的未成年人法院不管其名称如何，其程序和实际运作在实际效果上就是刑事法院。”布赫斯鲍姆警告最高法院，如果只是因为发现未成年人诉讼等同于刑事审判，就将排除合理怀疑标准施加于未成年人违法诉讼，那么未成年人司法将遭受不可修复的损害。布赫斯鲍姆因此直接对质尤维尔关于较高的证明标准不会损害未成年人诉讼实质利益的观点。

纽约司法部长作为纽约方的法庭之友，他提交了一份非当事人（法庭之友）意见陈述为《纽约家事法院法》的合宪性辩护。根据司法部长的观点，纽约刑法和未成年人法的本质区别是，前者“以某些行为的实施和对这些行为的法定处罚为前提”，后者“根据对心理援助的明显需要，对儿童进行监督”。他宣称，排除合理怀疑标准的困难在于它可能“在儿童仍处于善于接受的年纪时”，阻止未成年人法院的介入。他同时也质疑了在由法官作出裁决而不是由无经验的陪审团作出裁决的诉讼中，适用排除合理怀疑这一标准的必要性。司法部长特别指出，宣称“任何特定的说服措施都是正当程序不可或缺的因素”少有益处，因为这样做将会“扰乱和改变未成年人法院证明标准的历史发展”。

Winship 案的诉讼参与人之间对 Gault 案判决含义的基本分歧是，

未成年人违法诉讼“在严重程度上”与重罪起诉“相当”(comparable)。瑞纳·尤维尔坚称“相当”(comparable)意味着“等同于”(equivalent)甚至“相同”(identical)。在她看来,这种解释要求将刑事控诉中至关重要的程序保障全部适用于未成年人违法诉讼中。而她的反对者则认为,尤维尔的立场将会使未成年人违法诉讼转变为完全对抗式的刑事审判,这将违反 Gault 案的内在精神和字面含义。布赫斯鲍姆承认 Gault 案对于州法院在未成年人违法诉讼中运用民事程序规则的程度作出了限制,但他反对尤维尔关于 Gault 案判决已经禁止在未成年人违法诉讼中使用民事程序的观点。

三、美国最高法院裁决

到了 1969 年,美国最高法院在 20 世纪 60 年代主导了程序问题宪法发展的沃伦法庭已经开始瓦解,最重要的是,主审法官沃伦已经退休,福塔斯大法官由于财务关系和他作为总统非正式顾问的争议也被迫辞职。尽管如此,最高法院于 1970 年 3 月 31 日对 Winship 案作出判决时,其结果却并不出乎意料。来自威廉·布伦南大法官的多数人意见将该案争议的问题定义为:在未成年人违法裁决听证会上指控的未成年人违法行为,如果由成年人实施则可能构成犯罪的话,那么排除合理怀疑的证明标准是否属于可适用于未成年人违法裁决听证会的“正当程序要素”。与 Gault 案中的福塔斯大法官一样,布伦南大法官依据选择性合并理论推翻了纽约上诉法院的判决,并宣布了最高法院的判决,即未成年人违法起诉必须被证明到排除合理怀疑的程度。布伦南大法官遵循了福塔斯大法官谨慎的先例,确认未成年人诉讼的启动程序和处罚阶段不受宪法正当程序标准的限制。布伦南大法官同时强调,Winship 案与其他正当程序要素适用于未成年人违法裁决听证会的问题无关。多数人意见中也没有对未成年人和成年人适用不同的证据标准是否违反平等保护权提出观点。显然,布伦南大法官确实在将权利法案未明确规定的一项联邦程序权利纳入未成年人诉讼方面，比福塔斯大法官走得更远。

布伦南大法官对于 Winship 案呈现的证明责任问题的解决方法分为四步。前两步用于说明排除合理怀疑的证明标准是第五和第十四修正案正当程序条款包含的“有序自由计划”的一部分。布伦南大法官主张，刑事诉讼有三大非常重要的利益处于危险之中，而这三大利益正是排除合理怀疑的证明标准所要保护的：被告对自由和避免无端耻辱的双重利益，以及国家维持公众对刑法信心的利益。布伦南大法官认为，“在一个珍视个人自由和名声的社会中”，只有对个人罪行有合理的确定性，才能实施刑事处罚。而且通过保护无辜的个人免于不公的定罪，排除合理怀疑标准也产生了对法律的尊重和信心。布伦南大法官因此同意尤维尔的观点，排除合理怀疑标准减少了“基于事实错误定罪的风险”，并“为无罪推定提供了坚实的基础”。

布伦南大法官论点的第二步是阐明排除合理怀疑标准保护的利益足以重要到赋予其宪法维度，尽管权利法案和最高法院对正当程序要求的列表中都没有规定此证明标准。他历史性地和相对地解决了这个问题。他认为，排除合理怀疑的证明标准的重要性在美国和其他拥有类似法律传统的国家早已被认可。通过引用迈克考米克（McCormick）和威格摩尔（Wigmore）关于证据的论文，布伦南大法官将此证明标准的起源追溯到早期美国，或者至少到 1798 年。同时，布伦南大法官坚称在其他普通法辖区内几乎一致地遵循排除合理怀疑的证明标准，这反映了“对法律执行和司法管理方式的深刻认识”。他继而总结道，这一传统足以保证授予这一证明标准的宪法地位。

创建了排除合理怀疑标准的宪法地位之后，布伦南大法官在其论点的第三步和第四步中，致力于说明这一标准是正当程序的一个要素，应当被纳入未成年人诉讼。他在第三步论述中阐述这一在刑事诉讼中保护的利益标准在未成年人违法裁决程序中也受到威胁。大法官依靠 Gault 案声明，“民事标签和善意目的无法掩盖未成年人违法听证会中的真正利益”。最终，他宣称，“在事实发现中，要求极其谨慎地保护无辜的成年人，这一考虑同样应适用于无辜的儿童”。

论点的最后一步，布伦南大法官反驳了布赫斯鲍姆提出的在未成年人违法裁决诉讼中，适用排除合理怀疑标准将会削弱未成年人诉讼中其他重要利益，比如未成年人和国家都享有的改造利益这一主张。布伦南大法官认为，这一利益主要在未成年人诉讼的启动和处罚阶段受到威胁，但 Gault 案和 Winship 案都没有影响到这两个阶段。他因此反对关于该标准可能破坏未成年人程序的有益方面或迫使各州放弃单独的未成年人诉讼的实质利益的观点。虽然布伦南大法官也承认，较高的裁决证明标准在一些案件中可能阻止司法介入，而这类司法介入能够引导未成年人远离不利于其福祉的一般行为，但他并不认为这种可能性足以推翻保护未成年人不受无根据的机构监禁和公开谴责的义务。

布伦南大法官在观点的最后部分，通过提及塞缪尔·温雪普家事法院听证会的具体例子，补充了他对于排除合理怀疑标准、正当程序的宪法概念和未成年人诉讼中受威胁的利益这三者关系的抽象讨论。按照布伦南大法官的观点，纽约家事法院听证会削弱了关于排除合理怀疑和优势证据这两种证据标准的实际重大意义的任何主张。温雪普的裁决听证会中，艾琳·罗森伯格和法官米道尼科的对话为美国最高法院提供了一个清晰的例子，即事实证明依赖一种证明标准而不是另一种标准对被告人而言至关重要。温雪普听证会的性质和结果使得布伦南大法官确信，“排除合理怀疑的证据的宪法保障在未成年人违法诉讼的裁决阶段与 Gault 案中适用的那些宪法保障一样，备受需要”。

正如福塔斯大法官在 Gault 案中所发现的，布伦南大法官发现其推理思路或结论将很难获得他的同事们的一致同意。并且，布伦南大法官的论点前两步对排除合理怀疑标准的分析也存在一些困境。比如，与布伦南大法官的主张相反，排除合理怀疑这一标准在英美法系中不是作为为刑事被告人提供更好保护的一种方式发展起来的，而是为了减轻控方在古老的“任何怀疑”测试下的证明责任。换句话说，排除合理怀疑测试是用来限制陪审团寻找无罪释放理由的能力。又如，尽管排除合理怀疑标准首次出现在美国甚至早于布伦南大法官引用的 1770 年，但是直到 19 世纪，它才成为刑事案件中主导性的证明标准，像马里兰州法院直到 1870 年才使用该标准。这段历史表明，在书写第五和第十四修正案的正当程序条款时，这一证明标准并不是美国法学的固定组成部分。尽管如此，布伦南大法官还是利用 Winship 案，在最高法院历史上第一次宣布："正当程序条款保护被告免于定罪，除非超出合理怀疑的证据，证明了他被指控的罪行所必需的每一事实"。

因为 Winship 案标志着美国最高法院打算如何适用 Gault 案，因此，多数意见的构建需要布伦南大法官在幕后大量妥协。一方面，布伦南大法官必须让道格拉斯大法官满意，道格拉斯大法官在涉及有关刑事犯罪的讨论时，反对在刑事和未成年人正当程序中可能有很大差异的任何概念。这一要求阻止了布伦南大法官使用一个准确的公式来确定今后案件中未成年人正当程序的程度。另一方面，尽管哈兰大法官同意排除合理怀疑的证明标准在未成年人违法诉讼中是宪法所要求的，但他并不希望布伦南大法官暗示出这一要求导致附加的程序要求（比如陪审员审判），或者导致刑事正当程序扩展到涉及非刑事性的不当行为的其他诉讼中。显然，布伦南大法官的观点仅仅部分地满足了哈兰大法官的想法。哈兰大法官同意布伦南大法官的基本结论，但不同意其背后的推理。正如他在 Gault 案中主张的，哈兰大法官坚持认为，未成年人正当程序不应当以来源于未成年人诉讼和刑事诉讼之间存在相似性的选择性合并理论作为基础，而是应该基于对前者的背景和独特性更敏感的基本公平标准。根据哈兰大法官的观点，正当程序在刑事案件中施加的程序要求与其在未成年人案件中施加的程序要求之间不存在自动的一致性。他认为，未成年人正当程序应当以未成年人诉讼中每一种程序保障价值的独立决定作为基础，而不是以其与刑事诉讼的类比作为基础。鉴于 Winship 案中的问题，这种不同，意味着在未成年人诉讼背景下，需要评估每一种证据标准的"相对社会负效用"。

根据哈兰大法官的分析，排除合理怀疑的标准应当适用于未成年人诉讼，由于宣布无辜未成年人违法的社会和个人成本，比允许有罪的未成年人逃脱未成年人司法系统改造的成本要高得多，因此，尽管哈兰大法官不同意多数人关于未成年人诉讼与刑事诉讼基本相同的结论，但他承认，不论差异是否存在，都不支持证明标准在未成年人诉讼和成年人刑事诉讼中存在区别。因为坚持对未成年人的改造介入在不适当的地方甚至会成为有害的观点，哈兰大法官赞同未成年人法院的法官“应当对被起诉者实施了他被指控的违法行为这一事实结论深信不疑，其确信程度不低于刑事审判中要求的程度”。

布莱克大法官是该案的少数意见者。他因为自己的合并观点而感到不得不需要在 Winship 案中写一份独立的观点。在反对多数人意见时，布莱克大法官批评了布伦南大法官的推理和基本结论以及哈兰大法官对多数人裁决的替代理由。布莱克大法官在其意见的一开始就提出，尽管宪法为刑事被告人提供了获得律师协助的权利以及获得起诉书、通知和陪审团审判的权利，但它并没有规定定罪的证明标准。布莱克大法官写道：“宪法详细说明了被指控犯罪的被告应该拥有何种审判，我相信最高法院无权增加或者缩减创建者们设定的程序。”布莱克大法官批评了多数意见一方未经宪法明确授权，介入了纽约州在未成年人违法诉讼中依据低于刑事诉讼的证明标准所作出的裁决。在他看来，第十四修正案的正当程序条款甚至不会阻止纽约州在本州的刑事诉讼中适用优势证据标准。

令人吃惊的是，布莱克大法官将最严厉的批评留给了哈兰大法官。布莱克大法官认为，宪法的正当程序条款意味着“我们的政府是法定的政府，在宪法意义上有义务依法行事”。他指出，如果最高法院听从了哈兰大法官的建议，并将正当程序转化为基本公正，那么最高法院将获得宣布实体法无效的权力，这将损害最高法院至少 5 位法官的良知。在这种情况下，美国将成为一个由法官而不是法律统治的国家，这是非常危险的。布莱克大法官认为，将自己的信仰置于书面宪法本身的话语中，远胜于依赖个别法官日复一日的公平标准。

布莱克大法官将注意力集中于 Winship 案呈现的更广泛的宪法解释问题，但是主审法官伯格(Burger)则与哈兰大法官一样，关注最高法院在未成年人法背景下解释正当程序所传达出来的信息。在与斯图瓦特大法官共同的反对意见中，伯格大法官怀疑哈兰大法官的方式是否能够实际避免“消释未成年人法院和传统刑事法院之间的不同”。在伯格大法官看来，Kent 案、Gault 案和 Winship 案都是对“未成年人法院人力不足和设施不全”的职业不满的产物。伯格大法官认为，未成年人法院之所以表现差，不是因为程序缺陷，而是因为各种不愿投入充分的资源以保证未成年人法院的成功。为了回应这一现状，最高法院将刑事正当程序适用于未成年人法院，冒着阻止各州作出任何改善的风险，从而难免导致未成年人法院的终结。伯格大法官担心 Winship 案将结束一种慷慨构想的富有同情心的治疗方案，该方案旨在减轻将未成年人违法者置于传统刑事法庭的严苛和遭受的精神创伤。

Winship 案要求最高法院在关于未成年人法院的无罪推定的两种不同概念之间作出选择。传统的无罪推定概念相当复杂，其形成了纽约州对《纽约家事法院法》辩护的基础。一方面，传统未成年人法学将这种推定看作绝对的。它认为由于环境和心理因素，未成年人(除了特殊情况下)不能被认定对其行为负刑事责任，并且应当免于刑事起诉。从这一意义上说，未成年人在法律上是无罪的，尽管他们可能违反了法律。但另一方面则是，只有提交给未成年人法院才表明国家干预的必要性，这样就直接推翻了前述的推定。在这种推定下，法院介入的类型和时长才最值得关注。应当说，无罪推定的传统观点的第二个方面在逻辑上延续了第一个方面。在未成年人诉讼中有罪与否不是根本问题，没有必要根据严格的程序标准证明法院的介入是正当的。

瑞纳·尤维尔的意见陈述则反映了传统观点的另一种替代。尤维尔与她之前的多尔森、瑞兹纳克、福塔斯一样，从功能角度看待未成年人诉讼。对于尤维尔来说，纽约在未成年人违法裁决诉讼中的目标类似于其在刑事诉讼中的目标，即为了证明个人实施了某项犯罪，国家因此施加处罚。而这些处罚究竟是改造性还是处罚性，并非最重要。因为这两种处罚产生了一项类似的义务，即通过无罪推定保护个人免受不当干预。这显然只有通过合理怀疑测试才能产生实际效果。通过选择这一观点来代替传统观点，Winship 案的多数意见一方含蓄地拒绝了 19 世纪对童年理解的重要部分。事实上，这一理解构成了未成年人司法中政府监护的基础。

在 Winship 案中，最高法院为了避免对于宪法的合理怀疑标准仍存有疑问，特别明确地认定正当程序条款保护未成年被告人被定罪，除非检察官一方对于每一构成被告被起诉的犯罪事实能证明至超出合理怀疑的程度。最高法院认为，证明至超出合理怀疑程度的标准，不仅是美国成年人刑事诉讼，同时也是未成年人刑事诉讼程序体系中的重要部分。Winship 案再一次将正当程序保护扩展到未成年人刑事诉讼，所有未成年人案件，都与成年人案件一样，要判决被告人有罪，必须达到排除合理怀疑的证明标准。虽然“排除合理怀疑”究竟需达到怎样一种标准，至今仍存在争议，但是它却使未成年人与成年人一样，在被判定罪和判处刑罚时，能获得同等的保护。

四、评价及对我国的启示

事实上，随着 Gault 案作出判决，在未成年人违法诉讼中是否运用陪审团审判和排除合理怀疑的证明标准，就变成了迫切需要解决的问题。Gault 案判决之后评论的主题之一，就是最高法院对未成年人法院成就的批评以及最高法院将未成年人法院定性为与刑事诉讼功能相似，这为刑事证明标准纳入未成年人违法裁决听证会提供了坚实的宪法基础和政策理由。

在 Winship 案之前，美国的一些州和联邦法院，包括美国最高法院就已经对未成年人违法诉讼程序中是否适用排除合理怀疑的证明标准有了很多的探索。1967 年，在 In re Urbasek 案中，伊利诺伊州最高法院认为州法院再也不能依赖“民事优势证据”标准来证明根据州未成年人法院法提出的未成年人违法指控。[①] 该法院在 Gault 案中发现“超越所涉及的具体问题的灵魂”，得出结论，“在授予被指控违法的未成年人与被指控犯罪的成年人同样的程序权利的同时，通过允许依靠低于刑事定罪的证明标准裁定未成年人违法从而剥夺这些权利的完整功效，这是与正当程序或平等保护不一致的”。结果，伊利诺伊州法院裁决以刑事行为为基础的未成年人违法裁决，只有当被指控违法的未成年人的违法行为被证明到排除合理怀疑的程度才有效。这一裁决从程序非正式的、政府监护式的未成年人法院诞生的管辖权中产生，这是 Gault 案所提出的法律革命的标志。

美国第四巡回上诉法院在 United States v. Costanzo(1968)案中采纳了相似的规则，其主张可能导致机构监禁的未成年人违法诉讼必须被视为刑事诉讼，以确定程序标准。[②] 像伊利诺伊州法院一样，该联邦法院将 Gault 案的主题理解为未成年人违法诉讼与刑事审判的相似性。法院解释道：“我们看到未成年人所应享有的像成年人一样充分的保障措施与超出合理怀疑的证明要求之间存在令人信服的相似性。”上诉法院因此总结认为，为被指控违法的未成年人提供低于刑事成年被告人的证明标准显然违反正当程序和平等保护。

Gault 案件的律师之一，丹尼尔·瑞兹纳克在一个来自俄亥俄州的案件 In re Whittington(1968)中，首次有机会向最高法院呈现证明标准的问题以及其他刑事正当程序要求。瑞兹纳克认为，俄亥俄州的《未成年人法典》不恰当地允许州未成年人法院在未成年人诉讼中根据不合宪的低证明标准认定未成年人违法，这些未成年人诉讼也剥夺了未成年人获得陪审团审判、公正法庭、保释和免于自证其罪等宪法权利。然而，最高法院将此案发回俄亥俄州上诉法院重审，避免了对这些诉求作出裁判。

1969 年从内布拉斯加州最高法院上诉的 Debacker v. Brainard 案给

---

① In re Urbasek, 232 N. E. 2d 716(ILL. Sup. Ct. 1967).

② United States v. Costanzo, 395 F. 2d 441(4th Cir. 1968).

了最高法院强调陪审团审判和证明标准问题的第二次机会。[①] 但最高法院在 Debacker 案中却并无远见地授予调卷令，而是再一次避开了这些实质性问题。在口头辩论中，未成年人迪贝克(Debacker)的律师承认，在未成年人违法听证会中呈现的针对其当事人的证据，按照合理怀疑标准和内布拉斯加州不够严格的优势证据标准已经足以支持未成年人违法裁决。鉴于这一“值得称赞的直截了当的”承认，最高法院认为 Debacker 案并不是“在未成年人诉讼中考虑证据标准的合适案件”。最高法院也拒绝裁决陪审团审判问题，因为在 Debacker 未成年人听证会进行的时候，这项要求还没有被纳入刑事诉讼。

In re Winship(1970)作为一个有关证明标准问题的案件，已经是最高法院的第三次机会。[②] Winship 案之所以最终成为美国未成年人刑事诉讼的一个里程碑式案件，主要是它所拥有的三大特征使它区别于 Whittington 案和 Debacker 案。(1)它从纽约州到达最高法院，纽约州曾经是首先摒弃政府监护式未成年人诉讼的不同程序要素的州法院之一。(2)该州的改革者已经以摈除该州家事法院法剩余的政府监护程序组成部分之一，即依靠民事优势证据标准证明未成年人违法裁决为目标，并且正在积极寻求一个合适的案件来实现这一目标。(3)Winship 案中的下级法院记录表明家事法院依靠优势证据标准产生的未成年人违法裁决，如果按照排除合理怀疑标准可能不会得出此裁决。历史的车轮滚滚向前，这些特征使得 Winship 案成为未成年人法院宪法化的“核心三部曲”案件中第三个裁决的案件。

Winship 案的判决，向我们揭示了美国未成年人刑事诉讼的发展史，实际上是在不断地接近成年人刑事诉讼程序保护的过程。这是美国未成年人刑事诉讼发展的一个主要特征。美国宪法所规定的有关正当程序条款，最初只适用于成年人刑事诉讼，主要目的是赋予犯罪嫌疑人、被告人

① Debacker v. Brainard, 396 U. S. 28(1969).

② In re Winship, 397 U. S. 358(1970).

权利，从而对抗或制衡以国家强制力为背景的国家权力。但最初的未成年人刑事诉讼并没有这种制度设计，原因是未成年人的违法诉讼并不认为是国家查明犯罪和惩罚犯罪的刑事诉讼，而是以改造未成年人和保护未成年人远离刑法为目的的民事诉讼。但是，随着越来越多的未成年被告人被监禁、越来越多的未成年被告人被定罪，这样的初始目的越来越多地受到质疑，最终美国最高法院的系列判决使得未成年人刑事诉讼程序越来越接近于成年人刑事诉讼所享有的程序保护。也就是说，未成年人违法诉讼逐渐抛弃了原有的民事诉讼性质，而成为强调程序保护、更多程序要素的刑事诉讼程序。

这样的发展路径与我国未成年人刑事案件诉讼程序的发展路径是不同的，这在关于 Gault 案的启示中就有过分析，所以这里不再赘述。但是，相比于 Gault 案，Winship 案给我们的启示更多在于证明标准与正当程序保障之间的关联。

美国未成年人刑事诉讼有关证明标准的逻辑是对未成年人的违法诉讼导致未成年人被定罪并被刑事处罚，这一结果决定了对未成年人的违法诉讼是刑事诉讼的性质，因此从无罪推定角度，要证明被推定为无罪的未成年犯罪嫌疑人、被告人有罪，国家必须适用最高要求的证明标准。在本质上，Winship 案要求将排除合理怀疑的证明标准同样适用于未成年人刑事诉讼程序，是进一步确认了刑事诉讼作为对公民个体的自由和人身最严重的限制，法律必须要在证据和事实上严格把关，以防止对公民个体人身自由权利的不当侵犯。

我国对未成年人犯罪行为的追诉，自它诞生之日起，就属于刑事诉讼的性质，我国的立法也是对成年人和未成年人犯罪的证明标准不做区分。因此，我国并不存在美国在 Winship 案中所争论的对未成年人刑事诉讼是否应该适用成年人刑事诉讼证明标准的问题。我国之所以 2012 年在《刑事诉讼法》中确立独立的未成年人刑事诉讼程序，也是为了“更好地保障未成年人的诉讼权利和其他合法权益”。[①] 对于未成年人刑事诉讼的发展，我们的焦点一直都集中在该如何增加未成年人在刑事诉讼中相关权利以及如何保障这些权利能够实现。这也是2012年《刑事诉讼法》在确立独立的未成年人刑事案件诉讼程序最重要的贡献。而对于证明标准问题，我国立法在未成年人刑事案件特别程序中并没有专门涉及。我国目前的未成年人刑事诉讼的证明标准是按照成年人刑事诉讼程序的规定而适用的。这样的规定，说明了我国未成年人刑事诉讼对证明标准具有很高的要求。按照我国目前的立法规定，证明标准的具体内容是“证据确实充分，排除合理怀疑”。所谓的证据“确实充分”，是指定罪量刑的事实都有证据证明；据以定案的证据均经法定程序查证属实；综合全案证据，对所认定事实已排除合理怀疑。[②] 从这一条款我们可以看出，我国刑事诉讼中的“确实充分”非常强调“实”，即事实的查清、查实。但很显然，除了证据证明事实之外，案件事实还需要合法的证据通过合法的程序证明。所以，2012年《刑事诉讼法》的证明标准增加了“排除合理怀疑”，这很大程度上弥补了原先“确实充分”的证明标准的僵硬、呆板和不全面的缺陷。它给予事实认定者能够依据一定的主观认识和对法律的理解而作出对案件的裁断，从而最大限度地实现刑事诉讼查明案件事实和保障人权的双重目的。

但是，我国证据理论对证明标准的界定，并没有随着刑事诉讼有关证明标准的具体内容的改变而有所改变。我国的证明标准被定义为“诉讼中对案件事实等待证事项的证明所须达到的要求”“是衡量对刑事案件事实的证明是否达到证明要求的具体尺度”。[③] 显然，这些定义主要还是着重于证明标准对证明的工具性要求，而没有体现证明标准的诉讼价值观。

---

① 2012年3月8日，全国人民代表大会常务委员会副委员长王兆国在第十一届全国人民代表大会第五次会议上《关于〈中华人民共和国刑事诉讼法修正案（草案）〉的说明》。参见http://www.gov.cn/2012lh/content_2086875.htm。

② 《中华人民共和国刑事诉讼法》第53条。

③ 转引自熊晓彪：《刑事证据标准与证明标准之异同》，《法学研究》2019年第4期，第192页。

随着我国证明标准具体内容的更新，我国证明标准的定义除了是证明案件事实所应达到的程度或要求之外，还应当强调证明的程序合法性。我认为，我国刑事诉讼的证明标准应当被定义为“合法地证明案件事实应达到的程度或要求”。

近年来，鉴于性侵未成年人案件频发，造成了极其恶劣的社会影响。有人提出，是不是应该降低性侵未成年人案件的证明标准，让罪犯得到迅速的惩罚？第一，必须强调，性侵未成年人案件中的未成年人往往是被害人，而非犯罪嫌疑人或被告人。第二，未成年人刑事诉讼主要调整的是未成年人作为犯罪嫌疑人、被告人的案件。而非被害人是未成年人的案件。第三，被害人无论是成年人还是未成年人，不是决定适用未成年人刑事诉讼和成年人刑事诉讼的理由。决定是否适用未成年人刑事诉讼程序，关键取决于被告人是否是未成年人。所以，被害人是未成年人而被告人是成年人，那么仍然会被适用成年人刑事诉讼程序。但是因为被害人是未成年人，所以在询问未成年被害人时，会适用未成年人刑事案件诉讼程序中讯问未成年犯罪嫌疑人和被告人的规定，比如要通知未成年被害人的法定代理人到场。无法通知、法定代理人不能到场或者法定代理人是共犯的，也可以通知未成年被害人的其他成年亲属，所在学校、单位、居住地基层组织或者未成年人保护组织的代表到场，并将有关情况记录在案。到场的法定代理人可以代为行使未成年被害人的诉讼权利。

到场的法定代理人或者其他人员认为办案人员在讯问、审判中侵犯未成年人合法权益的，可以提出意见。询问笔录、法庭笔录应当交给到场的法定代理人或者其他人员阅读或者向他宣读。询问女性未成年被害人、犯罪嫌疑人时，应当有女性工作人员在场。

所以，性侵未成年人案件虽然造成了恶劣的社会影响，但是刑事诉讼作为国家打击犯罪、追究罪犯刑事责任的机制，不能因为案件的恶劣或者被害人是未成年人而降低立法所规定的证明标准。

2017 年 11 月，最高人民检察院发布了第十一批指导性案例，涉及的三个案例均是侵害未成年人犯罪案件。在谈到如何准确把握性侵未成年人犯罪证据审查判断标准时，最高检未成年人检察工作办公室领导指出："性侵害犯罪较之其他犯罪，一般存在取证难、认定难的问题。性侵害未成年人犯罪更加存在客观证据、直接证据少以及被告人一般不认罪的特点。齐某这起案件就很有代表性。齐某一直不认罪，直接证据只有被害学生的陈述，此外还有被害人同学证言等一些间接证据和传来证据。在这样的情况下，最高人民检察院对本案的抗诉书和最高人民法院的终审判决书都认定了齐某的犯罪事实。因此这个案例在此类案件正确审查认定方面就有很强的指导性意义。对性侵未成年人犯罪案件证据的审查，要根据未成年人的身心特点，按照有别于成年人的标准予以判断。审查言词证据，要结合全案情况予以分析。根据经验和常识，未成年人的陈述合乎情理和逻辑，对细节的描述符合其认知和表达能力，被告人的辩解没有证据支持，结合双方关系不存在诬告可能的，应当采纳未成年人的陈述。"[①]这个案件其实最关键的部分是没有实物证据，但是依靠言词证据而认定被告人无期徒刑。这个指导性案例其实并没有降低刑事案件的证明标准，而是考虑到性侵案件的特征以及未成年被害人的特殊性，强调审查证据，要根据未成年人的身心特点，结合全案情况予以分析，同时根据经验和常识加以判断。所以在一定程度上，采取了有别于成年人案件的证据审查。这个案件尽管被告人是成年人，但是其中涉及的对未成年被害人言词证据的审查判断方法，也可以适用于未成年人犯罪案件。通过审查全案证据，建立完整的证据链，从而认定案情。

同样的道理，未成年人刑事诉讼程序，虽然追求人性化的审判未成年人犯罪案件，但是在认定案情的证明标准上，不能也从未降低过标准。鉴于未成年人案件的特殊性，在特定类型的案件上，可能在审查判断证据的方式和方法上与成年人案件有所区别，但是强调案件事实清楚、证据确实充分的证明标准不能降低。

---

① 《最高检：性侵未成年人犯罪证据审查有别于成年人标准》，参见 http://china.huanqiu.com/article/2018-11/13578390.html? agt=15422。

第六章 审前预防性拘押未成年人不违宪

——Schall v. Martin 案[①]

一、纽约州未成年人法院程序

在纽约，如果未成年人被指控是由成年人实施构成犯罪的行为，那么这个未成年人会作为未成年人罪犯而在家事法院被起诉。《纽约家事法院法》规定了审判涉罪未成年人的框架。其中，该法第 320.5(3)规定，如果“未成年人在返回(法院)日之前，具有实施若是成年人则构成犯罪的行为的严重危险”，则要对这个未成年人实施审前拘押。在未成年人被拘押之后，会尽快安排其在家事法院法官面前初次出庭。法官通常会对罪行进行审查，并对是否继续羁押或释放未成年人提出建议，并且未成年人和他(她)的代表可以在法官面前发表意见。法官然后决定是否在审判之前羁押未成年人。根据该法，被羁押的未成年人有权在羁押后的 3 至 6 天内就可能性根据(probable cause，即羁押的证明标准)进行听审。在可能性根据听审之后的 3 至 14 天内，必须进行庭审。在对未成年人罪行审判之后，法院则会举行处置听审，以决定科处何种刑罚。在作出量刑决定的过程中，法院必须考虑未成年人的最大利益，并一般认为羁押是一个“严

---

① Schall v. Martin，467 U. S. 253(1984).

厉的方法”。法院常常认为，在审前羁押期间的时长足以对未成年人予以惩罚，因此不会再对未成年人科以监禁刑。并且，在羁押设施紧张的情况下，法官也不情愿对未成年人再科以更长的时间关押在监所里。所以，根据纽约《家事法院法》被拘押的大多数未成年人在处置听审之前或处置听审之后，很快就被释放了。[①]

二、Schall v. Martin 案的相关情况

1977 年 12 月 3 日，格兰戈里 · 马丁（Gregory Martin）被拘留，在他宣称用装有实弹的手枪袭击了另一个年轻人的头部并偷走了这个年轻人的外衣和鞋子之后，被指控犯有抢劫、攻击和拥有武器罪。警察在拘捕马丁时，他仍然持有手枪。因为马丁为 14 周岁，所以该案由纽约家事法院管辖。根据《纽约家事法院法》，法官法拉拉（Ferrara）举行了一个决定马丁是否应当在审前被拘押的听审。尽管马丁没有前科记录，但法官仍然下令根据纽约《预防性拘押条款》羁押马丁。法拉拉法官的决定基于三个因素的考虑：罪行发生在晚上较晚时间、马丁拥有武器、并且马丁对警察撒谎。

在 12 月 9 日的可能性根据听审时，法院认为所有指控的罪行均存在可能性根据。从 12 月 27 日至 29 日，法院举行了事实认定听审，并认定马丁犯有抢劫罪和刑事拥有武器罪。在 1978 年 2 月 14 日的处置听审中，法院判决马丁两年缓刑。总之，马丁根据《纽约家事法院法》被拘押了总共 15 天。

在审前预防性拘押期间，马丁根据纽约州法律的《预防性拘押条款》，跟其他一些被告人一起提出了人身保护的集团诉讼。这些被告人包括路易斯 · 罗斯拉里（Luis Rosrario）和凯纳斯 · 摩根（Kenneth Morgan），同时还有另外 31 人也加入了这个案件的诉讼。这个集团诉讼成员意在寻

---

① Martin v. Strasburg, 689 F. 2d 365—369.

求一个宣告性判决，即《纽约家事法院法》违反了第十四修正案正当程序和平等保护条款。[①]

针对这个集团诉讼，纽约地区法院认为，上诉人在向联邦法院寻求救济之前，没有穷尽州救济手段，因为纽约最高法院之前就反对这个法案的诉讼已经作出过驳回的决定。随后地区法院也拒绝了上诉人提出的有关平等保护的主张。不过，地区法院同时认为，因为未成年人的审前拘押实际上构成了"惩罚措施"，因此它违反了未成年人的正当程序权利，缺乏未成年人法院诉讼程序要求的基本公平。法院随后命令释放所有根据该法案而被羁押的未成年人。[②]

第二巡回区法院确认了地区法院的决定。第二巡回区法院认为，《纽约家事法院法》主要被用来科以刑罚，而不只是为了预防。所以，第二巡回区法院认定《纽约家事法院法》违宪。[③]

案件最后上诉至美国最高法院，法院指出了可能的管辖权问题。在最高法院审理期间，艾伦·夏尔(Ellen Schall)取代了保罗·斯特拉斯伯格(Paul Strasburg)，作为纽约市未成年人司法部门的代表，成为该案件的上诉人。最高法院按照伦奎斯特大法官的意见，推翻了低级法院的判决。首席大法官伯格、大法官怀特、大法官布莱克蒙、大法官鲍威尔和大法官奥康纳都是多数意见的支持者。而大法官马歇尔则是少数意见持有者，并撰写了该案的反对意见，同时大法官布伦南和斯蒂文森也是该案的反对者。

三、美国最高法院的意见

（一）多数意见

在 Schall v. Martin 案件中，美国最高法院认为《纽约家事法院法》是

① Schall v. Martin，104 S. Ct. at 2408.

② Schall v. Martin，104 S. Ct. at 2408—2409.

③ Martin v. Strasburg，689 F. 2d 373(2d Cir. 1982).

否公平，必须基于以下三个问题的回答：一是为符合基本公平的要求，纽约州必须能够说明剥夺未成年人的自由，只有在具有正当的州目的时才具有正当性；二是根据最高法院在 Bell v. Wolfish 案的决定，如果对未成年人的审前拘押构成惩罚的话，那么审前羁押在合宪性上是不充分的[①]；三是法案必须提供充分的程序保障，以确保法案并没有违反被羁押未成年人的宪法权利。

最高法院的多数意见强调了社会或国家在保护社区免于犯罪方面具有"正当的和重要的州利益"。最高法院认为，对未成年人的预防性羁押，只有基于能保护未成年人免于他们自己的行为而导致的不利后果，以及保护社会免于遭受这些年轻罪犯所导致的伤害，才具有正当理由。所以，最高法院坚持，只有符合正当性管理目的的对未成年人的预防性拘押，才与未成年人诉讼程序中的正当程序条款所要求的"基本公平"相符。

伦奎斯特大法官指出，该案争论的焦点是对未成年人审前的预防性羁押是否与正当程序的基本公平要求相符。在多数意见中，大法官们提出要解决这个问题，取决于以下两个问题是否能够得到很好的回答：一是预防性羁押是否达到了保护国家的正当目的？二是《纽约家事法院法》对被指控的未成年人是否提供了充足的程序保护？

最高法院认为，只有两个理由能够满足对未成年人的审前羁押符合正当程序要求：一是未成年人只有最低限度的自由利益，因为"未成年人与成年人不同，总是在一些形式的监管之下"。二是最高法院多数意见的得出是基于一些事实，即每个州允许对指控犯罪的未成年人予以预防性羁押，并有一些州制定了允许预防性羁押的州法案明示地予以支持。最高法院通过引用这些法案和案件来说明"关于审前羁押未成年人的统一立法判例有效地促进了社会和未成年人的利益"。

尽管最高法院认为未成年人享有实质性的自由而免于机构的任何限制，但是法院同时认为，对未成年人的审前羁押实现了保护未成年人免于

---

① 441 U. S. 520(1979).

遭受自身刑事行为造成的后果，以及保护社会免于遭受未成年人犯罪造成的损害的双重目的。最高法院通过比较未成年人享有的自由利益以及与之相对立的保护社区免受犯罪侵害的国家利益这两种互相对立的利益之后，得出如下结论：对未成年人的预防性羁押“满足未成年人刑事诉讼程序正当程序条款要求的‘基本公平’以及相关的正当管制目的”。[①]

除了保护社区免受犯罪侵害之外，最高法院还认为，国家必须保护涉入刑事行为的未成年人享有免受伤害的利益，以及保护未成年人免受因为刑事行为而遭受的来自同伴的压力。法院认为，这些国家利益大于未成年人的自由利益，所以，预防性羁押与基本公平的要求相符。为了得出这个结论，最高法院参考了 50 个州的法律，这些州均允许对未成年人采取一些形式的预防性羁押，另外还有 8 个州法院也支持这些法案。

伦奎斯特大法官接着阐述了对未成年人的审前羁押是否构成惩罚这一问题。根据此前的最高法院判决，如果审前羁押构成惩罚，那么它就违反了未成年人正当程序权利。为满足宪法的要求，羁押必须与正当的州管制目的相符。最高法院认为，对未成年人的审前羁押不是惩罚，因为法案并没有载明羁押是一种惩罚方式，并且羁押的情形也不构成惩罚。对未成年人的审前羁押，不仅羁押有时间的限制，最长不能超过 17 天，并且未成年人有权享有可能性根据和事实发现的听审。并且，就羁押的条件而言，都表明是为了管制而非惩罚目的。最高法院认为，可以依据个案的裁决认定审前羁押决定的有效性，因为纽约州法案在文本上是有效的。

最高法院接着审查了为未成年人提供的程序保护的有效性，并认为这些保护满足宪法的充分性要求。被上诉人在审判期间提出 Gerstein v. Pugh 案曾要求在羁押之前必须存在可能性根据[②]，最高法院对此基于两点理由予以反驳：一是 Gerstein 案为各州提供了一系列程序试验的灵活性，以确保符合正当程序的要求，而不是严格地必须有可能性根据的要求。二是《纽约家事法院法》与法院在 Gerstein 案中的要求相比，提供了

---

① Schall v. Martin, 104 S. Ct. at 2412.

② Gerstein v. Pugh, 420 U. S. 103(1975) at 114.

更多程序性的保护。所以最高法院认为,《纽约家事法院法》规定的程序是充分的,符合第十四修正案的宪法要求,并且也符合 Gerstein 案的要求。

多数意见同时指出,最高法院并不是一个立法机构,也并非一个起草模范法案的委员会。最高法院的功能是严格地审查纽约法案的合宪性。根据严格审查,最高法院认为,对未成年人的预防性羁押的管制目的与第十四修正案的正当程序条款相符。

(二)少数意见

最高法院的少数意见主要集中在大法官马歇尔、布伦南和斯蒂文森身上。他们对多数人意见提出的政府惩罚犯罪的目的比对被羁押的未成年人造成的负面影响更重要,以及对《纽约家事法院法》为未成年人提供了充分的程序保护的观点并不认同。

持少数意见者指出,《纽约家事法院法》必须满足两个要求才能符合基本公平要求:一是法案必须推进相关目标,以说明对未成年人宪法权利造成负担具有正当性;二是法案必须不能惩罚未成年人。[①] 但是他们发现,《纽约家事法院法》并不满足上述两个要求。

尽管少数意见提出了上述两个要求,但主要还是就审前羁押的惩罚性方面加以讨论。第一,少数意见持有者讨论了法案对未成年人宪法权利科以的负担。他们认为,多数意见声称预防性羁押只是将监管权从父母转移到国家身上,"这很难接受"。少数意见指出,"多数意见极力逃避对未成年人羁押产生的压力"。未成年人与成年人一样,因为被羁押而受到名誉损害和自由移动的限制。并且,少数意见援引了地区法院的判决,认定被审前羁押的未成年人遭受脱光身体搜查,并且他们当中的一些人与接受长期关护的未成年人羁押在一起。

第二,少数意见同意多数意见中所阐述的对未成年人的审前羁押不

---

① 104 S. Ct. at 2423.

能构成惩罚或在宪法上有瑕疵。但是,少数意见对多数意见中所指出的正当的国家目的不满,所以就预防性羁押而言具有正当性的观点不能赞同。少数意见认为,法案并没有推进正当的国家目的,所以法案是违宪的,因为它在认定一个人有罪之前对这个人科以刑罚。少数意见还认为,未成年人被预防性羁押,那么保护未成年人和使社会免于未成年人犯罪的国家目的就被最小化地强调。同时,因为国家目的而被羁押的这些案件与没有任何目的而被羁押的案件不能区分开来。

少数意见主要通过强调以下三点来支持他们的结论:一是法官无法决定哪一个未成年人会在释放后再犯罪;二是法案没有区分哪个未成年人会在将来可能犯罪,哪个是因为轻微罪行或并没有前科而被拘留;三是低级法院没有理由认为被羁押的未成年人在他们被释放期间可能犯罪。事实上,许多未成年人在拘留后被释放。尽管他们没有涉入刑事行为,但他们也会在初次出庭后和在事实发现听审之前被拘押。少数意见举了一个例子,一个未成年人因为玩一种纸牌游戏而被羁押了 5 天,但是这个未成年人之后被释放,因为他的这种玩牌行为并没有触犯法律。少数意见质问,为什么一个未成年人在初次出庭和庭审之间要比在拘捕和初次出庭更有可能犯罪? 显然,这个理由并不明显。

少数意见认为,因为这些不充分,因此国家保护未成年人和社会的目的也极大地被削弱。显然,未成年人并不能从这种羁押中获利,并且国家的亲权监护角色也以失败告终。马歇尔大法官特别指出,国家亲权责任下的未成年人司法体系是为了帮助未成年人,但是预防性羁押法案却是更多地伤害了未成年人。根据这个法案,被羁押的大多数未成年人并没有得到帮助,因为他们在被释放期间不会犯罪,并且这个未成年人被剥夺自由,可能因为“未成年人犯”的标签而名誉受损。此外,公众也不能从这些已经被释放也不会犯罪的嫌疑人审前羁押中获利。

少数意见同时批判了多数意见指出的对审前被羁押的案件予以一个一个依次裁决的观点。他们认为,由于羁押的时间有限,因此在法案的合宪性被推翻之前,具体的未成年人个案就没有实际意义。此外,寻求对羁押的合宪性进行挑战的被羁押人必须得证明如果他们被释放，他们将不会再犯罪，因此对他们的羁押是不符合宪法要求的。少数意见最后得出结论，为保护被羁押的未成年人中大多数人的权利，审前羁押未成年人并不具有国家利益，必须认定这是违宪的。

马歇尔大法官接着批评了法案缺少足够的程序保障，认为法案并没有提供给法官一定的指示，以指导他们应该考虑哪些证据、何时决定是否该羁押一个未成年人；并且法案也没有要求法官必须考虑未成年人过去的刑事记录或罪行的严重性。因为法案没有提供具体的指示，所以法官在作出审前羁押决定的时候就具有了不受限制的裁量权。

此外，基于 Mathews v. Eldridge 案的判决①，少数意见认为，《纽约家事法院法》规定的程序保护不能防止对未成年人错误的羁押，这些未成年人可能并不构成对社会的威胁。少数者认为，第一，因为个人的自由处于危险中，所以法院应当要求足够的程序保护；第二，未成年人具有很大的危险可能性被错误地羁押；第三，因为额外的保护措施而导致的行政性负担也非常显著。

最后，马歇尔大法官指出，他没有太充分的理由支持纽约州有关预防性羁押的法案。他将 Schall v. Martin 案的情形类比到其他案件，这些案件中法院均判定市法令无效，因为这些法令给予当地官员“缺乏标准的自由裁量权”以判处违反程序正当原则的惩罚。马歇尔大法官认为这些案例均支持拒绝现在的这种情形，因为“未能提供有意义的指南，从而为法官制造使用非正当的标准以决定是否对未成年人在等待审判期间被羁押。”

总之，马歇尔大法官担心这部法案会使它的受害人对刑事司法系统产生不当的认知，因为这部法案没有产生公共目的而足以抵消它所导致的害处。尽管国家具有保护儿童的权力和责任，但是马歇尔大法官则强调，如果最高法院支持这部法案，那么对受这部法案影响的大多数未成年

① 424 U.S. 319(1976).

人将产生重大的负面作用。[①]

（三）案件判决后引发的争论[②]

Schall v. Martin 案最终以美国最高法院支持《纽约家事法院法》而告终。该法案于 1983 年 7 月 1 日起生效，并适用于所有的未成年人程序，包括上诉程序及判决之后的程序。该法规定，一个被指控犯罪的未成年人，如果表现出了可能在审判之前再犯罪的“严重危险”，那么就可以在审前对未成年人采取预防性拘押。这项判决曾经引起很大的争议。

反对者认为，第一，最高法院的逻辑存在一些漏洞。尽管未成年人司法系统传统上是基于监管转移的概念，但是这个概念内在的逻辑多年来一直受到质疑。父母的“限制”不能严肃地与机构的限制或羁押相提并论，因为在机构内未成年人可能被脱光身体接受检查，并被强迫穿上机构的衣服和遵循机构的一些要求。同时，最高法院引用了多个州采用纽约州的审前羁押未成年人的做法作为论据，但是并没有说明这种统一立法判例的相关性，而是把这种信息作为证明对未成年人予以审前羁押来保护社会的证据。

第二，在作出审前羁押的决定时，法官需要预测未成年人将来会涉入新的犯罪。但是这种预测的可靠性值得怀疑。地区法院认为受训练的犯罪学家不能预测哪个未成年人会涉入犯罪，并且专家证人也认为法官只是比偶然性多 4%的可能性能够预测未来的刑事行为。心理学家也不能准确地预测未来的刑事行为。但是纽约法案却要求法官在未成年人初次出庭之后的 3 至 14 天决定其是否会犯新罪。显然，对未来刑事行为的预测，尤其是在这么短的时间内，其准确性非常值得怀疑。另外，最高法院支持在很多场合运用心理学知识来预测危险的行为，但是法院从来没有在一个人被法院裁决有罪之前，单纯基于一个人将会犯罪的预测而对这

① 104 S. Ct. at 2420—2433.

② Lee A. Weiss. Fourteenth Amendment—Due Process and the Preventive Detention of Juveniles. *Journal of Criminal Law and Criminology* Vol. 75, No. 3, 1984: 855—874.

个人科以监禁。Schall v. Martin 案成为最高法院允许法官对被指控的未成年人作出有关危险性的独立预测的首个案件。

最高法院曾经在许多其他案件中支持使用有关危险行为的预测。比如在 Jurek v. Texas 案中,最高法院支持州死刑法案,该法案允许陪审团考虑被告人将来会涉入反社会行为的可能性。法院认为,假释委员会有资格预测未来出现的危险行为。最高法院确认了假释委员会有必要涉入将来危险行为预测的决定。又如,在 Barefoot v. Estelle 案中,最高法院支持了心理学家在死刑案件量刑阶段作证的合宪性。① 该案中,心理学家的证词表明定罪的杀人犯可能在将来再犯严重罪行。最高法院认为,诉讼程序的抗辩式特征允许被告人反驳作证的心理学家提出的观点。但是该案与 Schall v. Martin 案有两点很重要的区别:一是在 Schall v. Martin 案中,法官作出关于未来是否再犯罪的预测,但是却没有证据表明法官具有作出这种预测的资格和能力;二是最高法院在 Barefoot 案中支持心理学家的证词,是因为专家证人被交叉询问,同时允许向对方提供相反的证据。显然,评价未成年人在审前具有犯罪的"严重的危险"并没有受到抗辩式诉讼程序的同样保护。所以,Barefoot 案并不能说明最高法院在 Schall v. Martin 案中支持法官对将来危险行为作出预测的正当性。

第三,批评者指出,最高法院认为审前羁押并不构成惩罚,这一论点站不住脚。此前,在 Bell v. Wolfish 案中②,最高法院设定了成年人可以在审前被预防性羁押的条件。Wolfish 案涉及为保证在庭审出庭的审前被羁押人的监禁问题。成年人被羁押是合乎宪法的,这在 Wolfish 案中不存在疑问。但该案提出的一个关键问题是对审前被羁押人科以的行政规则是否构成在判决有罪之前的惩罚。

最高法院在 Wolfish 案中认为,惩罚可以有三种形式:由法案明确地规定某种行为是一种惩罚,国家采取的行为是武断的或无目的的,以及国家行为并非履行正当的国家目的。据此,最高法院认为,根据这些条件对

① 103 S. Ct. at 3383(1983).

② 441 U. S. 520(1979).

成年人的审前羁押并不构成惩罚，因为并不存在惩罚成年人的明示意图，这种行为也不是武断的或无目的的，以至于法院不会认为国家行为是一种惩罚。最高法院认为，对被羁押人科以一些规定也是为了正当的监管目的。对被合宪地羁押的成年人科以一些规定，是为了确保这些被羁押者和看管者们的安全。

相反，Schall v. Martin 案的问题不只是监禁的条件是否构成惩罚，而是未成年人能否在审判之前被羁押。Wolfish 案中关于惩罚的概念不足以解决这个问题，因为 Wolfish 案的定义只会适用于被合宪的羁押的那些成年人的监禁条件。正当的监管目的本身不足以将对未成年人审前的预防性羁押界定为非惩罚，因为个人自由受到了危险。

审前羁押的条件也令人担忧。虽然最高法院的多数意见有相关的证据支持"监禁的条件也反映出监管的目的取决于州"，但是少数意见方似乎理由更充分，至少一些案件，被审前羁押的未成年人的关押条件和环境是比较糟糕的。被预防性审前羁押的未成年人可能与被宣告有罪的未成年人关押在一起，并且被预防性羁押的未成年人经常也遭受脱衣搜查。此外，法案并没有就关押的理由提供程序上的保障。当这些因素与为社会提供保护的目的相比较，似乎就不可避免地得出这种国家行为构成惩罚的结论了。

这个结论似乎也进一步得到了印证，一些法官将纽约法案直接作为一项惩罚性措施加以适用。比如，地区法院就判定家事法院可以将未成年人关押在与监狱相似的设施里，并且法官经常命令未成年人与其他被宣告有罪的未成年人关押在一起。① 此外，未成年人经常在被按照纽约法案羁押以后被释放，因为"法官认为他们的审前羁押构成足够的惩罚"。② 所以，尽管最高法院认为这种审前预防性羁押不构成惩罚，但是家事法院的法官仍然清楚地将这部法案不合宪地加以适用。

第四，被审前拘押的未成年人，也并没有被提供充分的程序保障。

---

① Schall v. Martin, 513 F. Supp. At 695 n. 5.

② Schall v. Martin, 104 S. Ct. at 2429.

Schall v. Martin 案的多数意见认为，纽约法案提供了足够的程序保障以避免武断地适用预防性羁押。但是，如果仔细审查这部法案，就会发现两个严重的不足：一是法案给了家事法院的法官在决定法案适用到谁的问题上享有很大的自由裁量权。因为法案没有为法官提供足够的指示，以决定对未成年人适用预防性羁押问题上该考虑哪些因素，并且因为将来的行为不能被预测，所以法官无法适用“严重的危险”标准。二是纽约法案也没有为上诉法院提供在预防性羁押决定被上诉时应该适用的审查标准。

根据法案，法官必须在初次出庭和对羁押令状的可能性根据进行听审期间，对未成年人是否具有“严重危险”作出决定。如前所述，相关研究表明，这种决定不能由心理学家或法官作出。如果让法官去发现未成年人的行为可能对公众造成严重的威胁，那么法官必须要预测未成年人将来的行为。心理学家已经明确认为是不可能作出这种预测的，所以，法案并不能提供足够的程序保护，因为未成年人的羁押是基于法官对未成年人涉入刑事行为的预测而作出的决定。

相似地，因为法案不能提供给法官适用的一系列指南，所以法官就只能基于他们希望的自由裁量权而作出预防性羁押决定。尽管法官可以考虑未成年人过去的刑事行为，但是诸如未成年人的家庭环境以及未成年人被指控的犯罪的严重程序，都不是法官必须要考虑的因素。

而且，纽约法案并没有提供上诉法院在对预防性羁押决定提起上诉时必须遵循的审查标准。在 Furman v. Georgia 案中，最高法院认为，因为州死刑法案并没有提供复查的标准，所以是不合宪的。在 Schall v. Martin 案中，因为不充分的上诉审查标准，最高法院也应当相似地作出法案不合宪的决定。上诉法院可能不能作出家事法院武断行使权力的决定，因为法案并没有要求法官去考虑一些特别的情形。所以，最高法院应当认定《纽约家事法院法》违宪，因为法案没有规定上诉法院审查的标准。

Schall v. Martin 案是美国最高法院第一次允许州在审前限制人的自由，而非确保被指控者在庭审时出庭。这种限制的理由根本在于法官认为未成年人可能在审前涉入刑事行为的独立判断。显然对短期即将发生的违反社会行为进行预测已经超出了法官的专业性。尽管对将来危险行为的预测在其他一些案件中已经被允许，但是这些预测在宣告有罪之前从来没有被实施过。Schall v. Martin 案的判决只适用于未成年人，但显然它在对被宣告有罪之前的未成年人限制人身自由已经走出了第一步。

四、评价及对我国的启示

美国自从 1899 年在伊利诺伊州建立了第一个未成年人法院，之后每个州都采取了一套独立的未成年人罪犯程序。国家也被认为具有亲权责任并采用了一系列程序来保障未成年人顺利回归。法院的量刑也从法院对未成年人的监管到将被羁押人转到一个庇护所或其他专门为未成年人罪犯提供的设施。未成年人可能在法院监管下仍然与家人住在一起，或他们被安置在专门针对未成年人犯罪的设施机构里。其他方式还包括缓刑、短暂地将未成年人监护权转移给能够为未成年人提供适当照顾的个人或机构等。

如果父母不能履行他们的监管责任，并且他们的孩子被认定有罪，那么国家就会行使亲权责任并监管儿童。因为未成年人法院是以儿童的最大利益行使职责，并且只是将父母的监管权转移给国家，所以未成年人刑事诉讼程序被认为更具民事性质。所以，未成年人并不赋予成年人在刑事诉讼程序中享有的所有基本宪法权利。

但是在经过了半个多世纪的发展，美国未成年人刑事诉讼显然已经跳出了最先设计的未成年人司法框架。1966 年的 Kent v. United States 案，首次明确了未成年人享有第十四修正案正当程序条款赋予的公平对待的基本权利。[1] 之后，这个基本公平标准被用来解决许多未成年人法院诉讼程序有关正当程序的争议，系列的案件对未成年人在刑事诉讼中

① Kent v. United States，383 U. S. at 355(1966).

的各项权利做了进一步的确认和更新。比如1967年的In re Gault案确认了正当程序要求书面通知指控，未成年被告人享有律师辩护、反对自证其罪以及对质和交叉询问证人的权利。① 1970年的In re Winship案确认了正当程序要求排除合理怀疑的证明标准；②1971年的McKeiver v. Pennsylvania案确认了正当程序并不赋予未成年人享有陪审团审判的权利；③1975年的Breed v. Jones案确认了正当程序保护未成年人免于双重危险的权利。④

1984年的Schall v. Martin案是最高法院对某一未成年人确定有罪，而非以确保这个人能在庭审时在法庭出现为目的而在审前予以羁押的首个案例。Schall v. Martin案使得美国在审前拘押未成年人具有了合法性基础。虽然各州的做法不尽相同，但是一般来说，如果一个未成年人被拘留，通常24～48小时内，也有一些州是72小时内就会启动在未成年人法院法官面前的羁押听审。这个听审在不同的州有不同的称谓，比如传讯、初步听审、审前听审、合理根据听审等。在这个听审中，法官需要确认一系列事项，比如为未成年人指定辩护律师、未成年人对指控的拒绝或接受，决定未成年人是否应该被羁押或在审前释放，以及决定未成年人是否需要额外的服务等。法官还要决定未成年人是否能够出庭审判以及审查未成年人的正当程序权利。

根据美国一家全国性组织——青年司法运动(The Campaign for Youth Justice)2016年的一份报告，在2013年，全美大约有17 800个未成年人被羁押以等待法院的听审。在被违法指控的未成年人中，约有21%因此被审前羁押。被审前羁押的未成年人中，75%是因为非暴力犯罪的指控，比如财产犯罪、毒品犯罪、影响公共秩序犯罪、技术性的假释违法或身份犯罪，即如果是成年人则不构成犯罪的罪行，例如逃跑或违反宵

① 387 U.S. 1(1967).
② 397 U.S. 358(1970).
③ 403 U.S. 528(1971).
④ 421 U.S. 519(1975).

禁。[①] 另一项 2019 年的研究也指出，“审前羁押令人震惊的普遍。法官选择 26%被指控犯罪的未成年人予以审前羁押，这些未成年人很大一部分甚至不会被判刑。超过 9 500 名，大约 20%的未成年人不会被定罪，但却在法院庭审前被羁押”。[②] 可见，在实践中，审前预防性羁押未成年人在美国还是相当普遍的。当然这一实践，如同 Schall v. Martin 案的判决自诞生之日起就遭到一些人的批判那样，很多批评者认为，它对未成年人的人身自由造成了极大的侵害，也与传统的未成年人司法哲学，即帮助未成年人回归社会，并非惩罚年轻罪犯的宗旨不符。

美国是当今世界上最强调正当程序的国家。但是，很显然，它对未成年人刑事诉讼并没有采取如成年人刑事诉讼那般严格的程序保障，迄今，对未成年被告人，法官可以在审前羁押未成年人，并没有赋予其保释的权利。个中原因，最高法院在 Schall v. Martin 案中已经做了解释。首先，审前羁押可以保护未成年人再犯罪以及免受犯罪的不利影响，是对社区的一种保护；其次，保护没有足够监护条件的未成年人；最后，审前羁押不被认为是惩罚性的措施，并且有足够的程序保障。仔细想来，这些理由都不能类比成年被告人被审前羁押的理由。所以，对未成年人的审前羁押在美国也被界定为非保证未成年人到时出庭受审的措施，而是对犯罪的未成年人的一种保护。虽然对最高法院这一案件的判决的批评意见也觉得有合理之处，但是美国最高法院的判决意见以及相应的美国实践，也能从不同的角度给我们一些启发。

我国的未成年人刑事诉讼一直在努力追求人权保障，措施之一是立法专门规定了“对未成年犯罪嫌疑人、被告人应当严格限制适用逮捕措施”。[③] 所谓“严格限制适用”，是指在办理未成年人刑事案件时应当坚持“少捕慎捕”政策，切实做到“可捕可不捕的一律不捕”。对于已经被逮捕

---

① 参见 http://cfyj.org/images/factsheets/KeyYouthCrimeFactsJune72016final。

② Wendy Sawyer. Youth Confinement: The Whole Pie 2019. 参见 https://www.prison-policy.org/reports/youth2019.html。

③ 《中华人民共和国刑事诉讼法》第 280 条。

的未成年人，当发现不再具有继续羁押必要时，办案机关应当及时予以释放或变更为非羁押强制措施。对未成年犯罪嫌疑人、被告人不逮捕率是我国未成年人司法保护的一项重要指标。

逮捕在我国是一项强制措施，主要适用于同时具备"有证据证明有犯罪事实""可能判处徒刑以上刑罚"和"具有采取取保候审不足以防止发生的社会危险性情形之一"三种条件的犯罪嫌疑人和被告人。对逮捕的社会危险性条件进行综合审查和评估是未成年人审查逮捕程序的重要内容。2015 年，最高人民检察院、公安部《关于逮捕社会危险性条件若干问题的规定(试行)》详细规定了社会危险性的举证责任和审查认定等内容；2017 年，最高人民检察院《未成年人刑事检察工作指引(试行)》第 155 条规定了检察机关审查未成年犯罪嫌疑人社会危险性的材料来源；2018 年，《刑事诉讼法》第 81 条第 2 款规定，应当将犯罪嫌疑人、被告人涉嫌犯罪的性质、情节、认罪认罚等情况，作为是否可能发生社会危险性的考虑因素。实践中，对未成年人逮捕社会危险性的评估，通常都包括未成年人实施犯罪的情况、个人情况、家庭监护和帮教支持等方面。其中，未成年人的犯罪情况又包括犯罪类型、犯罪形态、是否共同犯罪、犯罪情节、处罚情节、量刑幅度、作用地位、作案次数、作案频率等具体内容；未成年人的个人情况又分为责任年龄、教育程度、自控能力、个人品行、就读就业、居住状况、犯罪记录、认罪悔罪等具体内容；家庭监护情况又包括监管情况、家庭收入、监护人品行、家庭关系等内容；帮教支持情况又包括学校教育、非在校未成年人所在社区情况、司法监督条件、单位帮教等具体内容。[①] "自 2016 年开始，检察机关对未成年犯罪嫌疑人的不批捕率整体进入 30%～40%的区间"[②]；也就是说，在我国，60%～70%的未成年犯罪嫌疑人在审前被逮捕，由于这一数据并没有包括因拘留而被羁押的未成年人，因此，我国至少有超过 60%～

① 王贞会：《未成年人严格限制适用逮捕措施的现状调查》，《国家检察官学院学报》2019 年第 4 期，第 62 页。

② 王贞会：《未成年人严格限制适用逮捕措施的现状调查》，《国家检察官学院学报》2019 年第 4 期，第 57 页。

70%的被涉入刑事诉讼的未成年人被审前羁押。

如果说，拘留在我国并不具有惩罚性质，但是因为逮捕可以折抵刑期，所以逮捕一定是具有惩罚性质的。即便如一向强调保障人权的美国也对未成年人采取审前羁押，但是，我们从美国国内对这一话题的讨论可以看出，对未成年人采取审前羁押必须遵循最低限度的原则。虽然我国每年被审前羁押的未成年人犯罪嫌疑人的人数在不断下降，立法也强调了严格适用逮捕措施，但是实践中高达60%～70%以上的未成年人被羁押的比例并不算少。当然其中有很多原因导致未成年人审前被羁押，比如未成年人可能实施新的犯罪、可能毁灭证据、干扰作证等，但是也有相当一部分未成年人是因为缺乏监护条件而被逮捕羁押的。国家应当对这部分未成年人予以特别关注。建议我国能够建立一些审前的监护中心，为缺乏监护条件的未成年人提供一个暂时的稳定居所，并加以有效管理，这将使缺乏监护条件的未成年人在审前有机会获得取保候审而不用承受被羁押的风险。目前在一些地方，已经有类似的监护中心的相关措施跟进。这是一个方向，需要检察机关、政府或企业、社会工作者同心协力，为未成年人创造良好的监护条件。同样重要的，是要为被适用逮捕措施的未成年人提供足够的程序保障。按照目前的法律规定，在审查批捕时，人民检察院应当听取辩护律师的意见。但是根据一项调查，在被调查的两省八市（区）中，没有任何一个地区的检察机关能够做到对其办理的所有未成年人审查逮捕案件都听取辩护律师的意见。尤其是对于提供法律援助的未成年人案件，占到相当比例的未成年犯罪嫌疑人，检察机关在审查批捕时并没有听取辩护律师的意见。[①] 笔者觉得，在目前我国仍然是检察机关单方面审查批捕的机制下，对于未成年人案件，在审前没有听取犯罪嫌疑人的律师意见的，一定要在卷宗中记录未能听取犯罪嫌疑人的律师意见的理由，并且在逮捕决定书中加以注明。另外，应严格遵循羁押的必要性审查，对没有必要继续羁押的未成年人，要及时变更强制措施。

---

① 王贞会：《未成年人严格限制适用逮捕措施的现状调查》，《国家检察官学院学报》2019年第4期，第60页。

第七章　未成年人不得被判处死刑

——Roper v. Simmons 案[①]

一、美国对未成年人适用死刑的终止

以谋杀定罪的未成年人适用死刑一直是一个颇受争论的话题。美国在 2005 年以前，是世界上少数的国家，以及是唯一的、民主的、工业化的国家允许对判处谋杀罪的未成年人实施死刑。1973—2004 年，一共有 228 个未成年人被判处死刑，其中 22 个被执行、134 个被推翻或改判。大多数被执行的案件（13 个）发生在得克萨斯州。未成年人死刑占自 1973 年以来美国近 7 000 个死刑案件的不到 3%，其中 2/3 的死刑罪犯是 17 岁的未成年人，1/3 是 15～16 岁的未成年人。到 2005 年底，一共有 20 个州授权对未成年人（18 周岁以下）可适用死刑，其中 9 个州规定最低年龄是 16 周岁或以下，5 个州规定最低年龄是 17 周岁，6 个州并没有规定最低年龄。允许对 18 周岁以下的未成年人适用死刑的州的数量之后逐渐减少，更多的立法规定可对未成年人适用死刑的州并没有对以谋杀罪定

---

① 543 U. S. 551(2005).

罪的未成年人实际适用死刑。[①]

美国最高法院在整个 20 世纪并无意处理未成年人罪犯死刑的合宪性问题。20 世纪 60 年代，当西欧国家已经开始废除死刑时，美国仅在赋予未成年罪犯宪法所保障的正当法理程序的权利方面进行了诸多改革，比如赋予未成年罪犯被通知权、获得律师帮助权、听证权、证人对质权、交叉询问权等。未成年人罪犯死刑的合宪性问题真正受到关注的是 1988 年的 Thompson v. Oklahoma 案。[②] 该案的被告汤姆森（Thompson）15 周岁，犯谋杀罪被判处死刑。最高法院最后认为对 16 周岁以下的未成年人罪犯判处死刑，构成残酷和非寻常的刑罚，违反第八和第十四修正案。当时多数意见的主笔斯蒂文森大法官审查了在决定是否残酷刑罚所适用的"不断演变的尊严标准"（the evolving standards of decency），发现在当时有死刑的 37 个州中，有 19 个州没有死刑最低年龄的规定，有规定死刑最低年龄的 18 个州中，规定的年龄也各不相同，从 16 周岁、17 周岁到 18 周岁不等。而最近实际被执行死刑的 16 周岁以下的未成年罪犯的案件则发生在 1948 年；也就是说，离当时已经有 40 年了。斯蒂文森大法官审查了未成年人罪犯的特质是否符合死刑的刑罚目的后，认为未成年罪犯心智成长未至成熟阶段，需要社会监护，同时犯罪的可谴责性较小，无法达到刑罚报应与威慑的目的，因此认为对 15 周岁的未成年罪犯判处死刑是过分的，不符合比例原则。奥康纳大法官在她的多数意见中，首先检查了美国各州死刑量刑与执行的统计数据，以及相关的国际公约和外国资料，发现所有关于死刑最低年龄规定都没有低于 16 周岁。她认为在俄克拉荷马州，立法机构并没有审慎考虑死刑最低年龄，因此不能容许该州对 15 周岁以下未成年人科以死刑。所以，美国在 1988 年，通过 Thompson

---

① Lynn Cothern. Juveniles and the Death Penalty. https://www. ncjrs. gov/pdffiles1/ojjdp/184748. pdf. Jeffrey Fagan, Valerie West. The Decline of the uvenile Death Penalty: Scientific Evidence of Evolving Norms. *Journal of Criminal Law and Criminolgy*. Vol. 95, 2005: 427—500.

② 487 U. S. 815(1988).

v. Oklahoma 案废止了对 15 周岁未成年人犯的死刑。但是直到 1989 年的 Staford v. Kneturchy 案，仍然允许对 16 周岁及 17 周岁的未成年罪犯判处死刑。[①] Stanford 案是两案合并审判。一案是肯塔基州被告斯坦福德(Stanford)，他在 1981 年犯案时 17 周岁，他与一个共犯犯有抢劫罪，并强奸、杀害抢劫地加油站女员工。依照肯塔基州法律，未成年人犯 A 级重罪或死罪，或 16 周岁以上未成年人犯重罪，应由成年人法院审理。成年人法院以谋杀罪、一级强奸罪、一级抢劫罪定罪，被告人被判死刑并加 45 年徒刑。另一案的密苏里州被告威尔金斯(Wilkins)，他在 1985 年犯案时 16 周岁，他也与一个共犯抢劫便利店，并刺杀店主。依照密苏里州法律，14 周岁至 17 周岁未成年罪犯并犯重罪，未成年人法院得将其移交成年人法院。他被成年人法院定以一级谋杀罪、持械抢劫罪判处死刑。被告认罪并自己要求判处死刑。被告自 8 岁起就犯罪累累，有夜盗、纵火等前科，并曾企图毒杀其母亲，经精神鉴定为人格异常，但有判断是非能力。斯卡利亚大法官作为本案多数意见的主笔，他完全否定民意调查、利益团体、职业团体及各种医学、心理学的专业意见，认为只有各州法律与检察官及陪审团的裁决才是决定国家共识的客观标准。刑罚与可谴责性比例原则的审查只是法官主观的道德判断，不得作为判案的根据。奥康纳大法官在她支持多数意见的协同意见中，首先解释了在之前并没有发现全国有不禁止处死 15 周岁未成年罪犯的共识，而在本案中却很清楚各州有处死 16 周岁、17 周岁未成年犯的实例。本案中，肯塔基州法律明确规定死刑最低年龄为 16 周岁，显然全国并无共识禁止处死 16 周岁及 17 周岁未成年犯。但她不赞成斯卡利亚大法官拒绝宪法第八修正案有关刑罚与可谴责性原则审查，以及拒绝参考国际条约与外国法作为演变中的尊严标准的意见。该案最终维持州法院的死刑判决。

而本案的另一被告人斯坦福德在肯塔基州死囚监狱等待多年。直到 2002 年，受最高法院在 Atkins v. Virginia 案废止智障罪犯死刑的判决书

---

① 492 U. S 361(1989).

影响，他于2003年终于死里逃生。在该案中，最高法院认为，成年智障罪犯心智年龄与未成年人相仿，其推理、认知与判断能力及控制冲动能力都不如正常人，因此在道德上犯罪的可谴责性比一般正常成年人要低。于是智障罪犯被最高法院废止死刑，但是最高法院仍然拒绝为未成年罪犯停止执行死刑。在当年的 Patteron v. Texas 案中，该案的被告帕特森(Patterson)成为得克萨斯州，也是美国最后一个被处死的未成年罪犯。该案中三位大法官(斯蒂文森、布莱尔和金斯伯格)的不同意见引起了社会的广泛反响。斯蒂文森大法官提出，依现在美国各州与国家社会反对未成年罪犯死刑的普遍共识，最高法院应当尽快面对此项问题。金斯伯格大法官认为，Stanford 案可以沿用相同理由申请再审。但之后当斯坦福德向最高法院提出人身保护令申请时，却仍然被最高法院拒绝。但是斯蒂文森大法官在这个案件中进一步提出，未成年罪犯被判处死刑是过去历史遗留下来的做法，与现在文明社会不断演变的尊严标准不符，我们应当结束这种令美国人蒙羞的行径。当时美国社会反对未成年罪犯死刑的呼声已经越来越高。这个让全国瞩目的 Stanford 死刑大案也引起了肯塔基州州长的怜悯，最终州长下令于2003年12月将斯坦福德减为终身监禁，但此时斯坦福德已经39岁，距他1981年17岁犯案已经过去了22年。

时间到了2005年，在未成年罪犯是否该适用死刑这个问题上，终于有了一个很大的转变。2005年3月1日，美国最高法院在 Roper v. Simmons 案裁决中指出，对犯罪时年龄少于18周岁的未成年人适用死刑是残酷的和不寻常的惩罚，因为违反第八和第十四修正案。[①] Roper 案的决定是过去20年美国对未成年人和死刑的第三个也是最后一个裁决。1988年，美国最高法院在 Thompson v. Oklahoma 一案中认为对16周岁以下的罪错未成年人适用死刑，违反了反对残酷的和不寻常惩罚的第八修正案。次年，最高法院在 Stanford v. Kentucky 一案中认为对16周岁

① U. S. 125 S. Ct. 1183(2005).

和 17 周岁的未成年人罪犯适用死刑并不违反宪法。最高法院于 Roper 一案终止了对 18 周岁以下的所有未成年人适用死刑。最高法院认为："死刑必须被限于那些实施了'狭窄目录中的最严重罪行',以及极端的主观恶性使得他们'最该被适用死刑'的罪犯。"

这个决定是基于 1988 年 Thompson 案的决定,以及基于最高法院认为 18 周岁以下的未成年人和成年人之间的三个普遍的差异以及为什么未成年人罪犯不能被界定为"最坏的罪犯"。最高法院认为:第一,因为未成年人不成熟,且易有不负责任的行为,这意味着"他们不负责任的行为不像成年人那样受道德的谴责"。第二,因为未成年人仍旧困惑于界定他们自己的身份,"这就很难得出结论,即使未成年人实施了严重的犯罪,也很难作为不能改变的坠落的性格的证据"。第三,因为最高法院认为未成年人与超过 18 周岁的成年人相比责任要减少,那么(在 Atkins 案中,与精神发育迟缓相似)两者都不具有死刑的刑罚学上的正当性,"对潜在罪犯的死刑犯罪的报复和威慑……如果对未成年人科以刑罚有充足的正当性"。在反对对未成年人谋杀者适用死刑的裁决中,大法官认为他们不能否认或忽视太多的未成年人罪犯实施的残酷的罪行。尽管美国不再对 18 周岁以下的未成年人谋杀者执行死刑,但是最高法院增加了一项提醒,"国家一定能够没收一些最基本的自由",那就是——终审监禁。Roper 案的判决对 20 个州都有影响,其中 9 个州规定适用死刑的最低年龄是 16 周岁,5 个州是 17 周岁,6 个州没有最低年龄的规定。在规定有死刑的 38 个州中,18 个州和联邦司法系统已经规定 18 周岁是执行死刑的最低年龄。

二、Simmons 案的案情概要

克里斯托弗·西蒙斯(Christopher Simmons)当时 17 周岁,是一个高中三年级的学生,犯了死刑谋杀罪。在实施谋杀之前,西蒙斯告诉他的朋友,他想杀人并且他认为他能最后逃脱,因为他是一个未成年人。西蒙斯也说服了他的两个朋友，15 周岁的查尔斯·本杰明（Charles Benjamin）和 16 周岁的约翰·特斯蒙（John Tessmer），他们一起闯进了一户人家，绑架了被害人，然后将被害人从一座桥上扔下去，导致被害人淹死。

在实施谋杀的那个晚上，他们三个人在凌晨 2:00 见了面。但是，特斯蒙在西蒙斯和本杰明出去犯罪之前就离开了。在特斯蒙离开后不久，西蒙斯和本杰明通过一扇开着的窗，打开了房子的后门，进了雪莉·科鲁克（Shirley Crook）的家。等两个人都进入房子后，西蒙斯打开了过道上的灯，这惊醒了科鲁克。于是，西蒙斯和本杰明进入科鲁克的卧室，他们用胶带纸封住了科鲁克的嘴和眼睛，并绑住她的手；然后，两人将科鲁克塞进她的车里，并驾车到了附近的国家公园。两人用毛巾盖住她的头，并且带她走到桥上；接着，西蒙斯和本杰明用电线绑住科鲁克的手，用胶带纸将她整个脸封住，并将她扔下桥，导致她被淹死。第二天，科鲁克的丈夫旅行回家，发现家里的卧室一片狼藉，他马上报警，并告知警察他的妻子失踪了。那天下午晚些时候，科鲁克的尸体在河里被发现。同一天，西蒙斯吹嘘着他的这次杀人行为，告诉他的朋友他杀了一个妇女，“因为她看见了我的脸”。

第二天，警察在收到西蒙斯涉入这场谋杀的信息后，在学校逮捕了西蒙斯。西蒙斯放弃了律师辩护的权利，也在 2 个小时内承认了谋杀行为。密苏里州指控西蒙斯犯有入室盗窃、绑架和一级谋杀罪。西蒙斯被以成年人审判，因为他的年龄是 17 周岁，所以他不在密苏里州未成年人法院体系内。根据口供、犯罪现场重演的录音，以及西蒙斯的同伙特斯蒙的证言，即他们三人之前有商议过这起谋杀，西蒙斯被宣告有罪。

在量刑环节，密苏里州基于凶手为了钱财、杀死被害人企图逃避法律制裁以及罪行极其严重、可怕和不人道的理由，寻求对凶手判处死刑。州检察官也传唤了科鲁克的丈夫、女儿以及两个姐姐作为证人在法庭上出示证言，他们向陪审团表明凶手是如何毁了他们的家庭以及生活。

为寻求量刑减轻，西蒙斯的律师也介绍了州未成年人官员的证词，证明西蒙斯没有前科或刑事指控。另外，西蒙斯的家人和朋友表明了他们与西蒙斯的亲近关系的同时，也对西蒙斯表示惋惜和同情。西蒙斯的母亲作证他是一个负责任和富有爱心的年轻人，经常照顾他的外祖母和两个同母异父的兄弟。在总结辩论时，西蒙斯的律师提出，西蒙斯的年龄，不能喝酒，也不能作为陪审员，或者观看一些特定的电影，因为"立法者智慧地认为一定年龄的个体并不能充分为自己负责"。律师进一步指出，西蒙斯的年龄将使陪审员在决定处以何种具体的惩罚时产生很大的不同影响。检察官则回应道："他说，年龄。想一想年龄。17 岁。可怕吗？你不觉得可怕吗？减轻？我认为恰恰相反，恰恰相反。"

法官对陪审团指示，他们可以在决定惩罚时考虑西蒙斯的年龄作为减轻情节。但是，陪审团还是建议了死刑，因为他们发现州一方对三个法定的加重情节都已经加以证明。法官接受了陪审团的建议并判处了死刑。

在审判和量刑阶段之后，西蒙斯得到了一位新的律师帮助。基于西蒙斯未能在审判时获得有效的律师帮助，这位新律师向审判法院提出要撤销有罪判决。新律师提供了西蒙斯庭审律师的证言，西蒙斯朋友和邻居以及临床心理医生的证言，均证明西蒙斯"非常不成熟""很冲动"以及"很容易被操纵或受影响"。心理专家作证说，西蒙斯来自困难的家庭环境，导致他在行为上有很大的改变，学校的表现也不好。然而，密苏里州最高法院确认了审判法院对律师动议的拒绝，理由是没有因为非有效的律师帮助而违反宪法。西蒙斯提出的联邦人身保护令的上诉，之后也被拒绝了。

但是在第二年，美国最高法院在 Atkins v. Virginia 案中认为智力迟缓的人缺乏必要的行为能力，作出第八修正案禁止对智力迟缓的人判处死刑的判决。[①] 西蒙斯提出了一个新的诉讼，认为 Atkins 案建立了一个标准，即宪法同样禁止对一个未满 18 周岁实施了犯罪的未成年人判处死刑。密苏里州最高法院承认，认为从 Stanford v. Kentucky 案以来，已经

---

① 536 U. S. 304，321(2002).

在美国国内形成了一个犯罪对未成年罪犯判处死刑的共识，事实表明，现在有 18 个州禁止对未成年人判处死刑，另有 12 个州完全禁止死刑，没有州从 Stanford 案之后将死刑判处降至 18 周岁以下。有 5 个州从立法或判例提高至或建立了至少 18 周岁的标准，对未成年人判处死刑在过去十年来已变得真正的不寻常。

据此，密苏里州最高法院撤销了对西蒙斯的死刑判决，改为"无期徒刑，不能缓刑、假释或释放，除非有州长的法令"。密苏里州一方对这个判决提起上诉，美国最高法院随后发出调卷令。

三、美国最高法院关于 Roper v. Simmons 案的判决

（一）多数意见

在 5∶4 的判决中，肯尼迪大法官是多数意见的撰写者，确认了密苏里州最高法院的判决，认为第八修正案禁止对在实施死刑犯罪时不满 18 周岁的未成年人判处死刑。这个判决直接推翻了 Stanford v. Kentucky 案，后者认为对犯罪时 16 周岁或 17 周岁的未成年人判处死刑并不违反不断发展的尊严这一标准，所以也不构成第八修正案中的残酷和不寻常的惩罚。

肯尼迪大法官首先解释了第八修正案"保证个人享有不受严厉处罚的权利"，这项权利是基于对司法的一个基本认知，即惩罚是渐进的，并且要与罪行相适当。这个保证再次确保政府的责任是尊敬所有人的尊严。多数意见通过确认密苏里州最高法院基于"不断发展的尊严标准"而评价一项惩罚是否如此与罪行不相称，以至于是残酷的和不寻常的惩罚而违反了第八修正案，进行了一系列分析。

多数意见也回顾了第八修正案禁止残酷的和不寻常的惩罚这一原则的适用历史。就 Atkins v. Virginia 案的判决，多数意见解释了第八修正案禁止对智力迟缓的未成年人适用死刑，部分是源于社会尊严标准的发

展。之前的 Penry v. Lynaugh 案对智力迟缓的未成年人适用死刑，是因为当时全国没有禁止适用这种刑罚的共识。能够在 Atkins 案中被直接推翻，部分是因为“在立法文件和州实践中有关智力迟缓的人的执行上所体现的社会标准的客观要求，对一个智力迟缓的罪犯科以死刑已经”变成真正的不寻常，并且国家对这个问题的共识已经达成。

但是，肯尼迪大法官也分析了最高法院就 Atkins 案的判决不仅没有结束全国共识是否退出这一问题的讨论，而且也反对 Stanford 案采取的态度，即最高法院独立的判决并不对根据第八修正案作出的具体惩罚产生约束力。相反，多数意见回到 Stanford 案判决确立的规则，即宪法最终会支持判决将被带到第八修正案下的死刑的可接受性这一问题。所以，肯尼迪大法官解释道，Atkins 案的最高法院被授权作出独立的决定，智力迟缓的不健全的罪犯因对过去罪行的惩罚而被科以死刑，并不具备充分的防护能力，死刑也不太可能会有真正的威慑效果。

在认为需要重新考虑对未成年人科以死刑之后，多数意见通过解释总结道，尽管全国共识为最高法院提供了关键的指示，但数据是否支持存在全国共识这一问题将变得更为重要。在决定是否存在全国共识时，最高法院必须要决定，“在行使我们自己独立的审判权时，死刑量刑是否对未成年人的惩罚是不适当的”。

多数意见也花了很多笔墨来解释，美国是否存在反对未成年罪犯死刑的全国共识。反对对未成年人适用死刑的全国共识是否存在的因素，与用来审查反对在 Atkins 案中的智力迟缓的被告人适用死刑的因素是否具有一定的相关性。多数意见首先指出，全国共有 30 个州禁止对未成年人适用死刑，其中有 18 个州允许对成年人适用死刑，但对未成年人不适用，还有 12 个州已经废除了死刑。禁止对未成年人适用死刑的州的数量与 Atkins 案提到的情形完全一致，在 Artkin 案中，有 18 个州允许适用死刑，但对智力迟缓的人不适用死刑，还有 12 个州完全废除死刑。依据 Atkins 案的推论模式，全国有反对未成年罪犯适用死刑的共识。多数意见继而指出，在剩下的 20 个并没有正式禁止对未成年人适用死刑的州，但实际适用却比较少——只有 6 个州对自 Stanford 案以来在犯罪时是未成年人的罪犯适用了死刑，并且在过去的 10 年，只有俄克拉荷马州、得克萨斯州和弗吉尼亚州实际上这么做了。并且，对 Atkins 案类似的未成年人实际适用死刑的次数也很少，从 Penry 案以后只有 5 个州对实际智力迟缓的人适用了死刑。最后，多数意见也意识到，严格对未成年人适用死刑的州数目在 Atkins 案以后出现了分歧。在 Atkins 案之后，有 18 个州明确禁止对智力迟缓的人科以死刑。有些州已经开始提案修法准备废除死刑。联邦也在 1994 年制定联邦死刑法案时将未成年人排除在死刑适用之外。自从 Stanford 案后的 16 年间，只有 6 个州执行未成年罪犯死刑。前十年只有 3 个州，包括得克萨斯州 8 人、弗吉尼亚州 3 人、俄克拉荷马州 2 人被执行死刑，因此可以得出各州陪审团判处未成年罪犯死刑实属罕见的结论。而肯塔基州州长在 2003 年赦免斯坦福德死刑时，也宣布肯塔基州不愿列入处死未成年罪犯的州的行列（实际上，肯塔基州在美国恢复死刑后并没有处决过未成年罪犯）。这些证据可以表明，全国有趋向废止未成年罪犯死刑的一致性。

多数意见也进一步指出，只有 5 个州在 Penry 案后对未成年人适用死刑加以了限制。与 Atkins 案不同，当时有 36％（50 个州中的 18 个州）的州积极地响应禁止适用死刑惩罚，而只有 10％（50 个州中的 5 个）的州支持在 Roper 案中禁止适用死刑，百分比减少了 26％。但是，多数意见认为，5 个州法律的改变足以表明一个新的有关未成年人死刑的社会尊严标准的共识已经形成。多数意见认为，改变的持续的方向具有很大的重要性。虽然改变的州的数量很重要，但是改变的方向的持续性更重要。所以，禁止未成年人死刑的一般趋势，加上没有任何一个州肯定地重新确认赋予未成年人死刑，给反犯罪立法和控制未成年人犯罪带来“特殊的力量”。因此，对未成年人死刑改变的缓慢进程与改变的持续性方向正好互补。

多数意见进而解释道，有关对未成年人死刑的改变的州的数量少，原因是在 Stanford 案作出判决时，有 12 个州已经禁止对 18 周岁以下的未成年人实施死刑，有 15 个州已经对 17 周岁以下的未成年人执行死刑，这就意味着只剩下为数不多的州可以寻求改变。并且，美国现在是世界上唯一在法律上正式处死未成年罪犯的国家，这个现实更能肯定我们的结论。外国的意见，尤其是出自与我们英美法共同传统的文明国家，虽然不能决定我们的法律，但可以供作教训与参考。尤其是联合国《儿童权利公约》，除了美国与索马里（当时尚未成立中央政府）两国之外，所有会员国都签署了。美国虽然签署了《公民与政治权利国际公约》，但对该公约第 6(5)条禁止对未成年罪犯判处死刑的规定则声明保留。《美洲人权公约》及《非洲儿童权利与福利宪章》也有相同的禁止规定。从 1990 年以后其他 7 个处死未成年罪犯的国家都陆续正式废除未成年罪犯死刑或公布不再执行，现在仅剩美国一个国家还保留未成年罪犯死刑。美国宪法第八修正案源于英国 1689 年的权利宪章。英国早在 1930 年议会即提案拟将死刑最低年龄提高至 21 周岁，最后国会在 1933 年立法禁止处死在判刑时为 18 周岁以下的未成年罪犯。1948 年再修法时改为犯案时为 18 周岁以下。这些国际社会的意见给我们的结论的确提供了有意义的支持。我们宪法必须与美国经验与时俱进，引用外国的基本权利只是强调在共同的自由传统下我们拥有相同的权利。所以我们得出结论，宪法第八修正案与第十四修正案禁止对 18 周岁以下未成年罪犯判处死刑。但是，多数意见同时也指出，仅公约并不能说明民众具有对未成年人适用死刑的共同意识。

最终，多数意见总结道，一些允许对未成年人判处死刑、但不经常适用的州，以及大多数州拒绝适用死刑和废除对未成年人适用死刑的持续性趋势，共同说明了美国社会有关尊严的现代标准已经偏离了对未成年人适用并执行死刑的传统观点，因为未成年人与普通的刑事罪犯相比，是一个更不应受谴责的群体。

多数意见也对死刑是否对未成年人实施的即使是最严重的罪行也是天然地不适当这一问题，进行了独立判断。多数意见重述了 Atkins 案的原则，即“死刑必须被限制在那些实施了‘最严重的那一小类罪行’的罪犯”,他们极端的有罪情节使得他们“值得被执行死刑”。在 Roper 案之前,根据最高法院的判例,死刑甚至不能对那些严重的罪行适用,这些罪行包括强奸和谋杀未遂。并且不论任何情况,16 周岁以下的未成年人,精神病和智力障碍的人都不能被判处死刑。[①] 即使可能被判处死刑也是一些有限的适当的罪行,但如果被告人有一些减轻情节,比如具有良好的品行记录以及罪行的具体情节等,那么被告人就不能被判处死刑。

多数意见认为,18 周岁以下的未成年人和成年人之间具有三项重要区别,这三项区别表明“未成年人罪犯不能被界定为最坏的罪犯”。第一个区别是,科学和社会学研究确认了每一个父母都知道的,那就是缺乏成熟和对责任的意识不充分,相比于成年人,更容易发生在年轻人身上,并且在年轻人身上也更能理解。这些特质使得未成年人的行为和决定更易冲动和欠缺考虑。多数意见引用了一些研究,表明未成年人在几乎每项鲁莽行为中的统计数据都远远高于成年人。多数意见总结道,正因为未成年人相对不成熟,所以几乎每个州都禁止 18 周岁以下的未成年人投票、担任陪审员或结婚。第二个区别是,多数意见认为,未成年人更容易或更脆弱地受外界压力或负面的影响,包括同伴压力,因为他们不能控制自己的环境。最后的一个区别是,未成年人的品格并不像成年人那样已良好形成,因而未成年人的个人品质更容易改变,而非那么固定。鉴于这些不同,多数意见认为,未成年人不能被认为是最坏的罪犯。有很多研究表明,涉入危险的和反社会行为的未成年人倾向于逃跑,从道德的角度,这误导了将未成年人与成年人的失败平等对待。实际上,未成年人品格上的不成熟或不完善,说明得到矫正的可能性更大。

基于认为未成年人具有更少的有罪性,多数意见提出,死刑的两个正当基础——报复和威慑,说明对未成年人适用死刑具有较少的影响。第一,如果法律中最严重的罪行被课加在那些罪行的有罪性或可谴责性已经较弱的罪犯身上,很大原因是年龄不成熟,那么这种报复就具有不适当

---

① Atkins v. Virginia, at 568.

性。第二,就威慑而言,尽管最高法院一般由立法者来评估刑事死刑计划的有效性问题,但具有威慑影响力的证据的缺失却是必须要特殊考虑,原因是造成未成年人比成年人更少具有有罪性的特征同样也说明未成年人应当受到更少的威慑。就一个未成年人而言,终身监禁已经足以造成威慑效果。

尽管多数意见也认识到存在一些少见的案件,这些案件中,未成年人具有足够的心理成熟度和反社会性,以至于应当被判处死刑,但是他们仍然反对陪审员应当被允许基于个案考虑与未成年人有关的量刑。相反,多数意见认为,未成年人与成年罪犯之间的区别很大,也被普遍接受,如果允许未成年人被判处死刑,尽管有罪性并不充分,那就太冒险了。多数意见引用了美国心理协会有关禁止对 18 周岁以下的未成年人进行反社会个性混乱的诊断,并且担忧,即使心理学专家也不能区分未成年罪犯,他们之所以犯罪是因为不幸和不成熟,只有极少数未成年人罪犯是因为无可补救的堕落。所以,因为专业的指南限制了心理学家对 18 周岁以下的未成年人反社会个性混乱作出诊断,因此国家应当限制要求陪审员对一些未成年人罪犯考虑判处死刑。

意识到以 18 周岁作为分界线的问题,多数意见解释道,当一个人刚满 18 周岁时,尽管将未成年人与成年人区分开来的影响并没有消失,并且一些个体虽然不满 18 周岁,但是却具有一些成年人都没有的足够的成熟度;又因为未成年人和成年人之间不容争议的不同,必须要有一个分割线,而 18 周岁是一个社会出于许多目的而在未成年人和成年人之间划分的一道线,所以,这道线也应当是可适用死刑的分界线。

(二)少数意见

奥康纳大法官在本案中提出了反对意见。直到 2005 年,奥康纳大法官依然停留在 1989 年 Stanford 案的立场,赞成判决 16、17 周岁的未成年罪犯死刑。奥康纳大法官尽管对最高法院提出的有关第八修正案的一般原则和法律框架表示赞同,但是她不同意最高法院就这个案件对这些原则的适用，指出“现代社会价值的客观证据，最高法院的道德适当性的习惯分析，或者两者结合起来，都不足以说明这个判决具有正当性”。奥康纳大法官也引用了 Atkins 案中的判决，“在评估立法和陪审团的行为之外，最高法院负有根据被告人的可谴责性，判断死刑是否适当的宪法义务”。

奥康纳大法官对未成年人死刑的不适当性做了独立的分析。她认为，针对未成年人死刑的适当性争论有很大的漏洞，因此不具有分析的意义。它被证明为非常虚弱，以至于不能解决在立法共识中的客观证据或证明最高法院的分类规则具有正当性的模糊性问题。尽管奥康纳大法官认为这不是吹毛求疵，因为未成年人作为一个群体，普遍不成熟、缺乏责任，这些不同也造成未成年人承担相对的道德的可谴责性。但是她认为，这些不同并不能支持 16 周岁或 17 周岁的未成年人不能对他们的行为承担道德上的责任这一类别性规则。

奥康纳大法官认为，多数观点对其只有在“少数”案件中，17 周岁可能足以成熟并且要被处以死刑的结论并没有提供证据支持。同样地，死刑对一些至少 17 周岁的罪犯的威慑效果不能忽视。而且，尽管在一些年龄阶段，罪犯不能被认为心智和情感上达到成熟以至于能被判处死刑，但是 17 周岁的年龄处于“边缘”，所以立法者可以合理地得出结论，至少一些 17 周岁的未成年人罪犯具有足够的道德可谴责性，也能因被判处死刑和死刑执行而受到足够的威慑。据此，陪审团应当有权认为，尽管西蒙斯年轻，但是基于其极端残忍的罪行，并且他认为自己因为不到 18 周岁就能“得以逃脱”，这一事实足以认定他成熟到应该接受死刑的惩罚。奥康纳大法官认为，今天的判决确认的免于死刑处罚的罪犯类别太宽泛了，也太多样性了，这样的判决保护了许多该受到死刑处罚的 16 周岁和 17 周岁的罪犯。奥康纳大法官有意将精神障碍的人与不成熟的 17 周岁的未成年人区别开来，指出尽管 17 周岁的未成年人与成年人相比，通常不成熟，但是认为 17 周岁这个群体感知能力不足或受怀疑、等同于智力障碍者，这是不符合常理的。

奥康纳大法官也批评了多数观点，认为后者指出量刑陪审员不能准确评估年轻罪犯的成熟度或就年轻人有关的量刑减轻情节不能给予适当的评价，并没有提供相关的证据。就多数观点没有解释上述这项职责为什么不同于其他死刑量刑因素，奥康纳大法官解释道："我们在所有死刑案件中所依赖的宪法保障、量刑陪审员和审判法官在这个狭隘的场景中是不充分的，我不会那么快就得出这个结论。"

奥康纳大法官指出，本案所有证据不足以证明在 Stanford 案之后这么短的时间内有关于未成年罪犯死刑的全国共识能够形成。她又认为，多数意见的比例原则分析有瑕疵，不可能合理推论到其结论，那只是法官自己独立的道德判断。她也不同意多数意见所指出的所有未成年罪犯都不成熟、不负责任、无法控制冲动。她认为，至少有些 16 周岁、17 周岁的未成年人够成熟，可以像成年人那样负起责任，如本案的被告西蒙斯就属于这类人。

斯卡利亚大法官也提出了反对意见，并且他的反对意见还得到了伦奎斯特大法官和托马斯大法官的支持。这个反对意见首先描述了第八修正案的现代框架，然后分析了法律允许特定的惩罚，是否在违反现代的"尊严的标准"上存在"全国的共识"。斯卡利亚大法官认为，多数意见中的全国共识，即 18 个州或 47％的有死刑的州反对未成年人死刑，这在最高法院的先例中是不充分的。斯卡利亚大法官解释道："少于 50％的有死刑的州的观点并不足以构成全国共识。""我们以前的案件都是要求压倒性地反对一种做法，并通常要持续很长一段时间。"多数观点依靠 12 个州禁止对所有人适用死刑的观点是站不住脚的，因为一个州对死刑的普遍禁止并不能说明这些州也认可因为未成年人很不成熟和鲁莽，因而不能对这些人适用死刑的这样一个类别化规则。支持不适用死刑的这 12 个州是有一定程度上反对死刑的共识，但是并没有共识就 18 周岁以下的罪犯被专门免于这种惩罚，绝对没有。斯卡利亚大法官指出，这 12 个州没有采用多数意见中有关未成年人有罪性和可惩罚性的观点，因为这 12 个州就非死刑案件都是将未成年人与成年人同等对待的。

斯卡利亚大法官指出，只有 4 个州实际上改变了它们的法律以在 Stanford 案后禁止对未成年人适用死刑，而不像其他 16 个州是在 Atkins 案时修改了它们的法律。而在被认为法律对未成年人适用死刑达成共识的 2 个州，即密苏里州和弗吉尼亚州，实际上在 Stanford 案后通过了 16 周岁作为死刑可以适用的年龄界限的法律。而佛罗里达州和亚利桑那州，也是多数意见作为反对死刑的共识成员，也通过了相似的投票结果。斯卡利亚大法官指出，未成年人较少被执行死刑反映了陪审员不愿意对未成年人科以死刑，但这并不表明社会接受这种做法。斯卡利亚大法官通过提供统计数据，说明当所有被执行死刑者的数字调整了之后，未成年人适用死刑的数字实际上是保持稳定或有所增加，从而对多数意见声称的这个数字在最近几年是下降的主张予以了反驳。斯卡利亚大法官指出，多数意见中提到的全国共识实际上并不存在。

斯卡利亚大法官的反对意见接着考虑了“促成今天这个判决的真正力量”，并指出多数意见对未成年人死刑适用的判决是内在的不适当。斯卡利亚大法官指出，多数意见赞成的前斯坦福德标准，即允许最高法院对惩罚是否适当作出独立的判决，因为此前的案例法认为最高法院的判决不能被用来替代国家共识，因此用最高法院的判决来决定这个事项是不合理的。独立司法审查的概念本质上与最高法院关于第八修正案是一个不断变化的关于“尊严不断演变的标准”的主张，两者法理是不一致的。大法官们去规定这些标准，而不是从人民的实践中去甄别它们，这显然不太恰当。斯卡利亚大法官也指出，多数意见依靠社会学和科学的数据来阐述观点，倾向于歧视和自我挑选。比如，美国心理协会声称，科学证据表明 18 周岁以下的人缺乏对其作出的决定承担道德责任的能力，但是在一个早前的最高法院案件中，美国心理协会的一份声明则声称，科学研究表明未成年人足以成熟而作出道德决定，比如在没有父母的参与下是否堕胎。因此，这种前后不一致反映了法院来决定哪个科学数据是可信的，具有内在的不适宜性。这些决定应当留给立法作出。斯卡利亚大法官进一步指出，尽管他的担心是关于研究方法的潜在问题，但是多数意见提供的研究结论只是表明一个18周岁以下的普通人不能对他们的行为承担完全的道德责任。而在斯卡利亚大法官看来，这个宽泛的结论并不能说明最高法院认为立法和陪审员不能用极端的惩罚对待特殊案件的结论具有正当性，尤其是案件当事人被认为足够成熟和有罪性，就像西蒙斯这个案件。

斯卡利亚大法官也认为，多数意见并没有对18周岁以下的未成年人不能像社会对待成年人那样被对待的这一事实作出足够的解释。在他看来，杀死一个人是错误的，这是一种基本理解，要比对作出结婚或担任陪审员的决定简单得多。而且，最高法院已经认定未成年人在堕胎这一问题上具有作出道德决定的足够资质，而这显然要比作出杀人是错误的决定更复杂。既然对一个这么复杂的决定都可以作出判断，那么未成年人也应当对谋杀或其他严重的犯罪具有分辨力。

斯卡利亚大法官同时对陪审员因为罪行的残酷性质，因此不被信任在量刑程序中公正地看待被告人的年轻而表示不能理解，因为没有证据支持多数意见关于陪审员不能充分地将被告人的年轻在量刑中体现出来的指责。事实上，相对较低数量的未成年人死刑只能更加说明陪审员严格地限制对未成年人判处死刑。他认为，多数意见的推论不符合逻辑，因为如果陪审团不能合理地考虑被告人的年龄，那么同样的偏见也会使得陪审团对诸如贫穷、儿童虐待或其他相似的减轻情节不能作出公平的评价。在这样一种解读下，第八修正案就只能要求对有偏见的陪审员取消所有的量刑裁量权。

斯卡利亚大法官指出，Roper案是威慑理论在未成年人案件中发生作用的最佳案例，因为西蒙斯犯罪的部分理由是他认为他能够因为年龄而得以逃脱。而且，多数意见认为的报复是内在的不适当，这是本末倒置。可以这样说，这种观点事实上偏离了罪犯是否有足够的有罪性而被判处死刑的这一内在问题。斯卡利亚大法官总结道，多数意见强加了自己的判断，即少于18周岁以下的未成年人谋杀者，绝不能同成年谋杀犯一样具有道德上的有罪性。

斯卡利亚大法官坚持他一贯支持死刑、绝不松动的立场。他不同意多数意见结论所说的具有全国共识，认为实践这种未成年罪犯被判处死刑并非是对未成年罪犯死刑的不同意，而是审判谨慎的表现。他明确表示，厌恶法官用自己的主观意见做判断，而应当依靠证据来发表意见。他同时也反对引用外国意见，指出那不过是法官又在寻找支持他们自己主观意见的证据罢了。他同时指出，国际条约是不准对未成年罪犯判处死刑不可假释的终身监禁。美国如果只废除死刑，对未成年罪犯可以判处终身监禁，也是与其他一些国家的惯例不符。

四、评价及对我国的启示

Roper 案的判决，把死刑的最低年龄提高了 2 岁。在美国，16 周岁、17 周岁的未成年人死刑犯差不多只占所有死刑犯的 2%。美国虽然作为世界上代表自由、民主、人权的强国，却是世界上最后一个废除未成年人死刑的国家。诚如斯卡利亚大法官所说，美国即使废除未成年罪犯死刑，也还是跟不上其他国家潮流。国际上的规范是对未成年罪犯不准判处无期徒刑，而本案只是对被判死刑的被告人减刑免死，但必须监禁终身、不得假释，除非得到行政首长的赦免。对年轻人来说，生命还很长，这仍然是一种非常残忍的刑罚。虽然，Roper 案只走了小小的一步，但对美国社会而言确实是迈出了困难的一步。本案判决书出炉后，反对者的声音扶摇直上。

反对者指出，Roper 案的判决有两个方面的缺陷：第一，最高法院关于全国共识的论点比之前所有案件都要薄弱；第二，最高法院强加的自己的主观判断在决定什么是残酷的和非寻常的惩罚时成了主要因素。这无疑破坏了解释第八修正案禁止残酷的和不寻常的惩罚范围的基础。[①]

尽管 Roper 案通过强调是否存在犯罪的未成年人应被判处死刑的全

---

① Wayne Myers, Roper v. Simmons: The Collision of National Census and Proportionality Review. *Journal of Criminal Law and Criminology*. Vol. 96, 2006: 973—994.

国共识问题,似乎与之前第八修正案的普遍框架相一致,但是该案的决定急剧地降低了之前最高法院要求的需要达成这种共识所需的证明要求。如之前的案件一样,Roper 案的多数意见强调了社会标准的客观性,比如立法颁布和实践。然而,Roper 案中多数观点所依赖的证据表明,该案存在的反对未成年人死刑的全国共识实际上要比此前案例中所存在的全国共识弱很多。最高法院集中在三个方面,即州立法、惩罚的频率以及州法律变化的方向,对这种全国共识进行了分析。但是,最终多数意见的推理并不能说明存在反对未成年人死刑的一个清晰的共识。

就州立法这一点来看,首先,最高法院对 30 个州没有允许未成年人死刑这一事实加以强调。但是,就像斯卡利亚大法官在其反对意见中所解释的,这个“多数”是一个误导,因为 30 个州中有 12 个州完全禁止死刑。据此,不能得出 12 个州采取了 18 周岁以下的人对他们的罪行不具有内在的有罪性的结论。斯卡利亚大法官认为,因为所有没有死刑的 12 个州允许或要求未成年人罪犯与实施了非死刑罪行的成年人那样被同等对待,这就说明,这 12 个州并不具有多数意见的观点,即所有的 16 周岁和 17 周岁未成年人具有较低的有罪性,这些人具有内在的鲁莽,并对法院意欲的判决缺乏足够的遵从能力。

而且,在允许死刑的州,只有 47%的州禁止对未成年人适用死刑,多数意见将反对未成年人死刑的作为少数,而支持死刑的州占大多数。不仅如此,多数意见还将 12 个禁止全部死刑的州变成了这些州的公民相信对未成年人判处死刑是残酷的和不寻常的证据。多数意见没有解释一个州反对死刑的普遍禁止,是如何变成作为一个群体的未成年人是因为他们的不成熟而尤其不能适用死刑。如斯卡利亚大法官指出的:“我们处理的涉及对死刑予以宪法限制案件,没有一个被重视,如果国家具有支持这种限制的共识,那么这个国家应当早就完全取消死刑了。”基于所有没有死刑的 12 个州允许 17 周岁(并且经常少于 17 岁周)被与成年人一样因重罪而被审判并且被处以州最严厉刑罚的事实,这清楚地表明这些州并不相信未成年人不能被处以最严厉的刑罚。这些州不允许死刑的事实只是表明对所有罪犯可接受的惩罚的关注的上升。通过立法表达的客观标准，也清楚地反映了 12 个州的未成年人有时也足以科以最严厉的惩罚的观点。然而，Roper 案的多数观点却将 12 个州禁止死刑的做法解释为未成年人从不应当被科以最严厉的惩罚。

所以，最高法院在 Roper 案中首次认为，一个州可以被推定为反对某一种具体做法，尽管没有法律的规定，而直接禁止某项存在争议的实践。这个认定和发展很令人困扰，因为它赋予最高法院推断的权力，而这一权力并没有在"当代价值的客观标准"，比如立法和州实践中牢固的存在。事实上，这个趋势破坏了为什么最高法院依靠客观标准来衡量全国共识的中心理由。如果州法律被解释为如 Roper 案那样迅速更替和宽松，那么这些法律就不再是一个关于刑罚的共识的准确指示，并且整个第八修正案全国共识也基本上是一个空洞的计划。

关于惩罚的频率，多数意见声称执行未成年人的实践已经越来越不是一种经常的做法，因为从 Stanford 案之后，只有 6 个州执行了未成年人时实施的罪行后被处罚的罪犯。然而，此前的案件所体现出的全国共识表明，在惩罚的频率上已经有较大幅度下降。比如，在 Atkins 案中，最高法院发现从 Penry 案中所确立的实践起，只有 5 个有智力障碍的个人被执行。另一方面，在 Roper 案，并没有实质性的统计证据表明对未成年人判处死刑的减少。事实上，被判处死刑的未成年人罪犯的数量从 Stanford 案后有了小幅度上升。此外，与之前的案件，比如 Atkins 案和 Coker v. Georgia 案不同(这些案件，被判处死刑的罪犯的数量和允许死刑的州的数量可以同时被计算出来)，现在在 12 个州有 70 个未成年人罪犯被判处死刑。然而，多数意见却总结，对尚在未成年人阶段实施罪行的罪犯加以死刑处罚是"不常见的"。据此，最高法院决定某一个刑罚是不常见的标准，在 Roper 案中已经被明显降低了，现在似乎需要比之前案件的决定中更少的定量证据了。

另一个存在于作为衡量共识的频率问题是，少数未成年人被适用死刑刑罚，可能是反映了陪审员将年纪轻作为一个减轻情节考虑的趋势。

他们认为死刑只应在实施了最严重罪行的未成年人身上适用。最高法院考查刑罚适用的频率的理由是,因为陪审员"是一个重要的和可依靠的现代价值客观标准,因为它直接涉入案件"。陪审团可能选择性地只在少数情形下对未成年人判处死刑。这种做法说明了只有未成年人尤为罪恶深重,才能被判处死刑。这就导致很难普遍化的趋势,即社会内在地不允许对未成年人科以死刑区别开来。所以,尽管这表明频率是一个指导性的指标,有一个清晰的指标,那就是惩罚是真的不寻常,正如 Atkins 案所规定的,但是 Roper 案多数意见并没有认为频率是全国共识的一个主要证据。

最后,多数意见对各州关于废除未成年人死刑的法律变化的持续趋势给予了很大的重视。多数意见认为,禁止对未成年人适用死刑的趋势是很明显的,自从 Stanford 案禁止死刑之后,已有 5 个州废除了这个实践。在 Roper 案中,关于全国共识的直接指标与 Atkins 案相比,还是很弱的。后者是通过 18 个州禁止对有精神障碍的人适用死刑而达成这一共识。在 Roper 案中,从 Stanford 案以后,只有 5 个州禁止对未成年人适用死刑。然而,对多数意见者而言,主要的问题是"这些州的数量并不重要,而是变化的方向"。多数意见强调了以前允许未成年人死刑的州,现在没有一个恢复死刑,也没有一个州降低对死刑适用的年龄。然而,多数意见者却忽视了,再次确认通过立法支持未成年人死刑的 4 个州,投票确定了死刑的适用年龄为 16 周岁。这种情况与 Atikins 案不同,后者几乎没有足够的立法支持这种实践的证据。

多数意见在 Roper 案中没有完全审查就未成年人死刑的社会态度以及州颁布的立法。然而,多数意见却认为,废除未成年人死刑的较慢的速度被变化的持续态势抵消了。Roper 案对最高法院之前要求的建立全国共识的标准的重要性明显不强调了,认为只有 5 个改变做法的州说明了社会尊严标准的演变,同时忽视了其他往相反方向发展的州所采取的行动。

总之,全国共识的证据在 Roper 案中,要比之前有关第八修正案中弱得多。在 Roper 案后，只是让最高法院确信有三个虚弱的指示的结合体存在。一是如果大部分的州法律建议取消一定形式的惩罚，法院也可能接受这个全国共识，即使这种惩罚是因为一个更广泛的目的而不是因为它的残酷或不寻常而被禁止。二是最高法院会考虑具体刑罚的适用频率，被 8 个州允许并且适用了 70 多次，这并非不常见。三是只要一些州法律的改变方向是持续的，那么最高法院就会认为这是一种全国共识的指示，即使只有 2～3 个州具有这种改变。

Roper 案通过缩减有关尊严的标准演变的一些具体指标，移除了传统上置于第八修正案案件中的时间距离这一主要的实质性障碍。该案的决定使得第八修正案将继续加快发展的可能性变大，无论是在案件被减轻的频率上还是在用来衡量社会演变标准的机制上。这种较低的标准会造成法律的不稳定性。由于提起一项具体的刑罚已经超越现代标准的主张所必需的证明标准的降低，全国共识的问题会更经常地被重新考虑。确实，在 Roper 案中被使用的 3 个说明全国共识的指标会很快地被满足或超越。在 Roper 案中，Simmons 案所依靠的州法律的改变在 5 年后就已经实现。理论上，第八修正案可以被经常地改变，只要最高法院能被说服尊严的标准已经被改变了。

反对者指出，最高法院在该案中关于全国共识的框架是依靠了不准确和不完全的数据来评价社会的尊严标准，因此是不可靠的。在 Roper 案中，最高法院关于共识的客观指标只是由立法和陪审团来决定。然而，最终最高法院的社会科学分析并不能经得住社会科学的审查。一个真实的客观分析需要社会科学家聚集在一起，类别化并将所有相关数据进行分析。这个数据的范围要扩展至包括民众意见、模拟陪审团和认为能产生对衡量社会共识有用的所有场合。

但是，反对者也认为，最高法院使用的第一个指标即州法律，被认为并不能完全反映社会的观点。州立法可能反映社区的要求，感受社区的情绪，感受最高法院的情绪，或者是所有这些影响的汇集。所以，尽管立法者不会平等地考虑所有的政治风向，但是法律制定者政治上对宪法目的负责，推定为体现民众的观点。最高法院依靠立法根植于民主的假设，即立法最终体现民众的意愿。如伦奎斯特大法官在 Atkins 案中所解释的："我们之所以这么重视立法的原因是来自立法表达国家政策的宪法角色。在一个民主社会，立法而不是法院，对民众的意愿和随之的人民的道德价值作出反应。"所以，各州的法律尽管不可避免地涉入政治的因素，但是它们是社会观点的适当指示，因为它们是客观可衡量的。

最高法院第二个依靠的指示是陪审团的决定。虽然陪审团的决定不是一个完美的社区情感的代表，因为从总体上讲，陪审团决定并不会得出年龄在陪审团关于死刑决定中是一个关键的考虑因素这一结论。然而，陪审团决定能够被用来回答最高法院使用了哪个数据，未成年人死刑与历史情况相比是否被经常地科处，以及与所有死刑适用的相关调整等基本问题。数据本身能客观地说明一个具体的刑罚被适用的情况，这能直接说明是否回应社会的需求这一问题。

在现代的框架下，最高法院所依赖的有瑕疵的标准是最好的，并且只有客观的标准能被法院独立地评价，而无须从第八修正案的法理降到社会科学方法论的争论上。最高法院将其他有关共识的相关指标，比如民意和模拟研究都排除掉，这是正确的。最高法院所依赖的两个指标——立法和陪审团决定并不是被宣称为能承受猛烈的社会科学批评，而是因为它们是唯一的关于共识的清晰指标，能够不用强迫最高法院从而作出客观的评价。

最高法院第八修正案框架一个被忽视的话题是，一个成熟的社会并不总是会不断地加强它的尊严标准。在最高法院所有关于第八修正案的案件中，没有一个案件建议尊严的标准会不断地加强，它们只可以进化，而不能退化。但是，最高法院持续依赖的全国共识计划却忽视了社会尊严标准会退化的可能性。比如，1995 年路易斯安那州通过了一部法律，允许对强奸 12 周岁以下的儿童罪犯处以死刑。该部法律直接挑战最高法院在 Coker v. Gerogia 案件中的认定，即死刑对强奸罪是不适当的一项刑罚，残酷和非寻常违反了第八修正案。然而，次年，路易斯安那州最高法院却支持这部法律是合宪的，确认了这两个强奸 5 岁男孩的男人死刑。路易斯安那州最高法院认为，死刑对强奸儿童的罪犯来说是正当的，因为强奸儿童的骇人听闻的性质以及对儿童和社会所造成的伤害。路易斯安那州最高法院认为："尽管路易斯安那州是允许对 12 周岁以下的儿童强奸罪犯实施死刑的唯一一个州，但是很难相信，如果之后几年能表明儿童强奸的事例显著减少，并且强奸受害者在对强奸罪犯的逮捕和起诉上的合作增加，并且人们对法律的自信有很大的提高，那么路易斯安那州会是保留死刑惩罚强奸犯的唯一一个州。这个经验将值得其他州的立法考虑。"①

任何一个率先通过一部新法律的州，都是游离在最高法院最近认定的现今全国共识之外。所以，一个特立独行的州，比如路易斯安那州，会立刻被要求说明这个实践并没有违反第八修正案先例。即使大多数州和社会都支持某一项具体的刑罚，而要各州联合起来，将未达成国家共识的这项刑罚促成主流，这也几乎不可能。正如路易斯安那州最高法院所指出的："如果一个州不能通过一项任何其他州都没有通过的同样的或相似的法律，那么新法律将从不会被通过。"②

这样的困境说明了只有最高法院作出的关于一项具体的刑罚是残酷的和不寻常的认定，才具有终局性。即使社会重新考虑它的标准，或者如果法院在评判社会标准时是不正确的，之前反对一项特定刑罚的全国共识也会盖过正确的现代标准。正如奥康纳大法官在 Thompson v. Oklahoma 案中所解释的，当最高法院在 Furman v. Georgia 案中考虑死刑的合宪性问题时，"任何有关社会拒绝死刑的共识的提示都会是一个错误"。如果最高法院不成熟地"宣称存在这样的一种共识，认为死刑不合法，立法就不大可能会考虑死刑。这种错误的决定范围会被冻结在宪法里，使得很难提出异议，甚至更难去反对"。③

---

① State v. Wilson，685 So. 2d 1073(La. 1996).

② State v. Wilson，685 So. 2d 1069(La. 1996).

③ Thompson v. Oklahoma，487 U. S. 815，855(1988).

因为社会标准的不断演变，因此当下是关键，当下的社区情感是最高法院第八修正案法理的核心。因为死刑是宪法允许的，根据最高法院第八修正案法理，因此它应当在一定范围内被允许。这个范围内，死刑是可以被衡量的能够达到它的目的，并且是被社会认为是非残暴和非寻常的。所以，现代的尊严标准并不必然反映现代的社会观点，但是更可能反映社会的最高标准。

通观美国最高法院死刑案件历史，美国宪法第八修正案实际上曾经长眠百年，无用武之地。直到 1963 年，才由 3 位大法官阿瑟·高登伯格(Arthur Goldburg)、威廉·道格拉斯(William O. Douglas) 和威廉·布伦南(William J. Brennan)首次引用它来攻击强奸罪死刑的残酷，但并没有成功。[①] 但是，1972 年在 Furman 案中，再一次挑战一般死刑的合宪性，却出乎意料成功了。仅仅因为 5 位大法官的合意，就使得当时的美国死刑法律完全失效，700 多个死囚因此死里逃生。但是，Furman 案却反而刺激了支持死刑的民意高涨，使得美国在 1976 年 Gregg 案中以 7∶2 的悬殊票决恢复死刑。但是之后的一系列案件，又表明最高法院还是成功地将死刑限制在特定的范围内。

我国学者在分析美国之所以终止对未成年人适用死刑，主要是基于以下三点理由：一是国际社会的压力是美国废除未成年人死刑的外因。美国在签署《公民权利和政治权利国际公约》《美洲人权协议》时均保留了对除孕妇以外的任何人(包括 18 周岁以下的未成年人)执行死刑的权力，而且美国也是世界上唯一一个没有批准加入禁止对未成年人执行死刑的《关于儿童权利公约》的国家，但是这并不意味着美国可以不受这些国际公约关于废除未成年人死刑规定的限制与影响。长期以来，国际大赦等非政府组织以及部分人权人士以人道主义为理论基础、以有关国际公约为依托，对美国展开了猛烈批判。在激烈的国际政治斗争中，美国的未成年人死刑问题经常遭受世界上大部分的国家(不管是废除死刑的还是保

① Rudolph v. Alabama, 375 U. S. 889(1963).

留死刑的，不管是发达国家还是发展中国家，不管是友好国家还是敌对国家)的攻击。二是国内民意的变化是美国废除未成年人死刑的内因。由于独特的选举和法官任命制度，民意对死刑的看法深刻地影响着美国死刑的适用。20 世纪 90 年代，美国公众死刑支持度是相当高的，最高曾达到 80％，平均维持在 70％以上。自 2000 年以来，美国公众对死刑的支持度开始呈下降趋势，降至 64％，甚至在发生“9・11”恐怖袭击和华盛顿连环枪击案后民众的死刑支持度也没有明显上升。支持度的下降在未成年人死刑方面表现得更为明显，2000 年以来，未成年人死刑的支持度仅为 10％多一点。三是关于未成年人心理、生理特点的最新研究成果也是美国废除未成年人死刑的重要原因之一。现代神经科学和行为学研究表明，未成年人与成年人的神智发育具有明显不同：阻止人们作出轻率、冲动决定的前额叶是大脑最后一块发育的区域，其发育一直要持续到 25 岁左右才成熟，因此应当降低未成年人在死刑案件中的应受责难性。这些研究成果对最高法院的大法官们显然起了重要的影响。2005 年 3 月，最高法院在讨论废除未成年人死刑时，肯尼迪大法官就根据这些成果提出“性情浮躁，情绪不稳往往是导致未成年人罪错的一个因素”，因此主张废除未成年人的死刑。[①]

显然，比分如此接近的 5∶4 最高法院的判决不是没有争议。尤其是多数人意见中提出的对谋杀未成年人罪犯以终身监禁替代死刑的建议。没有假释的终身监禁已经产生了一个新的问题，数千的未成年人已经被科以终身监禁。美国公民自由联合(美国公民自由联盟)建议未成年人在监狱服刑的最长期限应为 25 年。对未成年人适用没有假释的终身监禁也违反了《联合国儿童权利公约》第 37(a)条，该条规定：“没有任何儿童可以被刑讯或其他残酷的、非人道的或丧失体面的对待或惩罚。”也不能对 18 周岁以下实施了犯罪的未成年人判处死刑或没有释放可能的终身监禁。“残酷的不寻常的”含义在过去几年已经改变了很多。

---

① 刘科：《美国废除未成年人死刑的三个原因》，《检察日报》2005 年 10 月 27 日。

显然，在 Roper 案之后，对未成年人来说，最严重的刑罚就是终身监禁不得假释。值得注意的是，鉴于上文所指的“不断演变的体面和有尊严的标准”，美国近年来对未成年人的终身监禁不得假释也作出了限制和禁止。比如宾夕法尼亚州的 Michael Felder，他最初作为十几岁的未成年人，在一场棒球比赛中因为纠纷而开枪射击他人致死，被指控一级谋杀而被判处终身监禁不得假释。2018 年，州最高法院改判该案为 50 年监禁。①

在 Graham v. Florida 案中，美国最高法院禁止对谋杀罪以外的未成年人判处终身监禁不得假释。肯尼迪大法官指出：“适当性的概念对于第八修正案是关键。”②最高法院指出，终身监禁不得假释是对未成年人特别严厉的惩罚。限制适用终身监禁不得假释并不能保证这些被科以严重刑罚的人获得释放，但是却能保障他们具有获得释放的有意义的机会。

2012 年，在 Miller v. Alabama 和 Jackson v. Hobbes 两个案件的联合判决中，最高法院认为对未成年人判处强制的终身监禁不得假释，违反了第八修正案关于禁止残忍和不寻常处罚的规定。作为多数意义的执笔人，卡根大法官强调，为了签发一个公平和个人化的刑罚，法官必须要考虑未成年被告人的年龄和特征。青少年被认为是“一时冲动的，爱冒险的，不懂评估后果的”，这些应当是未成年被告人刑罚的减轻情节。③

2016 年的 Montgomery v. Louisana 案，最高法院使 Miller 案的判决具有追溯力。最高法院大法官肯尼迪在 6∶3 的多数意见中，指出最高法院认为未成年人与成年人具有宪法上有罪性程度的不同。最严厉的刑罚只能对最少数的未成年罪犯适用，因为这些罪犯所实施的罪行反映了他们终身不可挽救。为了对这些不合宪地被强制终身监禁不得假释的罪犯予以救济，应当给予这些罪犯假释的听审，而非重新予以量刑。④

---

① Commonwealth v. Feldler M. 41 EAL S. Penn(2018).

② Graham v. Florida, 130 S. CT. 2011(2010).

③ Miller v. Alabama and Jackson v. Hobbs, 132 S. Ct. 2455(2012).

④ Montegomery v. Louisana, 136 S. Ct. 718(2016).

而最近关于18周岁之前犯罪的青少年被科以严厉刑罚是否合宪的案件是Jones v. Mississippi。案情涉及2004年刚满15岁的布雷特·琼斯(Brett Jones),祖父发现琼斯的女友在他的房间里,两人发生争执并打斗,琼斯在做三明治时,向祖父连刺8刀,致其死亡。2005年,琼斯被判犯有谋杀罪,并被处以终身监禁不得假释。这是密西西比州法律规定的强制性刑罚。

在最高法院对Miller案作出判决后,密西西比州最高法院批准了对琼斯进行新的量刑听证会。听证会后,初审法官重新判处琼斯终身监禁不得假释。但是他的律师在寻求最高法院复审的意见书中指出:"法院并没有发现琼斯是永久无药可救的,也没有承认只有永久无药可救的未成年杀人犯才可能被判处终身监禁不得假释。事实上,州法院根本就没有涉及琼斯的改造能力。"2020年3月9日,美国最高法院就是否在判决未成年罪犯终身监禁不得假释之前需要确定他们是无药可救的这一问题同意予以考虑。[①] 但是该案目前还在程序中,尚未有判决。

从美国关于废除未成年人死刑以及对未成年人限制适用终身监禁不得假释的演变发展来看,美国对未成年人的量刑显然很严厉,直到最近的一二十年,美国才要求针对未成年人的年龄和个性特征来考虑减轻未成年人的刑罚。笔者觉得可能的原因是,美国最先对待未成年人犯罪,是以国家作为未成年人的监护人,后来美国逐渐将这种福利模式用司法模式来替代,从而将未成年人刑事诉讼等同于刑事诉讼,所以在如何处置未成年人方面,也采取了成年人刑事诉讼程序同样的思路。从近年的司法判例来看,美国在对待如何处置未成年人罪犯方面,应该是越来越具有怜悯和包容之心,强调未成年罪犯的可改造性。相比较,我国的刑法和刑事诉讼法相关法律都一直贯彻对犯罪的未成年人予以减轻刑罚,不得判处死刑,规定不满12周岁的未成年人不承担刑事责任,不满16周岁已满12周岁的未成年人承担有限的刑事责任,处处考虑到未成年人身心的特殊

---

① 参见https://www.nytimes.com/2020/03/09/us/politics/supreme-court-teenagers-life-sentence.html。

性，具有先进性。但是近年来，随着越来越多的不满刑事责任年龄的未成年人实施恶性犯罪，如何保障被害人的权利，以及如何有效遏制此类案件的发生，成为一个新的课题。

第八章　我国未成年人刑事诉讼程序模式

现代刑事诉讼，是追求惩罚犯罪和保障人权的统一。美国在20世纪中叶开始进行的正当程序革命，使得未成年人在刑事诉讼中的权利逐步增强并得以保障。未成年人作为刑事诉讼程序中的一个群体，因为在身体、心理上的不成熟，使得刑事诉讼必须付出额外的精力去保护这个脆弱的群体。但是过度的保护必然导致刑事诉讼打击犯罪的能力受损，所以，刑事诉讼始终必须在惩罚犯罪和保障人权之间寻求一种平衡。美国有关未成年人权利保护的宪法案件，也充分反映了刑事诉讼的这一追求。在面对保护未成年人的道德诉求和强调对犯罪控制的法律诉求的冲突之间，美国最高法院有关未成年人刑事诉讼的判决很多是以微弱优势胜出，可见这些问题本质上是一种现时现阶段的选择。尤其是在未成年人死刑这一问题上，美国对该问题的纠结长达二三十年，在全世界大多数国家废除了这一做法的同时，最终以一票之多通过了对未成年人死刑的禁用。所以，笔者认为，有关未成年人在刑事诉讼的权利保护，还是要依照一国的具体情境具体分析，不能冒进，但也不能忽视这个问题。毕竟，赋予未成年人在刑事诉讼中的权利，不仅体现国家法律对未成年人公民的尊重，同时也体现国家对未成年人的爱护与关怀。

我国在2012年修改《刑事诉讼法》时，将未成年人刑事案件诉讼程序作为一项特别程序，作为几项特别程序的其中一项在《刑事诉讼法》里加以规定。所以，在现阶段，讨论未成年人刑事诉讼中的权利，这是一个框架的前提。这也意味着，未成年人刑事诉讼必须服从刑事诉讼的整体目的追求，而不能脱离《刑事诉讼法》的基本框架来探讨如何保护刑事诉讼中的未成年人。

一、我国未成年人刑事诉讼程序的现有模式：教育模式

作为一项特别程序，我国《刑事诉讼法》在特别程序中专章规定了未成年人刑事案件诉讼程序，并且在第一条就指出了未成年人刑事诉讼程序的原则——“坚持教育为主、惩罚为辅”。我们一直认为，对犯罪的未成年人，应当立足于挽救这些犯罪的未成年人，让他/她们能够顺利回归社会，而不能因为犯罪而断送了他/她们的未来。这一原则多年来一直指导我国的未成年人刑事诉讼实践。

我国对涉案的未成年人贯彻“坚持教育为主、惩罚为辅”的原则，可以追溯到 20 世纪七八十年代。1979 年，中共中央批转的中宣部、教育部等八部门《关于提请全党重视解决未成年人违法犯罪问题的报告》，强调必须高度重视和努力解决未成年人犯罪问题，确立了对违法犯罪的未成年人要实行教育、感化、挽救的方针。根据实践经验，在 1981 年经党中央批准的《第八次全国劳动会议纪要》中提出，对未成年罪犯，要像父母对待顽皮的孩子、医生对待病人、老师对待犯错误的学生那样，做耐心细致的教育、感化、挽救的工作。1982 年，中共中央在《关于加强政法工作的指示》中明确规定：“必须坚决实行教育、感化和挽救的方针，着眼于挽救。”1992 年 1 月 1 日生效的《未成年人保护法》第三十八条明确规定：“对违法犯罪的未成年人，实行教育、感化、挽救的方针，坚持教育为主、惩罚为辅的原则。”至此，这一政策以法律的形式固定下来。1999 年颁布的《预防未成年人犯罪法》中也明确规定了“对犯罪的未成年人追究刑事责任，实行教育、感化、挽救方针，坚持教育为主、惩罚为辅”原则。2012 年《刑事诉讼法》修改时，专门增加规定了未成年人刑事案件诉讼特别程序。未成年人刑事案件诉讼程序的第一条也明确规定：“对犯罪的未成年人实行教育、

感化、挽救的方针，坚持教育为主、惩罚为辅的原则。”

主流的观点认为，未成年人不同于成年人，其心智还不成熟。一味单纯的惩罚和打击，对未成年人的消极作用明显并且容易造成交叉感染和重新犯罪。教育与惩治是相辅相成的，惩治也是教育的重要组成部分。在对情节轻微、属于初犯偶犯、认罪悔罪的未成年犯罪嫌疑人依法从轻处理的同时，对性质和情节恶劣、手段残忍、后果严重的，必须坚决依法惩处；对成年人教唆、胁迫、诱骗、利用未成年人违法犯罪行为，依法从重惩处。[①]

我国坚持教育为主的原则，是指对犯罪的未成年人的刑事责任的追究要把教育放在第一位，通过教育使犯罪的未成年人认识自己犯罪行为的社会危害性，并通过相应的教育改造和心理矫治等，破除犯罪心理，成为守法公民。其中，所谓教育，是指对违法犯罪的未成年人进行思想教育、道德教育和法制教育，使其树立正确的人生观、价值观，认识到法律的权威性，树立法制观念。

坚持惩罚为辅的原则，是指在坚持教育为主的同时，必须辅以必要的惩罚手段，使犯罪的未成年人受到一定的处罚，感受到犯罪的法律后果和应当承担的法律责任。惩罚的目的是为了使未成年犯罪人吸取教训、改过自新，通过必要的惩罚促使其提高法制观念，进行再社会化。其中，惩罚措施包括刑罚和非刑罚的。惩罚的目的是为了更好地教育和挽救犯罪的未成年人。

而教育与惩罚是相辅相成的关系，教育是目的，惩罚是手段，惩罚是为教育服务的。教育和惩罚的最终目的是为了感化和挽救犯罪的未成年人，预防和减少未成年人犯罪。其中，感化是指关心、帮助、感染违法犯罪的未成年人，使其认识到自己所实施的违法犯罪行为的社会危害性，从而痛改前非、重新做人。挽救是指在诉讼过程中，司法工作人员依照法律和政策所进行的促使违法犯罪的未成年人认罪服法、重新做人的各项工作。

---

① 《对涉案未成年人教育为主是放纵犯罪？最高检回应》，中国新闻网，http://www.chinanews.com/gn/2017/12-28/8411226.shtml。

从字面上来看,原则是指说话、做事遵循的根本准则。很显然,按照我国目前《刑事诉讼法》的规定,对涉案的未成年人,我国首先强调的是对他们的教育和挽救。惩罚只是对这些未成年人的必要辅助措施。

根据"教育为主、惩罚为辅"的原则,我国现行《刑事诉讼法》规定了社会调查制度,要求在侦查阶段,了解犯罪嫌疑人的成长经历、家庭状况以及生长环境等,从外部原因剖析未成年人犯罪的原因,为庭审阶段的法庭教育提供素材。同时,我国在庭审环节专门设立了法庭教育环节。在这个环节中,未成年被告人的父母和监护人、辩护人、检察官和法官均可以对被告人进行教育,促使其认识到犯罪的原因并能好好改造,争取早日回归社会。

对犯罪的未成年人采取教育、挽救和感化的方针,强调教育为主、惩罚为辅,显然是一项很人性化的制度,也体现了我国对未成年人的关心与爱护。人孰能无过,尤其是未成年人,由于人生经验不足、家庭或社会的支持不够等因素,导致犯罪。所以,对犯罪的未成年人着眼于他们能够认识到错误,并能痛改前非,从而成长为对社会、对家庭都能有所贡献的人,于情于理渗透着我们国家对未成年人的关爱。但是,笔者认为,这里有一个逻辑上的问题,即在刑事诉讼中,未成年罪犯的利益和刑事诉讼的利益,孰先孰后?并且"教育为主、惩罚为辅",主要焦点在于对未成年罪犯的量刑,那么一项专注于量刑的原则能定位为未成年刑事诉讼特别程序的唯一原则吗?

二、对未成年人刑事诉讼程序"教育模式"的反思

未成年人刑事诉讼本质上是刑事诉讼,而刑事诉讼的目的是惩罚犯罪和保障人权。我国在《刑事诉讼法》中规定了未成年人刑事案件的特别程序,因此,未成年人刑事诉讼在本质上首先是刑事诉讼。而刑事诉讼的任务在我国《刑事诉讼法》的第一条就明确载明:"惩罚犯罪,保护人民,保障国家安全和社会公共安全。"因此,将未成年人刑事诉讼确定为"教育

为主，惩罚为辅”的原则和教育、感化、挽救的方针，与《刑事诉讼法》的本质和特性不符。

我国在 1979 年首部《刑事诉讼法》中，只有三个条文涉及未成年人。其中，第十条规定：对于不满 18 周岁的未成年人犯罪的案件，在讯问和审判时，可以通知被告人的法定代理人到场。第二十七条规定：被告人是未成年人而没有委托辩护人的，人民法院应当为他指定辩护人。第一百一十一条规定：14 周岁以上不满 16 周岁未成年人犯罪的案件，一律不公开审理。16 周岁以上不满 18 周岁未成年人犯罪的案件，一般也不公开审理。1996 年修改《刑事诉讼法》时，虽然修改了 143 处，增加了 63 个法条，但是有关未成年人参与或涉入刑事诉讼的相关规定，并没有改变。直到 2012 年《刑事诉讼法》再修改，才用 11 个条文对未成年人刑事诉讼做了比较详细的规定。

由此可见，我国在 1979 年确立了对未成年人罪犯的教育、感化和挽救方针，当时我国并没有在《刑事诉讼法》中对未成年人刑事诉讼作出专门的规定。而 1979 年的《刑事诉讼法》强调打击犯罪，尚没有如今保障犯罪嫌疑人、被告人权利的先进理念和实践。同时，当时我国也没有建立相应的对未成年人的保护制度。因此，通过文件形式来强调对涉案的未成年人加以教育和挽救，有其合理性。

但是，如今我国不仅相关的立法逐渐成熟，我国有《未成年人保护法》《预防未成年人犯罪法》等专门强调对未成年人予以教育和保护的立法；同时，我国《刑事诉讼法》的人权保障理念也在不断地完善和成熟之中，因此在《刑事诉讼法》中，再强调对未成年人要予以教育和挽救，则有悖于《刑事诉讼法》的立法宗旨。

或许有人会说，因为未成年人刑事诉讼是《刑事诉讼法》中的特别程序，既然“特别”，那它就应有“特别”之处。笔者认为，回答这个问题就要回到“特别程序”的概念上。所谓特别程序，是指因为某种类型的案件与普通的刑事诉讼相比，具有案件特点和类型的特殊性，所以《刑事诉讼法》为了充分照顾到这类案件的特殊性，专门规定了特别程序。而就未成年人案件而言，因为未成年人处于身心不成熟的状态，在刑事诉讼中，更容易成为刑事诉讼潜在的伤害者。为了保障未成年人的合法权利，因此《刑事诉讼法》需要为他/她提供更多的保障措施，以避免这种后果。但是，《刑事诉讼法》作为一种程序法，主要是为未成年人提供程序上的保护，这也是《刑事诉讼法》的本质所要求的。比如，为未成年人提供成年人不曾享有的程序性权利，以弥补其心智不成熟而可能承受的刑事诉讼劣势。但是，未成年人刑事诉讼本质上是刑事诉讼，我国在《刑事诉讼法》中专门规定了未成年人刑事案件特别程序，也充分说明了这一点。

同时，综观未成年人刑事诉讼程序的发展，对未成年人保护是福利模式的普遍做法，但是现代未成年人刑事诉讼却越来越强调司法模式。美国作为世界上最先设立未成年人法院的国家，最先基于国家亲权理论，未成年人诉讼的福利模式强调实现未成年人的最大利益，给予未成年人个体化的对待和保护。但是，随着未成年人犯罪率的上升，未成年人诉讼却越来越强调对未成年人的惩罚，甚至按成年人的标准来对待未成年人。司法模式下的未成年人刑事诉讼重点关注于刑事诉讼中给予未成年人正当程序保护。

必须强调的是，与美国相比，我国未成年人刑事诉讼调整的是构成犯罪的案件，最高人民法院《关于加强新时代未成年人审判工作的意见》虽然将《刑事诉讼法》中规定的"未成年人刑事案件"扩展至"涉未成年人刑事案件"，但是除了"强奸、猥亵等性侵未成年人犯罪案件"，其他都是关于未成年人犯罪的案件。根据现行的相关法律规定，在我国，适用未成年人刑事诉讼的未成年人为 12 周岁以上不满 16 周岁的恶性犯罪嫌疑人和 16 周岁以上不满 22 周岁的未成年人。而在美国，在未成年人法院审理的未成年人，不一定为我国意义上的刑事犯罪嫌疑人，还包括在我国按照《治安管理处罚法》处理的违反治安管理的未成年人。同时，美国未成年人法院管辖的未成年人的最低年龄虽然各州不一致，但相比我国的 14 周岁限制刑事责任能力以及 16 周岁的普通刑事责任能力，要低得多。有些州低至 8 周岁，大多数州是 13 周岁。所以，我国未成年人刑事诉讼若是一味强调“教育为主、惩罚为辅”，似乎有对未成年人过于宽容的嫌疑，而且也对未成年人回归社会不利。[①]

笔者认为，由于我国《刑事诉讼法》对立案有着一定的门槛，对涉入刑事诉讼的案件，不管其是否为未成年人，都应当严格按照《刑事诉讼法》的程序规定，严格适用法律。而不应当在刑事诉讼中对涉案的未成年人，鉴于其未成年人的身份地位，又额外地予以教育和挽救。这不仅与刑事诉讼本身的目的与宗旨不符，同时也使得刑事诉讼的逻辑出现混乱。如果一定要对未成年人予以教育和挽救，可以通过提高未成年人刑事立案的标准。另外，未成年人刑事诉讼中，将“教育为主、惩罚为辅”列为唯一的一项原则，强调对未成年人给予教育和挽救，显然，公安司法机关是教育和挽救的主体。笔者认为，这也有悖于司法机关的定位。

我国《宪法》规定，人民法院是国家审判机关，人民检察院是国家法律监督机关。《刑事诉讼法》第三条也规定，对刑事案件的侦查、拘留、执行逮捕、预审，由公安机关负责；检察、批准逮捕、检察机关直接受理的案件的侦查、提起公诉，由人民检察院负责；审判由人民法院负责。除法律特别规定的以外，其他任何机关、团体和个人都无权行使这些权力。《刑事诉讼法》第二百六十六条规定，人民法院、人民检察院和公安机关办理未成年人刑事案件，应当保障未成年人行使其诉讼权利。这些明示规定，显然并没有要求法院和检察院负有教育和挽救未成年人的义务。事实上，刑事诉讼本身具有教育的功能。《刑事诉讼法》第二条就规定，刑事诉讼的其中一项任务是“教育公民自觉遵守法律”。所以，在未成年人刑事案件诉讼程序中又规定教育未成年人，有重复之嫌。

再者，“教育为主、惩罚为辅”，主要是指刑事诉讼中，教育未成年罪犯，认识到自身的错误，同时辅以必要的惩罚措施，以帮助未成年人早日

---

① 在我国，未成年人的犯罪率远高于成年人，有犯罪前科的再犯罪率远高于无犯罪前科的犯罪率，有犯罪前科的未成年人其再犯罪率又远高于有犯罪前科的成年人。在未成年人犯罪中，刑期越短的再次犯罪的可能性就越大。参见黄子玉：《论未成年犯的再犯罪》，《人民法院报》2013年3月27日。

回归社会。显然，这主要集中在对未成年罪犯的量刑方面。我国《刑法》第十七条明文规定："已满 14 周岁不满 18 周岁的未成年人犯罪，应当从轻或减轻刑罚。"这也是我国目前有关未成年犯罪量刑的最根本依据。如果按照《刑法》的规定，不仅不能推导出《刑事诉讼法》规定的"教育为主、惩罚为辅"这一原则，甚至有违《刑法》的规定。

而且，未成年人刑事诉讼对未成年人的保护，也应当体现在对未成年被害人的保护。鉴于未成年人的身心不成熟，从而对未成年人提供额外的保护，这是未成年人领域普遍达成的一个共识。这确实也无可厚非。但是，在刑事诉讼领域，它涉及的不仅仅是未成年被告人一方，很多时候涉及的是双方都是未成年人，那对未成年人的保护，问题就会更为复杂。如果强调对未成年罪犯的"教育为主、惩罚为辅"，那对未成年被害人又能提供怎样的帮助呢？刑事诉讼始终是各方利益的平衡。未成年人刑事诉讼"教育、感化、挽救"的方针以及"教育为主、惩罚为辅"的原则，都是着重于对未成年被告人的保护，显然，忽视了未成年被害人一方。

现代的刑事诉讼，在追求保障人权的道路上付出了极大的努力。但是，直到 20 世纪 80 年代，猛然惊醒，却发现在追求保障人权的同时忽视了被害人的权利保护，于是就有了轰轰烈烈的被害人运动。各国努力寻求在保障被告人权利和被害人权利之间的一种平衡。我国《刑事诉讼法》也一直试图避免这种失衡。1996 年《刑事诉讼法》修改时，在强调对被告人权利保护的同时，也增加了对被害人保护的一些措施，比如将被害人作为当事人对待，建立被害人补偿制度等。2012 年《刑事诉讼法》再修改，确立了刑事和解制度，将被害人的意愿作为和解的前提，更进一步提升了被害人诉讼地位。但是，2012 年《刑事诉讼法》虽然设专章专门规定了未成年人刑事案件诉讼程序，但在整章中，只有两处提到了被害人。一是在询问未成年被害人时，适用讯问未成年犯罪嫌疑人、被告人的相关规定；二是对增设的附条件不起诉，规定"人民检察院在作出附条件不起诉的决定以前"，应当听取被害人的意见。显然，未成年被害人在我国的未成年人刑事诉讼中处于边缘的状态。

据报道，北京市一中院的审判实践发现，性侵未成年人案件被害人低龄化趋势明显。从被害人年龄来看，14 周岁以下未成年被害人约占全部性侵未成年被害人总数的 40％，年龄最小的仅 4 周岁。熟人作案占比较大，从罪犯与被害人关系来看，罪犯与被害人是亲戚、邻居、同学、师生、朋友等熟人关系的，约占全部性侵类案件的 31.87％。而在猥亵儿童犯罪中，熟人作案的比重高达 90％。网络社交成为性侵类犯罪主要威胁。有 54％的被害人是因为网络交友并与网友见面而遭遇性侵的，此类被害人年龄段集中在 15 岁。[①] 未成年被害人已经成为性侵案件的主要受害者。

另外，2017 年从对全国 15 645 件未成年人刑事案件的数据分析显示，有超过 10％未成年刑事案件中存在涉网因素。而在这些涉网案件中，半数以上案件系未成年犯罪案件，被害人未成年以及犯罪对象为未成年人的各占 1/4。[②]

可见，未成年被害人是一个不容忽视的群体。按照目前的司法实践，对侵犯未成年被害人权益的成年人犯罪，通常罪犯会被加重处罚；但是对侵犯未成年被害人的罪犯是未成年人，由于“教育、感化、挽救”的方针，罪犯通常会被减轻处罚。由于年龄不同，未成年罪犯得到了量刑上的优待。但从未成年被害人而言，鉴于实体法上已经对未成年人罪犯作出了量刑的优惠决定，那么从避免“二次伤害”、维护未成年被害人的尊严，以及帮助未成年被害人尽早地摆脱伤害出发，程序法上应当对未成年被害人予以应有的尊重和保护。程序法只注重保护未成年犯罪嫌疑人的保护，而忽略了对未成年被害人的保护，是远远不充分的。如果说，对加害人的保护是法律要求的，那么对被害人的保护则更是法律的职责。

最后，未成年人刑事案件诉讼程序对未成年人的保护，应体现在完善的程序机制以及程序性权利的赋予和享有。2012 年《刑事诉讼法》再修

---

① 《北京一中院发布未成年人案件审判白皮书：性侵被害人低龄化趋势明显》，参见 http://www.xinhuanet.com/legal/2017-06/16/c_1121154644.htm。

② 《未成年人涉网刑事案件大数据分析报告》，参见 https://kuaibao.qq.com/s/20180604B0YW8200? refer＝spider。

改时，“为更好地保障未成年人的诉讼权利和其他合法权益，修正案草案在总结实践经验的基础上，针对未成年人刑事案件的特点，对办案方针、原则、诉讼环节的特别程序作出规定”。[①] 显然，我国设立专门的未成年人刑事诉讼程序，是为了保障未成年人的诉讼权利和其他合法权益。为此，《刑事诉讼法》规定的未成年人刑事案件诉讼程序全章基本上也是围绕着如何保障未成年人的权利，规定了若干的程序机制，并赋予未成年人特别的权利。

总体来说，我国未成年人刑事案件诉讼程序设置了旨在保障未成年诉讼权利的程序机制，包括由熟悉未成年人身心特点的审判人员、检察人员、侦查人员承办案件；社会调查制度，即对未成年犯罪嫌疑人、被告人的成长经历、犯罪原因、监护教育等情况进行调查；附条件不起诉制度；不公开审判制度以及犯罪记录封存制度。同时，在未成年人诉讼中，未成年犯罪嫌疑人、被告人也被赋予系列的权利，包括享有律师帮助的权利，严格限制适用逮捕措施，与成年人分别关押、讯问时法定代理人或其他人员到场的权利等。

我国刑事诉讼追求人权保障的历史并不长，也有许多的著述对我国目前的《刑事诉讼法》有关人权保障的制度设计颇有微词或批判。按照现行《刑事诉讼法》的规定，如果未成年人刑事案件诉讼程序没有规定，但《刑事诉讼法》有规定的，仍然可适用于未成年人案件。比如未经人民法院依法判决，对任何人不得确定有罪；诉讼参与人对于审判人员、检察人员和侦查人员侵犯公民诉讼权利和人身侮辱的行为，有权提出控告等。所以，未成年人刑事诉讼程序规定的单独由未成年人享有的专门权利，值得细细推敲。

在最高人民法院发布《关于加强新时代未成年人审判工作的意见》新闻发布会上，最高人民法院研究室周加海副主任强调，“侵害孩子者，必严

---

① 王兆国：《关于〈中华人民共和国刑事诉讼法修正案（草案）〉的说明——2012 年 3 月 8 日在第十一届全国人民代表大会第五次会议上》，参见 http://www.gov.cn/2012lh/content_2086875.htm。

惩不贷”。人民法院将树立正确理念，依法严惩侵害未成年人犯罪不手软，强化专业审判，加大对未成年被害人的帮扶救助力度，全方位加强对未成年人的司法保护。[①] 这说明，在未成年审判中，对审判案件一味地轻刑化将不会是一种常态。

三、我国未成年人刑事诉讼程序的改革：从“教育模式”逐渐转向“司法模式”

我国的未成年人刑事诉讼程序发展才区区几十年，但这几十年来，秉承着对未成年人的教育挽救方针，未成年人刑事诉讼特别程序发挥了积极的作用。但是，未成年人刑事诉讼程序本质上是刑事诉讼，是为刑事诉讼目的而存在。所谓的特别程序，是未成年人案件相比于成年人案件，当事人心智不成熟、容易受到刑事诉讼相关参与人的影响，因此，特别程序应当是指鉴于这类案件的特殊性，为避免刑事诉讼的公正丧失或受不利影响，未成年人刑事诉讼程序需要建立一套专门的程序机制，以保障程序公正的实现。而并非指未成年人刑事案件诉讼程序脱离刑事诉讼的语境，无视刑事诉讼本身惩罚犯罪和保障人权的目的追求。

我国未成年人犯罪案件数量近年来一直居高不下，随着互联网的发展，犯罪手段越来越智能化，新型犯罪层出不穷。未成年被害人的权利保护日益需要关注，以及未成年人保护的相关立法也在逐渐完善。未成年人犯罪是一个社会综合问题，如果刑事诉讼强调挽救、教育犯罪的未成年人，而缺乏足够的社会支持系统，那么刑事诉讼对未成年人的教育和挽救功能也不能够达到预期。所以，未成年人刑事诉讼应当回归刑事诉讼的本质，对进入刑事诉讼程序的未成年人需要强调惩罚，在打击犯罪的同时，尤其是要顾及为这些心智尚未健全的未成年人提供足够的权利保障。而对未成年人的教育和挽救，则应当在进入刑事诉讼程序之前或程序结

① 《未成年人审判更专业 司法保护更严格——最高法发布〈关于加强新时代未成年人审判工作的意见〉》，《人民法院报》2021 年 1 月 21 日。

束之后，尤其是案件执行完毕之后，加以强调。比如，在进入刑事诉讼之前，加强对未成年人的法制教育和提供相应的预防犯罪的措施；在刑事诉讼之后，尤其是案件执行完毕之后，对这些未成年人则要提供就业或家庭的帮扶。笔者认为，未成年人刑事诉讼本质上是刑事诉讼，应当坚持刑事诉讼的性质和目的。

近二十年来，我国刑事诉讼的改革主要集中在人权保障。如果说，1996 年《刑事诉讼法》的修改主要集中在成年人刑事案件，那么，2012 年《刑事诉讼法》的再修改，则将未成年人刑事诉讼的人权保障提高到了一个新的高度。有一种想法认为，由于未成年人的心智尚未发展成熟，所以，未成年人刑事诉讼要更加强调对未成年人的程序保护。在一定程度上，这种观点具有其合理性。因为刑事诉讼毕竟是国家公权力追究犯罪的一种活动，在面对国家强权时，作为特别弱势的群体，未成年人需要一些额外的程序保障，以保障程序公正。但是另一方面，未成年人刑事诉讼也不应当片面追求未成年人的人权保障。因为未成年人被涉入刑事诉讼，就说明他/她需要接受刑事诉讼惩罚犯罪的束缚。应当强调，未成年人刑事诉讼程序的首要价值目标是提供程序上的保护，防止未成年人在刑事诉讼中因为心智不成熟而遭到公权力的不当侵犯，而并非对未成年人施以轻刑和教育未成年人承认错误，并积极改过自新。

“司法模式”下的未成年人刑事诉讼程序，一方面，我们应当就立法已经规定的相关程序机制予以审视和完善，尤其是要考虑未成年人专享的权利，或者未成年人享有的权利，如何予以充分的保障；另一方面，未成年人刑事诉讼一定是追求未成年人权利保护与犯罪惩罚的平衡，“大跃进式”地提倡权利保护或者宽容罪犯都是不可取的。

(一)未成年犯罪嫌疑人、被告人的辩护权

未成年犯罪嫌疑人、被告人的辩护权是未成年人刑事诉讼最基本的一项权利。现行《刑事诉讼法》对未成年人的辩护权给予了特别的关注。《刑事诉讼法》第二百七十条在未成年人刑事案件特别程序中专门指出：

“人民法院、人民检察院和公安机关办理未成年人刑事案件，应当保障未成年人行使其诉讼权利，保障未成年人得到法律帮助。”第二百七十八条又规定：“未成年犯罪嫌疑人、被告人没有委托辩护人的，人民法院、人民检察院、公安机关应当通知法律援助机构指派律师为其提供辩护。”显然，立法强调了未成年人辩护权的重要性。但是，笔者认为，这些规定存在逻辑上的重复。“保障未成年人行使其诉讼权利，保障未成年人得到法律帮助”，难道法律帮助权不属于诉讼权利吗？“保障未成年人行使其诉讼权利”，其实已经包括了“保障未成年人行使辩护权”。如果说“保障未成年人得到法律帮助”，强调的是未成年人“得到”法律帮助，那么《刑事诉讼法》第二百七十八条就是一项具体的“得到”措施。该条款将法律援助扩展至未成年人。值得一提的是，我国《刑事诉讼法》在总则部分对保障被告人的诉讼权利和辩护权做了明确的规定。《刑事诉讼法》第十四条规定：“人民法院、人民检察院和公安机关应当保障犯罪嫌疑人、被告人和其他诉讼参与人依法享有的辩护权和其他诉讼权利。”虽然在未成年人刑事案件特别程序中，《刑事诉讼法》第二百八十七条规定：“办理未成年人刑事案件，除本章已有规定的以外，按照本法的其他规定进行。”也就是说，除了未成年刑事案件特别程序专门规定的，其他的都适用按照《刑事诉讼法》的规定。那问题是，未成年人刑事案件特别程序有没有必要对“保障未成年人行使其诉讼权利”予以专门的规定？笔者认为没有必要，因为未成年人刑事案件特别程序只是《刑事诉讼法》的一个专门程序而已，《刑事诉讼法》在总则部分予以规定的，理所当然应当适用于《刑事诉讼法》每个特别程序。如果说，未成年人刑事案件特别程序需要特别关注未成年人的诉讼权利，那么着重点应当在于“如何保障”，而不是仅仅再一次强调保障未成年人行使诉讼权利而已。因此，笔者认为，《刑事诉讼法》第二百七十条可以被取消。

就“如何保障”未成年人的辩护权，现行《刑事诉讼法》第二百七十八条将成年人刑事诉讼程序中的法律援助扩展至未成年人刑事案件。根据该条款，未成年犯罪嫌疑人、被告人若没有委托律师，那么在整个刑事诉讼程序中，未成年犯罪嫌疑人、被告人都将获得免费的律师帮助。这一条款使得未成年犯罪嫌疑人、被告人的法律帮助权得到了有力的保障。但是，在处理未成年人刑事案件时，熟悉掌握未成年人的心理特点是非常关键的。这也是现行《刑事诉讼法》之所以规定“由熟悉为成年人身心特点的审判人员、检察人员、侦查人员承办”未成年人刑事案件的理由。我国目前办理未成年人刑事案件的法律援助律师往往是各家律师事务所随机分配，并没有建立一支专门的处理未成年人刑事案件的法律援助律师队伍。为真正地保障未成年人在刑事诉讼中的法律帮助权，建议我国应建立一支熟悉未成年人心理特点以及熟悉未成年人刑事业务的律师队伍。

同时，为了保障未成年人获得有效的法律帮助，未成年人应当享有讯问时律师在场的权利。按照现行的法律规定，未成年人在被讯问和审判的时候，享有通知未成年犯罪嫌疑人、被告人法定代理人到场的权利。如果法定代理人不能到场，也可以通知未成年犯罪嫌疑人、被告人的其他成年亲属，所在学校、单位、居住地基层组织或者未成年人保护组织的代表到场。到场的法定代理人可以代为行使未成年犯罪嫌疑人、被告人的诉讼权利。[①] 根据此条规定，律师并非是在讯问时应当被通知到场的对象。这显然对未成年犯罪嫌疑人、被告人的权利保护颇为不利。退一步讲，立法虽然规定到场的法定代理人可以代为行使未成年犯罪嫌疑人、被告人的诉讼权利，但是没有律师的指导，法定代理人代为行使未成年犯罪嫌疑人、被告人的诉讼权利将会打折扣。而且法定代理人不能到场的未成年犯罪嫌疑人、被告人，又有谁能帮助他们正确和及时地行使诉讼权利？虽然我国赋予未成年人享有合适成年人在场的权利，但很显然，合适成年人制度在我国目前的立法中，尚有诸多不明确之处。比如，合适成年人的具体职责是什么？现行立法只规定，“到场的法定代理人或者其他人员认为办案人员在讯问、审判中侵犯未成年人合法权益的，可以提出意见”。但是，作为合适成年人的未成年犯罪嫌疑人、被告人的其他成年亲属，所在

① 《中华人民共和国刑事诉讼法》第二百八十一条。

学校、单位、居住地基层组织或者未成年人保护组织的代表，一般情况下，他们并没有专门的《刑事诉讼法》知识和相关实践经验，不具备对诉讼中未成年人的合法权益是否受侵犯作出正确判断。再说，立法只是规定了“可以提出意见”，向谁提出？如何提出？如果提出了，意见不被接受，该怎么办？这些问题立法和相关的司法解释均没有明确的规定。又如，立法规定，如果法定代理人不能到场，“也可以”通知合适成年人到场，那显然通知合适成年人到场并不是必需的。如果法定代理人不能到场，办案机关又没有通知合适成年人到场，又有谁能帮助被讯问的未成年人呢？再加上立法规定的法定代理人“无法通知，不能到场”，因为措辞的模糊性，很容易成为不通知合适成年人到场的借口。再如，未成年人是否有权选择合适成年人？按照立法规定，合适成年人包括未成年犯罪嫌疑人、被告人的其他成年亲属，所在学校、单位、居住地基层组织或者未成年人保护组织的代表。就每一个具体案件而言，合适成年人有人数限制吗？对于未成年人而言，他/她有权要求办案机关通知他希望到场的合适成年人，还是办案机关无须知会未成年人？所有这些问题，都需要法律的进一步明确规定。

最高人民检察院在 2017 年颁布的《未成年人刑事检察工作指引（试行）》中，试图解决目前实践中有关合适成年人的一些困境。在该指引中，明确了法定代理人不能到场的话，要保证合适成年人到场，并规定了合适成年人的权利和义务，强调未成年人享有一定的选择合适成年人的权利，并明确规定合适成年人应当到场而没有到场，未成年被害人应当有合适成年人到场，或者应当通知法定代理人而通知合适成年人的，如果无法作出合理解释，将对相关证据予以排除。显然，该指引对《刑事诉讼法》中规定的不尽之处做了很多补充和完善，但是仍然没有解决未成年人在讯问时合法权益受侵害问题。《未成年人刑事检察工作指引（试行）》第 47 条（五）规定：“发现办案机关存在诱供、逼供或其他侵害未成年人合法权益的情形，可以当场提出意见，也可以在笔录上载明自己的意见，并向办案机关主管部门反映情况。”但是，合适成年人向办案人员提出意见，可后者不接受,怎么办?在笔录上载明自己的意见,并向办案机关主管部门反映情况。办案机关主管部门必须要进行复查吗?复查程序如何启动?

所以,就未成年人在刑事诉讼中的权利保护,尤其是在讯问时若相关权利受到侵害,未成年人一方的救济目前的立法和相关规定都不完整。未成年人在讯问时的权利保护,是刑事诉讼辩护权的主要内容。按照《刑事诉讼法》的规定,辩护权的行使,除了犯罪嫌疑人、被告人自我辩护之外,还可以委托律师,或者人民团体,或者犯罪嫌疑人、被告人所在单位推荐的人,以及犯罪嫌疑人、被告人的监护人和亲友。显然,辩护人获得辩护资格的前提是基于犯罪嫌疑人、被告人这一方的委托。而合适成年人显然不具有辩护人资格。既然如此,那么合适成年人的职责就不能替代辩护人。

从立法初衷而言,合适成年人是法定代理人的替代。如果法定代理人能够到场,就无须再通知合适成年人到场。合适成年人之所以要到场,是因为法定代理人不能到场,所以合适成年人的角色应当类似于法定代理人,合适成年人的主要职责是在情感上抚慰未成年人,同时帮助未成年人与办案人员沟通。至于办案人员对未成年人合法权益的侵害,合适成年人可以提出意见,但是这个意见并不具有法律上的后果,比如办案人员据此获得的证据认定为非法证据。而真正在程序上具有约束力的只能是辩护律师提出的辩护主张。所以,就未成年人的权利保护而言,合适成年人是远远比不上一个专业律师的。建议立法赋予未成年人讯问时的律师在场权。立法应当明确规定,合适成年人的职责主要是从情感上支持未成年人,帮助未成年人与办案人员更好地沟通。而就法律问题,比如未成年人在讯问时的权利保护,应当赋予律师讯问时在场权,由专业律师负责。合适成年人不应当,也没有能力分割辩护律师的辩护权。

(二)未成年人隐私权的保护

未成年人的人生尚处于开始阶段,有关对未成年人负面的消息或信息,更要注意防止外泄,避免不当的外界评价或歧视。现行《刑事诉讼法》

为保障未成年人的隐私权，主要从两个方面进行保护：一是确立了不公开审理制度；二是犯罪记录封存。但是细究，这两项制度都存在一定的缺陷或相互之间的冲突。

未成年人刑事案件不得公开审理，这是未成年人刑事案件与成年人刑事案件在审判程序中的一个重大区别，是保护未成年人隐私权的必要手段。《刑事诉讼法》第二百八十五条规定："审判的时候被告人不满 18 周岁的案件，不公开审理。但是，经未成年被告人及其法定代理人同意，未成年被告人所在学校和未成年人保护组织可以派代表到场。"这说明，在我国不公开审理适用的对象是"审理时不满 18 周岁的未成年人"。同时，不公开审理并非强制，如果"未成年被告人及其法定代理人同意"，审判可以向未成年被告人所在学校和未成年人保护组织的代表开放。

第一，这一规定与《刑事诉讼法》第二百八十一条有关合适成年人到场的规定存在冲突。《刑事诉讼法》第二百八十一条规定："对于未成年人刑事案件，在讯问和审判的时候，应当通知未成年犯罪嫌疑人、被告人的法定代理人到场。无法通知、法定代理人不能到场或者法定代理人是共犯的，也可以通知未成年犯罪嫌疑人、被告人的其他成年亲属，所在学校、单位、居住地基层组织或者未成年人保护组织的代表到场，并将有关情况记录在案。到场的法定代理人可以代为行使未成年犯罪嫌疑人、被告人的诉讼权利。"这就说明，审判时如果法定代理人不到场，那么就可以通知合适成年人到场。该条款并没有规定，合适成年人在审判时到场必须要征得未成年人和法定代理人的同意。而《刑事诉讼法》第二百八十五条所规定的"未成年被告人所在学校和未成年人保护组织"属于合适成年人的范畴。所以，为避免《刑事诉讼法》第二百八十五条和二百八十一条的冲突，建议《刑事诉讼法》第二百八十一条应当删除审判时合适成年人到场的规定，而改为"对于未成年人刑事案件，在侦查人员、检察人员讯问的时候，应当通知未成年犯罪嫌疑人、被告人的法定代理人到场"。

第二，现行《刑事诉讼法》将不公开审理适用于"审判的时候被告人不满 18 周岁的案件"，但是这一条款与犯罪记录封存制度又有冲突。《刑事诉讼法》第二百八十六规定:“犯罪的时候不满 18 周岁,被判处五年有期徒刑以下刑罚的,应当对相关记录予以封存。”犯罪记录封存制度被认为是现行《刑事诉讼法》为保障未成年人免受因刑罚而遭受社会的歧视,而促进其顺利回归社会的一项保护措施。客观上是将未成年人的犯罪信息予以有目的的隐藏、不让公众知晓的一项措施。但是,犯罪记录封存的对象是“犯罪时不满 18 周岁”的未成年人,而不公开审理的对象是“审判时不满 18 周岁的”的未成年人,那就意味着需要犯罪记录封存的案件,之前是经过公开审理的。这实际上使得犯罪记录封存的制度效果大大减弱。所以,有必要将《刑事诉讼法》第二百八十六条和二百八十五条使用不公开审判和犯罪记录封存的适用对象统一起来,按“犯罪时不满 18 周岁的案件”作为不公开审理的适用对象。

第三,判决一律公开宣判的规定也使得不公开审判的意义大打折扣。我国《刑事诉讼法》第二百零二条规定,宣告判决,一律公开进行。这就说明,哪怕是不公开审判的案件,立法也规定必须要公开宣告判决。而在实践中,公开宣读判决书,不仅会向公众告知刑事判决书载明的犯罪事实与经过,而且包含被告人的姓名、性别、年龄、住址等个人基本信息。最高人民法院在 2013 年颁布的《关于人民法院在互联网公布裁判文书的规定》中虽然明确“涉及未成年人违法犯罪的”,生效裁判文书不予公开,但该规定只是说明了未成年人犯罪案件的裁判文书不会出现在中国裁判文书网。而公开宣判这一环节,已经使得不公开审理的未成年人案件和犯罪记录封存制度的意义微乎其微。所以,在未成年人刑事案件不公开审理这个问题上,相关法律条文之间的冲突很明显。对于不公开审理的未成年人案件,判决是不是应当予以公开宣告,笔者觉得需要审慎考虑。

王振华与鲍毓明这两个引起全民网络关注的性侵未成年人案件,实际上对未成年人的隐私权保护这一问题提出了挑战。王振华案件在一审宣判后,该案审判长在中国长安网发表文章《审判长解读:王振华猥亵儿童案为何判五年?》。[1] 审判长指出:“从庭审安排来看,对被害人隐私的严格保护贯穿本案办理的全过程。本案涉及个人隐私,我院依法不公开开庭审理,并通知被害人及其法定代理人委托的诉讼代理人出庭。”“本案被害人已经受到了身心创伤,希望无论是网上还是网下,都不要以任何方式对她造成二次伤害,更不要打探未成年人的隐私。”随后,被告人王振华辩护律师陈有西发表“律师声明”,透露“王振华已经明确提起上诉,请求二审判决他无罪”。虽然律师强调本案是涉及未成年人隐私的不公开审理案件,作为律师,“不应当接受采访,透露涉及未成年人隐私的案情”,但是在这份声明中,还是出现了“阴道撕裂伤”“被害人新鲜伤痕”涉及本案案情的信息。随后,随着被害人律师接受《中国新闻周刊》的专访,透露了庭审过程,有关这个案情的更多细节被公开。而鲍毓明案件,在案件一开始就引起了全国网民一边倒的群情激愤。被告人与未成年被害人之间悬殊的社会地位、被告人性侵未成年人的恶劣行径,使得该案引起了极大的社会关注度,最后最高人民检察院和公安联合成立督导组,全面调查该案。最终,随着联合督导组发布该案的调查结果,认定该案性侵不成立,并且未成年人篡改了年龄,其在与鲍某开始接触的时候,就不是未成年人了。该案的网络愤怒终于退去,案件的反转也让人唏嘘,原来我们大家的义愤填膺、我们的正义感,居然都被一面之词给戏弄了。

性侵幼女案,或者牵涉未成年人的案件,往往极容易引起公众的关注,作为弱势群体,未成年人案件极易掀起公众的情感,而这很容易演变成全民审判,以至于影响审判的公正。王振华与鲍毓明这两起案件,有必要使我们进一步思考,未成年人刑事案件的不公开审理,它难道仅仅是针对庭审程序的不公开吗?实际上,不公开审理只是保护未成年人隐私权的其中一项内容。为了全面保障未成年人的隐私,未成年人刑事诉讼程序需要从审前到审后做一个系统的制度安排。

我国刚颁布的《中华人民共和国民法典》将个人隐私权的保护提到了

---

① http://chinapeace.gov.cn/chinapeace/c100045/2020-06/18/content_12362421.shtml.

一个新的高度，指出“隐私是自然人的私人生活安宁和不愿为他人知晓的私密空间、私密活动、私密信息”。“任何组织或者个人不得以刺探、侵扰、泄露、公开等方式侵害他人的隐私权。”这对刑事诉讼如何更好地保护未成年人的隐私权提出了更高的要求。我国《预防成年人犯罪法》和《未成年人保护法》两部法律也都对未成年人犯罪案件的隐私保护做了规定。2020年新修改的《未成年人保护法》规定要“保护未成年人隐私权和个人信息”，强调“公安机关、人民检察院、人民法院、司法行政部门以及其他组织和个人不得披露有关案件中未成年人的姓名、影像、住所、就读学校以及其他可能识别出其身份的信息，但查找失踪、被拐卖未成年人等情形除外”。“新闻媒体采访报道涉及未成年人事件应当客观、审慎和适度，不得侵犯未成年人的名誉、隐私和其他合法权益。”2020年修改的《预防未成年人犯罪法》第三条也专门规定：“开展预防未成年人犯罪工作，应当尊重未成年人人格尊严，保护未成年人的名誉权、隐私权和个人信息等合法权益。”但是，这些规定不但没有规定具体的时间节点，同时也只限于未成年人个人信息资料的保护。而《民法典》显然对未成年人的隐私保护，不仅限于未成年人的个人私密信息资料，还包括“私密活动和私密空间”。

所以，《刑事诉讼法》不仅要明确保护未成年人的隐私权，同时还要针对未成年人犯罪案件，出台相关的规定，具体落实隐私权的保护。在时间上，隐私权的保护不仅限于庭审的不公开审理，同时还应当明确刑事诉讼的全过程，都必须保护未成年人的隐私权。在内容上，隐私权的保护不仅针对未成年人的个人信息，同时还应当包括案情。在保护的主体上，不仅办案人员负有保护的责任，律师和案件相关当事人也应当承担保护隐私权的义务。案件承办人员、律师和当事人至少在案件判决生效之前，不能接受采访。案件判决生效之后的采访，不仅不能泄露未成年人的个人信息，同时也不能泄露相关案情。建议更改目前《刑事诉讼法》对所有案件的判决都要公开宣判的规定。对于未成年人刑事犯罪案件的判决，只能公开宣告具体的刑罚和适用的相关法律条文。案情以及具体的未成年人信息，应当予以保密。

（三）未成年被害人的保护

被害人权利的保护，实际上是《刑事诉讼法》面临的一个难题。由于被害人的利益与被告人利益此消彼长的关系，刑事诉讼很难做到平衡。即使我国在1996年修改《刑事诉讼法》时将被害人的诉讼地位上升至当事人，可以说被害人的权利保护始终处于被告人权利保护的阴影之下。通观未成年人刑事案件特别程序，几乎都集中在如何保障未成年犯罪人，除了第二百八十一条第四款规定了询问未成年被害人、证人，按照讯问未成年犯罪嫌疑人、被告人的相同程序要求。很显然，未成年被害人的权利保护在《刑事诉讼法》中被忽略了。

事实上，未成年被害人是属于特别需要受保护的群体，甚至在某种程度上，相比于未成年被告人和成年被害人，存在潜在的更大伤害。未成年被害人更担心名誉受损对未来生活的负面影响；也更有可能因为出庭而面临第二次伤害，所以他/她们往往拒绝出庭，而更愿意在犯罪后选择隐身；也有一些被害人会因为犯罪造成的伤病而使整个家庭面临巨大的经济压力。所以，未成年被害人的保护值得重视。

第一，未成年被害人应当享有获得免费律师帮助的权利。现行《刑事诉讼法》规定了未成年犯罪嫌疑人、被告人可以在诉讼一开始就享有免费律师帮助的权利，作为当事人之一，被害人也应当被赋予相同的权利。虽然检察官在我国被认为是代表公正、正义的化身，传统上普遍认为检察官会代表被害人的利益。但是，正如被告人，在法庭上有一个专业律师完全代表被告人，为其获得最大的利益；被害人也一样，能够代表被害人的利益，在法庭上为被害人争取最大的利益，显然是刑事诉讼的结构以及性质所必需的。窃以为，如果能为被害人提供免费的律师帮助，一定程度上对未成年犯罪嫌疑人、被告人也具有威慑作用。

2020年，司法部颁布了《未成年人法律援助服务指引（试行）》。虽然在该指引中，并没有明确未成年人享有免费律师帮助的权利，但其中的一些规定还是承认了未成年被害人享有一定的法律援助服务。比如法律援助承办人员“发现未成年人遭受暴力、虐待、遗弃、性侵害等侵害的,可以向公安机关进行报告,同时向法律援助机构报备,可以为其寻求救助庇护和专业帮助提供协助”。“法律援助承办人员应当向未成年被害人及其法定代理人(监护人)释明刑事附带民事诉讼的受案范围,协助未成年被害人提起刑事附带民事诉讼。法律援助承办人员应当根据未成年被害人的诉讼请求,指引、协助未成年被害人准备证据材料。”“法律援助承办人员发现公安机关在处理性侵害未成年人犯罪案件应当立案而不立案的,可以协助未成年被害人及其法定代理人(监护人)向人民检察院申请立案监督或协助向人民法院提起自诉。”庭审前,“向被害人及其法定代理人(监护人)了解是否有和解或调解方案,并充分向被害人及其法定代理人(监护人)进行法律释明后,向人民法院递交方案”。“向被害人及其法定代理人(监护人)介绍庭审程序,使其了解庭审程序、庭审布局和有关注意事项。”“犯罪嫌疑人、被告人以经济赔偿换取未成年被害人翻供或者撤销案件的,法律援助承办人员应当予以制止,并充分释明法律后果,告知未成年被害人及其法定代理人(监护人)法律风险。未成年被害人及其法定代理人(监护人)接受犯罪嫌疑人、被告人前述条件,法律援助承办人员可以拒绝为其提供法律援助服务,并向法律援助机构报告;法律援助机构核实后应当终止本次法律援助服务。”这是可喜的进步,建议待这些对未成年被害人的法院援助工作日益成熟,能在立法中加以明确规定。

第二,逐渐探索保护未成年被害人的有效机制。不得不承认,近些年,鉴于越来越多的未成年人被性侵案件,以及实践的需求,各地检察部门逐渐摸索出了一些非常有效的保护机制。比如在办理性侵未成年人犯罪案件中,检察机关引入心理咨询师、专业司法社工,对被害人予以救助。针对印度尼西亚反复询问未成年被害人造成“二次伤害”问题,检察机关会同公安机关推行“一站式”询问、救助机制,要求询问未成年被害人做好预案、争取诉讼过程中只询问一次。目前,全国已建立“一站式”询问办案区 487 个。最高人民检察院要求,2020 年底之前各地市(州)至少建立一处兼具取证、救助功能的未成年被害人“一站式”办案场所。[①] 同时，最高人民检察院还联合教育部、公安部联合下发意见，明确要求中小学校、幼儿园新招录教师、行政人员、勤杂人员、安保人员等在校园内工作的教职员工前，教师认定机构在授予申请人教师资格前，应当进行性侵违法犯罪信息查询，对具有性侵违法犯罪记录的人员，不予录用或者不予认定教师资格。同时，最高检还将在教职员工入职查询制度经过一定实践完善后，推动逐步适用于所有与未成年人密切接触的行业，同时扩大查询违法犯罪信息的范围，全面构建预防侵害未成年人犯罪的“防火墙”。[②] 我国未成年人刑事诉讼程序的发展，一个显著的特点是实务部门具有很强的开拓精神，能够基于实践中出现的问题而勇于探索新的机制。实务部门的探索往往给立法提供了很好的制度来源。随着对未成年被害人保护的问题意识越来越强，相信有越来越多的保护机制会经过实践的检验而被立法所采纳。

第三，尊重立法赋予未成年被害人的程序选择权。传统的刑事诉讼程序，被害人往往只是被动地接受案件的处理结果。但是，基于对被害人的尊重和保护，我国现行《刑事诉讼法》赋予被害人一定的程序选择权。所以在实践中，一定要充分告知被害人，尊重被害人的自主权，由被害人选择有利于自己的程序来解决案件。

但遗憾的是，就认罪认罚制度而言，我国现行的《刑事诉讼法》并没有赋予被害人在其间享有太多的空间。针对未成年人案件，《刑事诉讼法》第一百七十四条规定，“未成年犯罪嫌疑人的法定代理人、辩护人对未成年人认罪认罚有异议的”，犯罪嫌疑人认罪认罚，不需要签署认罪认罚具结书。《刑事诉讼法》第二百二十三条规定，“被告人是未成年人的，不适用速裁程序。”着重点都在未成年人犯罪嫌疑人、被告人身上。而在最高人民法院、最高人民检察院、公安部、国家安全部、司法部于 2019 年颁布

① 《最高检：年底前各地市至少建一处未成年被害人一站式办案场所》，《南方都市报》2020 年 9 月 18 日。

② http://www.xinhuanet.com/2020-09/18/c_1126510633.htm.

的《关于适用认罪认罚从宽制度的指导意见》中，则明确规定："被害人及其诉讼代理人不同意对认罪认罚的犯罪嫌疑人、被告人从宽处理的，不影响认罪认罚从宽制度的适用。犯罪嫌疑人、被告人认罪认罚，但没有退赃退赔、赔偿损失，未能与被害方达成调解或者和解协议的，从宽时应当予以酌减。犯罪嫌疑人、被告人自愿认罪并且愿意积极赔偿损失，但由于被害方赔偿请求明显不合理而未能达成调解或者和解协议的，一般不影响对犯罪嫌疑人、被告人从宽处理。"虽然对被害人的赔偿对被告人的从宽处理有一定的制约作用，但是并不显著。

我国由于未建立国家赔偿制度，再加上刑事案件，被害人往往会面临被告人被判处有期徒刑而民事赔偿执行不到位的困境。所以，在一定的程序上，当事人和解程序为被害人获得赔偿提供了一种有效的替代。但是，正如一些人提出的"用钱买刑"的质疑，当事人和解程序中的赔偿变得有些敏感。但是笔者认为，由于我国没有国家赔偿制度，也没有充分的社会保障制度，虽然追究犯罪、惩罚犯罪是国家行为，但是立法必须要考虑到被害人因为犯罪而可能面临的后续的生活和经济困难。当事人和解，前提是被告人与被害人达成和解协议，被害人获得被告人的道歉或赔偿，而被告人获得较轻的刑罚，从而各自获得想要的结果。这是双方当事人双赢的一种活动。况且我国立法已经对适用当事人和解程序的案件做了明确的限定。那么在这个限定范围内，就应当给双方当事人充分的信任和自由度。而与成年被害人相比，未成年被害人由于自身的认知能力有限，要让未成年被害人单独作出是否和解以及和解的条件，是不现实的，所以法律规定必须要有法定代理人的同意或参与。但是我们必须注意到，法定代理人的意见并不一定都是未成年被害人的意见。实践中，有些法定代理人出于私心或别的一些目的，将未成年被害人的意愿置之不理。笔者认为这违背了当事人和解的本意，法律应当规定，在刑事和解中，必须尊重未成年被害人本人在其认知范围内的意愿。

(四)未成年人刑事犯罪案件的判决书制作

现如今,法院判决书通常都会上网公开,因此判决书的制作不仅让公众能够了解案件最终的判决结果,同时也是宣传法律、普及法律的媒介。针对未成年人犯罪案件,最高人民法院办公厅于2001年6月11日印发了一审未成年人刑事案件适用普通程序的刑事判决书样式,为各地法院制作未成年人刑事案件判决书提供了统一的、规范的标准样式。但是在实践中,各地的判决书还是有很多的差别。

判决书1:上海市长宁区人民检察院诉李某某盗窃案①

公诉机关:上海市长宁区人民检察院。

被告人:李某某,女,17岁,汉族,初中文化,无业,住安徽省芜湖市,在上海无固定住所。2015年10月20日因涉嫌犯盗窃罪被刑事拘留,同年11月13日被逮捕。

法定代理人:李某俊,李某某的父亲,住安徽省芜湖市。

合适成年人:余蕙芳,上海市阳光社区未成年人事务中心长宁区工作站社工。

指定辩护人:浦泽幸,上海市新华律师事务所律师。

上海市长宁区人民检察院以被告人李某某犯盗窃罪,向上海市长宁区人民法院提起公诉。

2016年2月6日,上海市长宁区人民法院在向被告人李某某送达起诉书副本时组织心理咨询师对其进行心理疏导。因被告人李某某在开庭审理时未满18周岁,上海市长宁区人民法院于同年2月29日依法不公开开庭审理了本案。根据《刑事诉讼法》第二百七十条规定,人民法院审理未成年人刑事案件,应当通知未成年被告人的法定代理人到场。但是,被告人李某某的父亲李某俊因服刑无法通知到庭,李某某的母亲因离家

---

① 摘自北大法宝,参见 https://pkulaw.cn/case/pcas_a25051f3312b07f3c144abec5b813b53fc1f59714a9cca4ebdfb.html? match=Exact。

出走杳无音讯无法通知到庭。经上海市长宁区人民法院通知，李某某的伯父李某平作为其成年亲属到庭参与诉讼，上海市阳光社区未成年人事务中心长宁区工作站社工余蕙芳担任李某某的合适成年人到庭参与诉讼，安徽省芜湖市鸠江区司法局工作人员赵家发以社会调查员身份到庭参与诉讼。经上海市长宁区人民法院指定，上海市长宁区法律援助中心指派上海市新华律师事务所浦泽幸律师担任被告人李某某的指定辩护人到庭参与诉讼。

上海市长宁区人民法院经审理查明：

2015 年 10 月 20 日下午 4 时许，被告人李某某前往上海市娄山关路 836 号巴比馒头店内购买食品，乘被害人袁飞龙不备之机，窃得被害人袁飞龙放置于店内工作台下面的一只黑色单肩包，内有现金人民币 8 400 元。被害人袁飞龙发现后追至娄山关路 814 号处将被告人李某某抓获并在附近地面发现被窃的黑色单肩包。

上述事实，有被害人袁飞龙的报案和陈述笔录，上海市公安局长宁分局调取证据清单和发还清单、案发现场附近街面监控录像及制作过程说明、案发经过情况表，被告人李某某的供述、作案现场辨认照片和笔录，安徽省芜湖市公安局户政服务中心出具的户籍证明等证据证实，并经庭审举证质证查证属实。被告人李某某及其成年亲属李某平、合适成年人余蕙芳、指定辩护人浦泽幸在开庭审理过程中均无异议，应予认定。

2014 年 11 月 4 日，被告人李某某在安徽省芜湖市无为县一家数码店窃得一台苹果 iPad，价值人民币 1 485 元，受到安徽省芜湖市无为县公安局行政拘留 10 日处罚（不执行）。公诉人在起诉书附件四“量刑建议书”中，建议法院对此酌情处理。但是，无为县公安局出具的“行政处罚决定书”中，只有作案事实和处罚结果，没有案发经过和到案情况。经向无为县公安局调取被害人报案笔录、被处罚人讯问笔录、证人询问笔录和无为县公安局行政处罚决定书证实，2014 年 11 月 4 日，李某某在无为县一家数码店窃得一台苹果 iPad 后，于同年 11 月 19 日在同学陪同下前往上述同一家数码店欲变卖时被发现当场抓获。对此，公诉人、被告人及其成年亲属、合适成年人、指定辩护人在庭审中均无异议，应予确认。

根据《中华人民共和国刑事诉讼法》第二百六十八条规定，由于被告人李某某犯罪时未满 18 周岁，侦查机关上海市公安局长宁分局委托安徽省芜湖市鸠江区司法局对李某某开展社会调查。该局经调查后于 2015 年 11 月 3 日出具了社会调查报告。上海市长宁区人民法院在审理中，于 2 月 6 日向该局发送了社区矫正征询意见函，并于同年 2 月 26 日收到书面回复。由于鸠江区司法局在开展社会调查时，被告人李某某及其父亲分别在押，相关情况不明，因此上海市长宁区人民法院派员前往安徽省芜湖市等地开展了补充社会调查。经综合社会调查情况反映，上海市长宁区人民法院在审理中了解到，李某某初中毕业后曾在无为县某中学读书，后辍学。其父亲精神发育迟滞(轻度)，无正当职业，2015 年 12 月因犯盗窃罪被安徽省芜湖市鸠江区人民法院判处有期徒刑 8 个月，现在服刑中。其母亲多年前离家出走至今未归。其与妹妹自幼与祖父母生活在一起，家庭没有稳定收入，生活靠祖父母务农收入维持，经济特别困难。李某某平时在村里和学校遵纪守法，与他人和睦相处、表现良好。2015 年 6 月，李某某通过网友介绍，独自一人来到上海寻找工作。其间，李某某无固定住所，曾日夜在网吧等处漂泊。由于家庭缺失，父母对其疏于管教，致其脱离监护。李某某文化程度较低，法制意识薄弱，一时糊涂犯下罪错。事发后，李某某对自己的错误行为有所认识，在监所期间认罪悔过，表现较好。为此，李某某的伯父李某平愿意接纳并做好对李某某的帮教工作。鸠江区司法局建议对李某某适用缓刑，并同意做好社区矫治工作。上述情况，有上海市长宁区人民法院分别制作的李某某、李某平、李某俊谈话笔录，向安徽省芜湖市鸠江区人民法院调取并经与原件核对无异的安徽昌平司法鉴定所司法鉴定意见书(复印件)，鸠江区人民法院刑事判决书(复印件)，安徽省芜湖市鸠江区司法局提供的社会调查报告和社区矫正征询意见回复函，上海市长宁区看守所出具的“李某某羁押表现情况说明”等证据证实。对此，公诉人、被告人及其成年亲属、合适成年人、指定辩护人在庭审中均无异议，应予确认。

鉴于庭审中被告人李某某及其成年亲属、合适成年人、指定辩护人对公诉人指控的罪名和事实均无异议，在辩论结束后、被告人最后陈述前，法庭组织公诉人、李某某的成年亲属、合适成年人、指定辩护人分别对被告人李某某进行了法庭教育。当庭宣判后，法庭对被告人李某某进行了法庭教育。

上海市长宁区人民法院一审认为：

被告人李某某以非法占有为目的，秘密窃取他人财物，数额较大，其行为已构成盗窃罪，应依法承担刑事责任，并处罚金。公诉机关指控的犯罪事实清楚，证据确实充分，指控成立。李某某及其成年亲属、合适成年人、指定辩护人对此均无异议。李某某犯罪时已满16周岁不满18周岁，系未成年人，应当从轻处罚。李某某到案后能如实供述自己的罪行，系坦白，可以从轻处罚。李某某窃取的赃款已被当场追回和发还，没有造成被害人损失，可酌情从轻处罚。公诉人提出的对被告人的上述量刑意见成立，应予采纳。鉴于庭审中新增社会调查情况，被告人已具备所在社区帮教条件，公诉人当庭表示可以适用缓刑的意见可予采纳。李某某的指定辩护人提出李某某犯罪时系未成年人，应当从轻处罚；李某某到案后能坦白认罪，可以从轻处罚；李某某一时冲动，虽构成犯罪但没有造成被害人损失，以及李某某家境贫困、家庭结构残缺等，要求在量刑时酌情考虑并处以缓刑的意见与事实相符，法院可予采纳。

被告人李某某因过早离开家庭和学校，缺少家庭和学校教育，导致其法制意识淡薄。李某某初中毕业后，不思进取，盲目交友，独自一人来到上海后没有稳定工作和收入，没有固定住所，在网吧等地闲逛，在不劳而获思想的驱动下，最终走上了盗窃的犯罪道路。李某某的母亲离家出走，父亲缺乏管教，致其没有约束自己的行为，从而滋生了子女犯罪，对此负有不可推卸的责任。李某某作案时尚未成年，到案后至庭审中，能自愿认罪认罚；经法庭教育，有悔罪表现。结合社会调查情况中有关其个人成长经历、社会调查意见和羁押期间表现情况等，可在对全案综合考虑基础之上判处其拘役并宣告缓刑，同时判处禁止令执行事项。

希望被告人李某某家长言传身教，切实加强家庭教育，履行保护责任。希望李某某吸取教训，进一步增强法制意识，认真学习文化知识和工作技能，争取回归社会和成年后能找到一份力所能及的工作，多为家庭分担责任。希望李某某在安徽省芜湖市鸠江区司法局工作人员带回原籍社区报到后，遵守法律法规，服从社区监督管理，接受社区和家庭教育，完成公益劳动，珍惜法庭给予的教育挽救和悔过自新的机会，做一名遵纪守法、自食其力、有益社会的好公民。

综上，上海市长宁区人民法院依照《中华人民共和国刑法》第二百六十四条，第十七条第一款、第三款，第六十七条第三款，第七十二条，第七十三条第一款、第三款，第五十三条之规定，于 2016 年 2 月 29 日作出判决：

一、被告人李某某犯盗窃罪，判处拘役 5 个月，缓刑 5 个月，并处罚金人民币 500 元。（缓刑考验期限，从判决确定之日起计算。罚金自本判决确定之日起一个月内一次缴纳完毕。）

二、被告人李某某在缓刑考验期限内禁止进入夜总会、酒吧、迪厅、网吧等娱乐场所。禁止每日 22 点至次日 6 点离开其户籍地或居住地，如因治病或者探望长辈、亲属等原因确需在禁止时段离开住所的，应由法定代理人等成年亲属陪同，并应在事发后 24 小时内向社区报告。

一审宣判后，被告人李某某没有提出上诉，上海市长宁区人民检察院也没有提出抗诉，一审判决已发生法律效力。

判决书 2：牛某、王某、郑某抢劫一审刑事判决[①]

开鲁县人民法院

刑事判决书

（2016）内 0523 刑初 164 号

公诉机关：开鲁县人民检察院。

被告人：牛某，男，2000 年 7 月 8 日出生，蒙古族，初中文化，农民，因

---

① 摘自无讼网。

涉嫌抢劫罪，于2016年4月7日被辽宁省海城市公安局抓获，4月8日被开鲁县公安局刑事拘留，5月12日经开鲁县人民检察院批准依法逮捕，现羁押于开鲁县看守所。

法定代理人：藤某，女，系牛某的母亲。

指定辩护人：周尚，系内蒙古义源律师事务所律师。

被告人：王某，男，2000年4月21日出生，蒙古族，初中文化，农民，因涉嫌抢劫罪，于2016年4月7日被辽宁省海城市公安局抓获，4月8日被开鲁县公安局刑事拘留，5月12日经开鲁县人民检察院批准依法逮捕，现羁押于开鲁县看守所。

法定代理人：李某，女，系王某的母亲。

指定辩护人：刘熠彬，系内蒙古巨鼎律师事务所律师。

被告人：郑某，男，1998年9月27日出生，满族，初中文化，务工，因涉嫌抢劫罪，于2016年4月7日被辽宁省海城市公安局抓获，4月8日被开鲁县公安局刑事拘留，5月12日经开鲁县人民检察院批准依法逮捕，现羁押于开鲁县看守所。

辩护人：李晓辉，系内蒙古义源律师事务所律师。

开鲁县人民检察院以开检公诉刑诉[2016]143号起诉书指控被告人牛某、王某、郑某犯抢劫罪，于2016年8月26日向本院提起公诉。本院依法组成合议庭，公开开庭审理了本案。开鲁县人民检察院指派检察员栾广和、书记员夏邦旭出庭支持公诉。被告人牛某及其法定代理人藤某、指定辩护人周尚、被告人王某及其法定代理人李桂荣、指定辩护人刘熠彬、被告人郑某及其指定辩护人李晓辉到庭参加诉讼。现已审理终结。

开鲁县人民检察院指控，2016年4月5日18时许，被告人牛某、王某、郑某在开鲁镇内蒙古农村信用社总社自动柜员机屋内抢劫被害人刘某人民币4 100元后共同经通辽乘火车逃往沈阳，从沈阳逃至海城市，4月7日3名被告人在共同入住的海城市客运站附近的瑞缘旅店被海城市公安局抓获。公诉机关认为3名被告人的行为均构成抢劫罪，且属共同犯罪，并认定3名被告人到案后均如实供述犯罪事实，具有坦白情节，亦认定牛某、王某犯罪时年龄已满14周岁不满16周岁，郑某犯罪时年龄已满16周岁不满18周岁。公诉机关认定上述事实向本院提供了物证、书证、现场勘查笔录、现场物证提取笔录及检验报告、现场监控视频、证人证言、被害人陈述、3名被告人供述等证据，依法提请本院以抢劫罪追究3名被告人的刑事责任。

被告人牛某、王某、郑某对公诉机关指控的犯罪事实供认不讳。3名被告人的指定辩护人均提出：3名被告人均属未成年犯罪，均系初犯，到案后均如实供述犯罪事实，且本案犯罪情节较轻，已经赔偿了被害人的经济损失，均建议本院依据《最高人民法院关于审理未成年人刑事案件具体应用法律若干问题的解释》之规定，贯彻教育为主、惩罚为辅原则，依据刑法规定对3名未成年被告人定罪量刑，并依法适用缓刑。

经审理查明，被告人郑某于2013年辍学后一直在外打工，生活自给自足，2016年正月到开鲁镇“胖老头”饭店打工。被告人王某父母离异，于2014年辍学后随母亲李桂荣在外租房打工，2016年3月份王某在开鲁镇歌厅打工一个月，通过朋友认识了郑某。被告人牛某于2014年辍学后在外打工，生活自给自足之余亦寄钱给其父母。2016年3月中下旬，牛某到开鲁县“胖老头”饭店打工时认识了在该饭店打工的郑某，通过郑某认识了王某。2016年3月末4月初，郑某和牛某相继被“胖老头”饭店开除，牛某、郑某、王某3人失去生活来源后共同在网吧度日。4月5日上午，王某提议抢取路费到外地打工挣钱，牛某、郑某同意，3人为抢劫购买了折叠刀和口罩。4月5日18时许，3名被告人共同到开鲁镇内蒙古农村信用社总社，牛某、郑某让王某在自动柜员机室外“放风”，牛、郑二人进入自动柜员机室内等待、物色抢劫对象，当被害人刘某进入室内操作自动柜员机存款时，牛某上前持刀挟持刘某，郑某将刘某存款时未被柜员机识别的100元取出装进自己衣兜，随即继续操作柜员机从刘某银行卡中取款2 000元，之后牛某又继续操作柜员机从刘某银行卡中取款2 000元，牛某放开刘某后与郑某迅速分头逃离现场，王某也跟着逃离现场。3

名被告人在开鲁镇华旅水晶宾馆附近会合后共乘出租车逃往通辽，到通辽大润发超市购买衣裤换装，又共同到通辽市火车站购买4月6日通辽到沈阳的火车票，当日3名被告人共同到网吧过夜。4月6日，3名被告人到沈阳后又乘坐动车前往海城市，4月7日到海城市共同入住客运站附近的瑞缘旅店，于当日下午被海城市公安局抓获。3名被告人到案后均如实供述了抢劫的经过。案发后，牛某、郑某的亲属共同赔偿被害人刘某人民币4 000元。

上述事实，被告人牛某、王某、郑某及3名被告人的指定辩护人在庭审中均不持异议，且有3名被告人的户籍证明，抓获经过，物证手机，被害人陈述及其银行卡交易明细，监控视频，现场勘查笔录，提取现场烟头笔录及检验报告，证人聂某、杨某、李某、藤某、杨某、杨某1、李某1、张某、苗某证言，扣押、发还物品清单，3名被告人的供述等证据证实，足以认定。

本院认为，公诉机关指控被告人牛某、王某、郑某犯抢劫罪，且属共同犯罪，并认定3名被告人均系未成年人犯罪并均具有坦白等法定从轻、减轻处罚情节，事实清楚，证据确实、充分，本院予以支持，并依法追究3名被告人的刑事责任。3名被告人共谋持刀抢劫被害人钱财，犯罪性质恶劣，本应依法严惩，但考虑3名被告人均系未成年人，尤其牛某、王某犯罪时均未满16周岁，且3名被告人到案后均能够客观、翔实地供述抢劫的经过，犯罪情节简单，未伤害被害人，且3人在抢劫过程中作用相当，在庭审中认罪悔罪态度好，均依法减轻处罚。案发后，牛某和郑某的亲属共同赔偿了被害人的经济损失，在庭后积极交纳罚金，牛某、郑某辍学后在外打工期间生活能够自给自足，表现较好，结合开鲁县司法局对牛、郑二人可予适用社区矫正的评估意见，故依法对牛某、郑某宣告缓刑。被告人王某父母离异，辍学后未在户籍地居住，随母亲在外租房打工，确因客观原因而无固定居所，但本院为贯彻对未成年犯罪以教育为主、惩罚为辅的原则，坚持实行教育、感化、挽救的方针，亦依法对王某宣告缓刑，以利于其回归社会。另，王某年幼患病，随母亲在外打工，生活来源仍主要依靠家长，而其年龄较小，自控力差，喜好上网，容易迷恋网络游戏诱发犯罪，如果将其与容易引发犯罪的场所隔离，利于家长和社区在缓刑考验期间进行有效监管，利于其悔过自新，预防再次犯罪，故此，本院援引最高人民法院指导案例 14 号，决定在对王某宣告缓刑的同时适用禁止令。综上所述，依照《中华人民共和国刑法》第二百六十三条，第二十五条第一款，第六十七条第三款，第七十二条第一款、第二款，第七十三条第二款、第三款之规定，判决如下：

一、被告人牛某犯抢劫罪，判处有期徒刑两年零六个月，缓刑四年，并处罚金一千元(已交纳)。

(缓刑考验期从判决确定之日起计算。)

二、被告人王某犯抢劫罪，判处有期徒刑两年零六个月，缓刑四年，并处罚金一千元(已交纳)，同时禁止王某在缓刑考验期间以娱乐性消费为目的进入网吧、游戏厅等场所。

(缓刑考验期从判决确定之日起计算。)

三、被告人郑某犯抢劫罪，判处有期徒刑两年零六个月，缓刑四年，并处罚金一千元(已交纳)。

(缓刑考验期从判决确定之日起计算。)

如不服本判决，可在接到判决书的第二日起十日内，通过本院或者直接向通辽市中级人民法院提出上诉。书面上诉的，应当提交上诉状正本一份、副本两份。

审判长　杜凤祥

审判员　杨　波

人民陪审员　邢宝恒

二〇一六年十一月二十八日

书记员　崔雪铮

这两份判决书，我们假定是原文转载到网上，比较下来，虽然在样式上符合最高法院的要求，但在具体的内容撰写上还是有很大的不同。第一份判决书在事实认定之外，对未成年人刑事案件诉讼程序所规定的相关程序制度，都有清晰地说明和解释，充分体现了对相关程序规定的尊重。实践中，一些判决书注重实体结果，却忽视在判决书中体现程序的要求，这实际上与保护未成年人的初衷并不符。在刑事诉讼中，不仅要有正确的判决结果，同时还要充分重视获得这一判决结果的过程。与成年人刑事诉讼不同，我国未成年人刑事诉讼赋予未成年人犯罪嫌疑人、被告人一些特有的权利和特有的制度，这是未成年人刑事诉讼的精髓，也是保护未成年人的直接反映。所以，笔者认为，有关未成年人刑事诉讼中的程序规定：一定要在判决书中体现出来，判决书必须要清晰地列明有关未成年人刑事诉讼中相关的程序要件，比如不公开审判；法定代理人参与庭审，如果法定代理人不能到庭，必须在判决书中作出解释；合适成年人到庭，如果有心理专家、学校老师等参与庭审，也必须在判决书中予以说明；社会调查人员，并将社会调查结果在判决书中列出；指定辩护人信息；法庭教育的具体内容等。

在第二份判决书中，如果网上的判决书是原件转载，除了对未成年人刑事诉讼相关的程序要求没有做出足够说明外，比如合适成年人，还有一个致命的程序错误，那就是对未成年人案件适用了公开审判。不公开审判是未成年人刑事诉讼程序的基本要求。《刑事诉讼法》第二百八十五条明确规定，审判的时候被告人不满 18 周岁的案件，不公开审理。如果未成年人案件被公开审判，那就是严重的程序违法。《刑事诉讼法》第二百三十八条专门列举，如果“违反本法有关公开审判的规定的”，二审法院应当裁定撤销原判，发回原审人民法院重新审判。如果判决已经生效的，应当以《刑事诉讼法》第二百五十三条的规定，“违反法律规定的诉讼程序，可能影响公正审判的”，启动再审程序。

刑事案件判决书不仅仅是宣告案件的实体结果，同时它也是体现程序正当的一种载体，尤其是对提供特殊保护的未成年人刑事案件而言。

它让对未成年人的保护不是仅仅停留在法律文本或相关的理念宣传上，而是应当成为一种现实。判决书不仅是记载案件审判经过和审判结果的一个载体，它同时也应当见证我国未成年人刑事诉讼程序保障人权的发展。

附:美国最高法院有关未成年人犯罪的主要案例

如何对待司法系统中的未成年人一直以来都是美国最高法院审查和再审查的话题。美国最高法院坚持认为未成年人享有成年人所享有的正当程序权利中的很多权利,但是,美国最高法院也一直认为,从发展的角度来说,未成年人不同于成年人,这也极大地影响了在整体上美国最高法院如何对待未成年人,比如权利的放弃、可罚性和惩罚等,美国最高法院如何对待未成年人。

以下这些案件简要总结了美国最高法院在未成年人司法领域的主要法理:

1. In re Gault,387 U. S. 1(1967)

这是美国最高法院关于未成年人权利的一个转折点案件。最高法院第一次指出,面临轻罪指控的未成年人享有很多与刑事法院的成年人一样的法定权利,包括获得律师的权利、保持沉默的权利、获得指控通知的权利以及对案件事实获得全面听审的权利。

2. Kent v. United States,383 U. S. 541(1966)

在该案中,美国最高法院认为,未成年人法院没有无限的亲权能力,它不享有以“程序的武断”而行使职能的权力。美国最高法院就有关未成年人放弃未成年人法院而转到成人法院,指出首先必须要向未成年人提供基本的程序保障,同时要举行听审,提供有效的律师帮助和对判决进行“理由的阐述”。

3. In re Winship,397 U. S. 358(1970)

在该案中,美国最高法院认为审判未成年人,所要求的证明标准与刑事案件中的要求一致,都必须达到排除合理怀疑的标准。美国最高法院指出,如 Gault 案中所确认的,“民事标签和良好的故意并不能免除未成年人法院刑事正当程序的保障要求”。

4. McKeiver v. Pennsyvania,403 U. S. 528(1971)

美国最高法院认为,第十四修正案正当程序条款并不保障州未成年人法院审判程序中由陪审团审判的权力。如果将陪审团加在未成年人审判中,虽然陪审团在刑事诉讼中是一种主要形式,但很难区分未成年人听审与刑事审判。布莱克蒙(Blackmun)大法官撰写了多数人的意见。对布莱克蒙大法官有重要性的事实是 Gualt 案之前,1967 年法律实施和司法管理总统委员会出具的关于未成年人犯罪的任务报告中不建议未成年人被提供陪审团审判。最后,最高法院多数意见认为,因为陪审团并非确保发现事实所必需的,所以并不是正当程序重要的要求。

5. Breed v. Jones,421 U. S. 519(1975)

美国最高法院认为,一旦未成年人被裁决听审接受审判,那就违反了第五修正案反对因为同样的行为而被再次刑事审判的双重危险的要求。Gault 案和它的后续案件并没有使得成年人刑事程序和未成年人刑事程序区分开来,但是 McKeiver 案和其他案件都提出了宪法规定的正当程序条款的要求在未成年人案件和成年人刑事案件中并不完全相同。

6. Roper v. Simmons,543 U. S. 551(2005)

美国最高法院认为,对未成年人实施的犯罪科以死刑是第八修正案所指的残酷和非寻常的惩罚。撰写多数意见的肯尼迪大法官指出,最高法院一直限制对最恶劣的罪犯科以死刑。大法官指出,未成年人与成年人具有三个不同的普遍特点,并且将未成年人从罪恶类罪犯的名录中移除:一是未成年人不成熟,并且责任感也没发展成熟,这导致冲动以及做出不周到的决定和行为;二是未成年人更脆弱,更易受到负面的影响和对外界的压力,包括同伴的压力屈服;三是未成年人的品格不如成年人的发展良好，所以，他们也更有被改造的可能。

7. Graham v. Florida，130 S. Ct. 2011(2010)

该案进一步扩展了 Roper 案中的分析和逻辑。最高法院认为，如果对未成年人科以无期徒刑，但是却没有假释的可能性，这是违宪的。最高法院同时指出，如果"州不能保证罪犯最终被释放……那么它必须提供……一些在期限届满前获得释放的实际机会"。但是，Graham 案判决并没有回答"获得释放的实际机会"究竟是什么。

8. Miller v. Alabama，567 U. S. 460(2012)

美国最高法院延续了 Roper-Graham 案这条线，认为未成年人不能因为谋杀罪被判处无期徒刑而没有保释的机会。量刑减轻因素在未成年人被判处没有保释机会的无期徒刑之前必须被考虑到。

9. J. D. B. v. North Carolina，131 S. Ct. 2394(2011)

美国最高法院对年龄是否是界定米兰达规则所指的"羁押"的一个考虑因素作出了判决。J. D. B.，一个 13 岁的未成年人，是一个特殊教育儿童，涉嫌入室盗窃。在上学期间，J. D. B. 在教室内，一个穿制服的警察将他从教室里带到食堂，在食堂里他接受了副校长、学校管理人员和警察的询问和讯问。他从没被宣读过米兰达警告，他的监护人也没有被通知。J. D. B. 自己证明自己盗窃有罪。并且只有在 J. D. B. 自证自己入室盗窃有罪后，他才被通知可以离开。大法官索托玛雅(Sotomayor)撰写了法院的判决，认为在一些情况下，一个未成年人的年龄"会影响(他作为一个嫌疑人)是一个怎样的理性人以及可以自由离开的权利是怎样的一项权利"。一个未成年人的年龄远不是一个"数字"这么简单。以 Roper 案为参照，美国最高法院引用了"关于行为和感知的常识结论"，并广泛地运用于未成年人群体。未成年人"通常比成年人欠成熟和有责任"，他们"通常缺少经验，观点和判断以识别和避免对他们有害地选择"，并且他们比成年人"更脆弱或易屈服于外界的压力"。在警察讯问的场景中，"一个冷冷的，不为所动的男人会对(未成年人)产生极大的压迫"。美国最高法院最终认为，年龄是决定一个人是否该被羁押的一个因素。

10. 目前在美国最高法院待审的有关未成年人的案件是 Jones v. Mississippi

该案涉及 2004 年刚满 15 岁的布雷特·琼斯(Brett Jones),他的祖父发现他的女友在他的房间里。两人发生争执并打斗,布雷特在做三明治时向祖父连刺 8 刀,致其死亡。2005 年,琼斯被判犯有谋杀罪,并被判处终身监禁不得假释。因为美国最高法院对 Miller 案的判决,密西西比州最高法院批准了对琼斯先生进行新的量刑听证。听证会后,法院重新判处琼斯先生终身监禁不得假释。但是他的律师在寻求最高法院复审的意见书中指出:"法院并没有发现布雷特是永久无药可救的,也没有承认只有永久无药可救的未成年杀人犯才可能被判处终身监禁不得假释。事实上,州法院根本就没有涉及布雷特的改造能力。"该案的法律焦点是第八修正案要求的量刑机构在判处终身监禁不得假释之前,是否要确认未成年人已经永久无药可救了。2020 年 3 月 9 日,美国最高法院同意就这一问题予以考虑。但是该案目前还在程序中,尚在等待美国最高法院的判决。

后　记

未成年人刑事诉讼程序一直是我的学术兴趣之一，断断续续地做了一些这方面的研究。实践中，各地关于未成年人刑事诉讼的探索也为学术研究提供了非常丰富的研究素材。但是在研究过程中，讨论刑事诉讼的改革总绕不开程序公正、权利保护的话题。美国作为世界上第一个设立未成年人法院的国家，同时也是世界上追求刑事诉讼程序公正、保护人权的典范，为我国进一步探索和完善未成年人刑事诉讼程序提供了一个研究的比较范本。但是，目前有关未成年人刑事诉讼权利保护的研究常散见于各类专题研究，我国尚未有关于美国未成年人刑事诉讼权利保护的专门讨论。未成年人作为一个特殊的群体，我国《刑事诉讼法》在确立之初就强调要保护未成年人。近年来，每当讨论有关未成年人的刑事程序保护时，总觉得资料浩瀚如云，尤其是美国的判例法，亟须梳理。这就是本书最初的写作意图。

本书整理了美国最高法院自 20 世纪中叶美国正当程序革命之后关于未成年人刑事诉讼的典型案例，希望从这些案例如何进入最高法院、在最高法院裁决期间的相关争论以及如何对后续的刑事诉讼程序产生的影响等，对美国未成年人刑事诉讼正当程序的改革和发展有一个系统的了解，继而希望能为我国未成年人刑事诉讼程序的发展提供一种参考的思路。从这些案例中，我们可以发现，美国未成年人刑事诉讼程序对未成年人的保护，实际上是融入成年人刑事诉讼改革之中，或者说是美国社会当时追求正当程序这一大背景中。未成年人刑事诉讼程序的发展与成年人刑事诉讼的发展紧密相连、互为一体。美国未成年人刑事诉讼程序的发展,实际上是一个不断追求获得与成年人相同程序保护的过程。

复旦大学法学院的硕士生范彩云,翻译了书中大部分的英文资料。没有她的帮助,我的写作不会这么顺利。当然,书中的任何错误应由我本人承担。在本书出版之际,我还要特别感谢上海财经大学出版社的李成军先生,没有他的帮助,这本书也不能顺利面世。同时非常感谢我的家人,尤其是我的两个女儿,每天和她们一起读书、写字,真是非常快乐和难忘!

2021 年 2 月 1 日

参考书目

1. Clemens Bartollas, Stuart J. Miller. *Juvenile Justice in America*. 8th Edition. Pearson, 2016.

2. John T. Whitehead, Steven P. Lab. *Juvenile Justice: An Introduction*. 8th Edition. Routledge, 2015.

3. Elizabeth S. Scott, Larence Steinberg. *Rethinking Juvenile Justice*. The President and Feloows of Harvard College, 2008.

4. Barry C. Feld. *The Evolution of the Juvenile Court: Race, Politics, and the Criminalzing of Juvenile Justice*. NYU Press, 2017.

5. Christopher P. Manfredi. *The Supreme Court and Juvenile Justice*. University Press of Kansas, 1998.

6. David L. Parry. *Essential Reading in Juvenile Justice*. Pearson, 2005.

7. 张鸿巍、闫晓玥、江勇等译:《美国未成年人法译评》,中国民主法制出版社 2018 年版。

8. 赵国玲主编:《未成年人司法制度改革研究》,北京大学出版社 2011 年版。

9. 杨飞雪主编:《未成年人司法制度探索研究》,法律出版社 2014 年版。

10. 路琦等主编:《中国未成年人法律制度研究》,中国政法大学出版社 2018 年版。

11. 宋英辉、甄贞主编:《未成年人犯罪诉讼程序研究》,北京师范大学出版社 2011 年版。

12. 徐美君著:《未成年人刑事诉讼特别程序研究》,法律出版社 2007 年版。